地心引力抓不住
的冒險家

\ 拉著未婚夫飛向世界盡頭 /

8
公斤行李

×

325
天

×

35
個國家

WINNY
著

Winny & York 的
環球地圖

North
America

South
America

Africa

Antarctica

08
12 13
09 11 14 15
10
17 16 19
18 20 21
06 02
07
03
04
05
35
30
32 31
34 33
29
28 40
36 27 24 22
26 25 23
39 37
38

① 澳洲：阿德雷德
② 阿根廷：布宜諾斯艾利斯
③ 阿根廷：埃爾卡拉法特
④ 阿根廷：烏斯懷雅
⑤ 南極
⑥ 智利：聖地亞哥
⑦ 智利：復活節島
⑧ 厄瓜多：加拉巴哥群島
⑨ 祕魯：利馬
⑩ 祕魯：阿雷基帕
⑪ 祕魯：科爾卡大峽谷
⑫ 祕魯：馬丘比丘
⑬ 祕魯：馬爾多納多港
⑭ 玻利維亞：的的喀喀湖
⑮ 玻利維亞：拉巴斯
⑯ 玻利維亞：蘇克雷
⑰ 玻利維亞：烏尤尼
⑱ 智利：阿他加馬沙漠
⑲ 阿根廷：伊瓜蘇港
⑳ 巴西：伊瓜蘇市
㉑ 巴西：里約熱內盧
㉒ 羅馬尼亞：布拉索夫
㉓ 羅馬尼亞：布加勒斯特
㉔ 保加利亞：索菲亞
㉕ 蒙特內哥羅：科托
㉖ 波士尼亞與赫塞哥維納：莫斯塔爾
㉗ 斯洛維尼亞：盧比安納
㉘ 捷克：庫特納霍拉
㉙ 從德國的羅斯托克搭乘渡輪橫跨波
　 羅的海
㉚ 瑞典：斯德哥爾摩
㉛ 俄羅斯：聖彼得堡
㉜ 愛沙尼亞：塔林
㉝ 拉脫維亞：利加特內
㉞ 蘇格蘭：愛丁堡
㉟ 冰島：雷克雅維克
㊱ 瑞士：蘇黎世
㊲ 西班牙：巴塞隆納
㊳ 西班牙：格拉納達
㊴ 葡萄牙：里斯本 & 波多
㊵ 波蘭：奧斯威辛集中營
㊶ 印度：德里
㊷ 印度：阿格拉
㊸ 尼泊爾：加德滿都
㊹ 尼泊爾：盧克拉
㊺ 越南：峰牙－己榜國家公園
㊻ 越南：胡志明市

每一個環遊世界的故事，都是一個赤裸展示自己世界觀的誠實之旅

《旅行魂》作者、國際 NGO 顧問／褚士瑩

我相信每一個環遊世界的故事，都是一個赤裸展示自己世界觀的誠實之旅。

旅行部落客書寫自己的旅行，是一件勇敢的事。我所謂的勇敢，並不是去了亞馬遜雨林做了什麼，或是不畏寒冷追尋極光，我說的不是「好不好玩」、「會不會玩」，遊記真正呈現的是打開自己內在的真實，接受世界的評斷，旅行越久，去的地方越多，這個旅行者的世界觀究竟是狹隘或開放，對自己性格的揭露，究竟是仁慈還是自私，也就越真實。

同樣是辭職去環遊世界旅行，隨便挑四個例子，一個選擇帶未婚夫從南美洲開始環遊世界的台灣裔紐西蘭籍部落客 Winny、帶著媽媽從首爾出發環遊世界的韓國媒體人太源晙、用搭便車的方式一路從北京到德國柏林見女友的美籍華人谷岳，還有被香港算命師警告一整年不得搭飛機，於是選擇一年用步行、船隻、公車、汽車和火車行遍世界去到處找人算命的亞洲通記者坦尚尼，就代表著四種完全不同的世界觀。所以這四個人，明明是在同一個地球旅行，去了同樣的國家旅行，但是寫成的四本書，《地心引力抓不住的冒險家：8 公斤行李 × 325 天 × 35 個國家，拉著未婚夫飛向世界盡頭》、《帶媽媽去旅行》、《三十歲的成人禮：搭車去柏林》跟《算命先生告訴我：工作與命運的重整遊戲》，卻幾乎沒有任何相似的地方。

　　之所以如此不同，並不是巴西的里約、尼泊爾的加德滿都在這四個人去的時候，有什麼戲劇化的改變，而是這四個人的世界觀完全不同，所以我們看到完全不同的視角，也因為這樣，旅行如此讓人著迷，沒有兩個人眼中看到的世界是一模一樣的。

　　在從小被喜歡旅行的父母帶到紐西蘭成長、為了存錢旅行而去澳洲南部工作的台灣人 Winny，終於實現多年的夢想跟未婚夫花了一年時間環遊世界的最後，她寫了兩個對於自己的觀察，我覺得特別有趣。

　　第一，她說環遊世界一周之後，自己雖然沒有找到未來的方向，卻有了面對未來無論遇到什麼挑戰都能解決的信心。

　　第二，是經過了一年不間斷的旅行，她發現自己漸漸打破華人對於周遭事物很少提出疑問和反駁的習慣，變成一個更容易提出「為什麼」的人。

　　一個年輕人在三十歲以前，花盡所有的積蓄，還有一年的時間，學到了這兩件事情，究竟值不值得？作為一個把旅行當成一種生命方式的我來說，我當然覺得是超值的，但這也正揭露我作為一個擁有旅行魂、一個喜歡哲學思考的世界觀。學會自己勇於做判斷，而不在意別人的眼光，或世俗的正確標準答案，是環遊世界以後，旅行教我的事。

　　所以，喜歡旅行的朋友啊，世界今天又教了你什麼？

為什麼要環遊世界？

「一輩子一定要來一次長途旅行」一直是我兒時的夢想；在進入職場工作幾年後，這夢想轉變成逃離千篇一律生活的理由。在遞上辭呈那一刻心情是矛盾的，看著周圍的朋友把工作存下來的錢拿來當買房的頭期款，我這樣把存款一次花掉到底是對還是錯？把自己從小到大的夢想強加在 York 身上，讓他放棄得來不易的工作，對他公平嗎？雖然準備過程中充滿著期待，但越接近出發的日期，心情卻越來越緊張。

我爸媽很愛旅遊，「旅行魂」彷彿天生就存在於我們家族的血液中。他們從西藏回來後，發現懷了我，原本還期待是某個活佛轉世，可惜並不是。之後他們甚至帶著剛滿兩歲的我搭飛機，前往南非。連我都不知道他們哪來的勇氣，願意帶著那麼小的孩子飛向那麼遙遠的國度！也許因為這樣，直到現在我都熱愛飛機起飛與降落的感覺。

我七歲那年，父母放棄了台灣的高薪工作，果斷賣了台北的房子，一家三口來到紐西蘭，追尋不同的生活。當時我並不理解放下一切、重頭開始是需要多大的勇氣，媽媽告訴我：「如果當時還沒有你，我們會把賣掉房子的錢拿來環遊世界。」於是，找到願意陪我一起旅遊的人以及環遊世界的夢想，就此深植我心。

我是一個很有計畫的人，人生每階段該達成什麼目標我都有想過，環遊世界、買房子投資、擁有存款足夠安穩退休等，希望這些都可以一一達成。於是在紐西蘭讀大學的我選擇了跟牙醫系同樣需要讀五年的驗光系。這個朝九晚五、在暗房裡看病人的職業，在我畢業時的起薪可是紐西蘭畢業生中前三高！

為了早點達到自訂的環遊世界基金，一畢業我就搬到薪水較高的澳洲，並捨棄與朋友移居雪梨的機會，選擇消費較便宜的南澳。雖然我認為旅行並不需要很多錢，但也不嚮往窮遊，只希望在有限的時間內造訪曾在書本上讀過的事物，把夢想化為真實。

1 旅行成癮的一家人（攝於吳哥窟）。
2 我爸媽就是那種會在學期中幫孩子請假出國玩的父母。

　　沒有想到在我準備踏上旅程的前兩個月遇見了 York ── 因為他，我暫停了原本的計畫。不過我並不想成為因為愛情而放棄夢想的女人，於是在交往一週年時我提出了：「你願意跟我環遊世界嗎？如果不願意，我們就分手吧！」這樣荒唐的要求，沒有想到 York 居然答應了！我真的遇到一位願意放下一切、陪我實現這瘋狂夢想的伴侶！

　　為了讓他有足夠的旅費陪我去流浪，我們在澳洲又多待了一年，但這次我心甘情願。這一年中，我們雖然常為了決定要去那個旅遊景點而爭吵，卻也因此更加了解對方的興趣，也重新規劃兩人的收支，甚至結束經營一年多的美食部落格，畢竟在沒有贊助的情況下每天外食的費用驚人，一切的生活作息都以一年後成功踏上旅程為目標。自從我們公開環遊世界的計畫起，深刻感受到「患難見真情」有很多等著看好戲的人，覺得我們瘋了，應該中途就會放棄，提早回來；但也有不少真心支持我們的好朋友，不論是言語上的鼓勵，或是行動上的幫助，都讓我們在嚴峻的準備過程中備感溫暖。

　　在準備離開澳洲的那一晚我們幾乎失眠，不過既然都已經向全世界宣佈了，只好硬著頭皮上飛機。就這樣，在二〇一六年二月十六日，我們兩個各帶著八公斤的手提行李，出發了！

Contents
目錄

環遊世界小撇步

Start

環遊世界行前準備

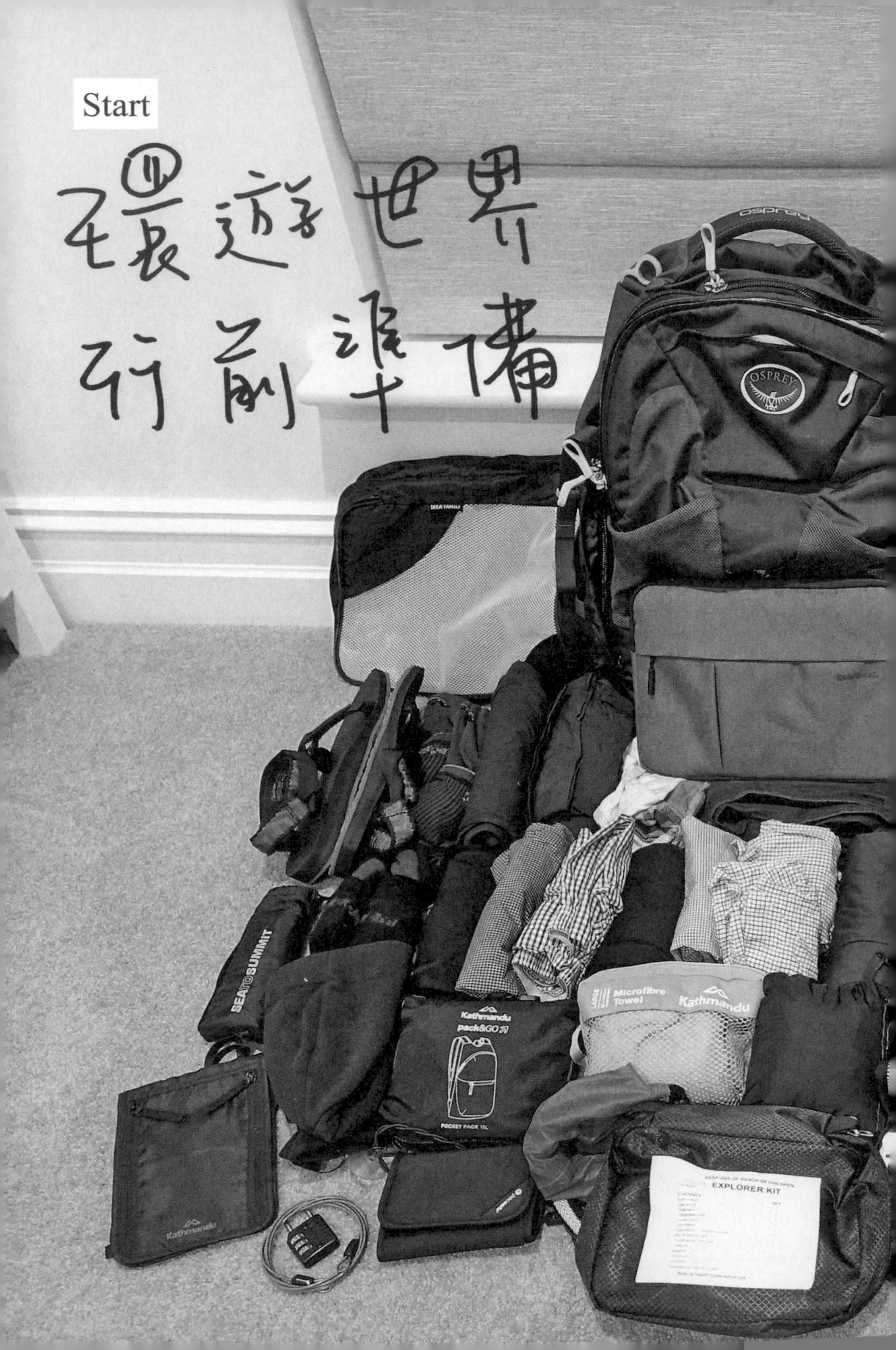

Start
準備計畫

該如何規畫一年的環遊世界之旅？

實現自己的旅遊清單

在我們決定辭職旅遊後，有一年的時間可以進行這趟環球之旅。在這之前我們最長的旅遊也不過五個禮拜，而且還是用大行李箱！一年雖然感覺很長，但世界太大，想玩遍全球是不可能的！必須學會怎麼適當取捨，該怎樣規畫行程才不會有遺憾。以下是綜合我們目前為止的旅遊經驗，提供大家準備長途旅行的參考。

> Winny 畫重點
>
> ・世界太大，時間太少，到底該怎麼安排行程才不會有遺憾？
> ・什麼月份去哪些國家才比較省錢呢？
> ・除了安排行程，還要考慮什麼？

第一步：如何選擇旅遊地點？

我的旅行幾乎都是因為想去某個地方或是體驗某種當地風情才成行的。試著寫下「今生不去一定會後悔」的景點，最好是平常短期旅行不易到達的地方。也可上網搜尋「一生必去的景點」等關鍵字刺激靈感。接著在地圖上找出景點位置，並發揮連連看的功力，畫出最棒的路線！

阿根廷菲茨羅伊峰的碧藍高山湖。

第二步：評估花費及預算！

　　環遊世界其實不用花過多金錢，一切取決於旅行方式以及地點。可先查看該國的物價和活動的花費，再評估若這次不去，之後造訪的可能性。如這次佔了總消費四分之一的十天南極船，雖然費用較高，但我們考慮到以後應該不會再特地去南美洲，因此決定排入行程；而原本想去的挪威健行花費較多，但因為歐洲交通易達，之後再前往的機會高，因此改前往物價相對較低的東歐；雖然也想去非洲看野生動物，但費用不低，且我們居住的澳洲有南非直航，於是就不排進這次的規畫……知道自己想要的旅行目的，在行程的取捨上會更容易。

第三步:決定什麼時候出發!

　　每個國家都有淡季及旺季,如果可以選擇在淡季旅遊必然能省下很多錢!不過我更推薦大家在「平季」(shoulder season)去旅行,這個時候沒有旺季的人潮,卻有淡季的價格和旺季的氣候!如冰島的旺季是五月到九月中旬,這時旅館和租車都比較貴;淡季則是氣候不佳的十一月至三月。不過選擇十月初的話卻能享受跟夏季差不多的氣候以及冬天淡季的價格,讓昂貴的冰島變得比較划算。建議在安排行程的時候多搜尋該地區的「shoulder season」來幫助規畫,也可參考這篇英文網誌來了解每個國家的旅遊平季:www.pamelasendee.com/shoulder-seasons-of-every-country-in-the-world

第四步:跟著免簽地圖去旅遊!

　　除了大部分的國家會要求護照至少要有六個月的有效期限之外,另一個需要考慮的是各國的簽證。推薦維基百科「中華民國公民簽證要求」的地圖,上面簡單明瞭地標示了簽證需求。我會優先安排免簽國,除了可以省去辦簽證的麻煩,還可以節省開銷。有些國家的簽證並不好辦,買機票之前最好事先查詢。維基百科僅供初步查詢,最新簽證資訊還是以中華民國外交部網站(www.mofa.gov.tw)為主。

第五步:如何規畫一年行程?

　　我一直覺得長途旅遊是種生活方式,如果像短期旅遊一樣每天觀光,不到兩個月就累了。我個人屬於精密規畫的旅行者,所以出發前已決定好每座城市大概會待的天數。若是認為一年的時間很長而漫無目標地遊走,時間可能會很快就過了。

　　一般網路上建議需要花上三天觀光的城市,我會安排五天,在不跑行程的那幾天好好放鬆,享受當下。這樣的好處就是如果中途發生交通延誤或生病,也不太會影響到整體行程。另外一點就是我們在所選的每座城市都有一件必做的事,只要那件事達成就好,其餘的就順其自然。

第六步:該多早預訂旅館及交通票?

　　要提前一年預定所有的旅館跟交通是不可能的,不過在離開澳洲之前我都有事先查好客運時刻表的習慣,這樣可以幫助行程安排。一般公車我會到當地再訂,除非歐洲某些客運公司提供預購的早鳥票,我會事先將預購日設定在月曆內,等開賣當天上網搶票,有幾次甚至以三歐元買到原價三十幾歐元的車票!如此,即使中途改行程,車票作廢也不會心痛!

我們通常至少提早兩個月前預定住宿，會依據評價來選房間，以簡單乾淨，有熱水澡可洗為最低要求；在一些現代化程度不高的國家，這些便宜又符合需求的住宿會很快滿房。有些旅人會到當地再找住宿，我也嘗試過兩次，這樣方式確實能撿到便宜，但單看外觀實在無法得知設施好壞。此外，如果剛好選擇在該國的旺季旅行，那麼住宿一定要事先訂好！

機票我不見得會提早訂，但會訂閱廉航的電子郵件得知特價訊息。只要地點、價錢與日期都符合需求，那麼就可以購買了。

1 玻利維亞一晚二十美金的套房，簡單但乾淨。2 搶到三歐元的公車票，真的感覺成就非凡！

Winny 會客室

・出發前必須安排前往旅遊門診，詢問醫生該打的疫苗以及藥物。
・國外的醫療費通常很貴，千萬不要沒有投保旅遊險就離開台灣！旅遊險也包含失竊、意外或突發狀況；除此之外有些活動也需要有保旅遊險才能參加，如南極船、郵輪、爬聖母峰基地營等。

打破環球機票
便宜的迷思

環遊世界機票分析

　　如果說到環遊世界，大部分的人都會想到「環球機票」。這種機票可以讓你以同一個方向繞世界一圈，中途可以在不同國家停留，看起來非常划算，不過事實真的如此嗎？接下來分析並介紹如何依據旅遊長度、停留國家及預算來選擇適合的票種。

選擇一：購買航空聯盟的環球機票

一般「環球機票」是指航空聯盟所開出來讓旅者繞地球一圈的機票。目前市面上的三大航空聯盟有星空聯盟（Star Alliance）、天合聯盟（Sky Team）和寰宇一家（One World），旅人可搭乘該聯盟旗下所有的航空公司飛往不同目的地。三家聯盟的優缺點都差不多，只有飛往地點跟票段的計算方式不同。

Winny 畫重點

· 該如何選擇環球機票種類？
· 依照自己的旅行風格決定環球票是否合適？
· 理解機票的優缺點。

優點

· 如果你本身屬於某航空聯盟的會員，那麼整段環球旅程下來會累積不少里程與點數。如果成為貴賓，就可以在登機前享受貴賓室或增加行李重量的優惠。
· 由於環球機票通常是看距離或是段數，因此只要符合規定，就可造訪平常會花費較多機票錢的地方，如馬爾地夫、大溪地或復活節島。
· 規畫機票停留點像玩益智遊戲，常會組出令人意外的路線，去到原本沒有想到的景點。只要符合航空公司的規則，就有辦法讓每個航段產生最大的效益，因此讓許多人樂在其中。
· 開票後使用期限為一年。

缺點

· 環球機票通常要十二到十八萬台幣不等，對許多人來說是一大筆開銷。總價格基於你中途停多少點以及飛多少里程。
· 這種票比較缺乏彈性，如果要改日期或是地點，可能會額外收費並重新計算機場稅跟燃料費。
· 由於機票是十一個月前才能預購，而且要全部的航線須事先訂好才能開票；因此要玩一整年且又想提早訂機票的旅者，日後可能會再花錢更改機票日期。

透過旅行社購買的環球機票是從歐洲飛往亞洲的瑞士航空。

017

· 每個航段的環球機票位置有限，且航線只能繞單一方向，不可回頭。
· 當有些聯盟並沒有你想去的城市直達機時，就必須多花一段票轉機，可能比自行加購票段還不划算。

選擇二：環球機票旅行社

我們就是使用這類型橫跨四大洲的機票，中途再自己安排。在台灣沒有專門安排環球機票的旅行社，不過網路上有許多「環球機票專家」，專門販賣簡單的環球路線給背包客。如果匯率划算的話也可以參考，只不過大部分出發地是香港或日本。由旅行社規畫的唯一缺點就是航班可能不是同一聯盟的，這表示無法累積里程點數。

BootsnAll

專攻環球機票的網路旅行社。官網有許多關於如何規畫旅行的資料，如不同國家的注意事項以及旺季時段等資訊。可直接在網上訂購航班，不過由於它們是以不同單趟票結合起來的「環球機票」，因此沒有一年期限或是路線倒退的問題。推薦使用訂票規畫軟體 Indie：indie.bootsnall.com。

AirTreks

美國的環球機票網路旅行社。跟 BootsnAll 差不多，也是分段訂票所以沒有期限或是路線問題。機票本身有含旅遊險，可省去一筆保險費。網站內也有許多自助旅遊的寶貴資訊。推薦使用訂票規畫軟體 TripPlanner：tripplanner.airtreks.com。

STA Travel

一家覆蓋全球四十八個國家的實體旅行社，專攻三十歲以下的年輕人與背包客。它們有許多現成的「環球機票」，如從澳洲橫跨三大洲不到四萬台幣，非常適合想去熱門城市的旅人。再加上它們販賣許多冒險類型的旅行團，深受大學生喜愛。

選擇三：全部自己來

對於喜歡彈性的旅者來說，提前安排一整年的行程可能有點難度！這時可以購買單程票，想去哪裡就去哪裡。如果提前規畫好路線，那麼開口票（Open-Jaw）或是多城市票（Multi-city）會是不錯的選擇。這種票能夠讓你從 A 點到 B 點，再

傳統航空公司都有該
國的零食及啤酒，很
適合愛嚐鮮的旅客。

從 C 點回到 A 點，中途可以自由選擇停留點，只要最後能夠通往 C 點回家就好了。
可以從網路上訂購，比單純的來回機票實用很多！

到底該選那種方式購票呢？

　　其實沒有絕對的訂票方式，有些人願意多花點錢來買時間彈性，也有人願意花錢
買心安，一切都取決於旅遊方式以及經費。航空聯盟的好處在於全部事先訂好，就
不用每天查機票有無特價，適合有計畫前往遙遠地區、時間少於一年的短期環球旅
者。以寰宇一家為例，十六段飛機的環球機票是十三萬台幣，那麼每段平均是八千
塊台幣；如果你去的國家的票單程比這個票價貴（如南美洲）那麼購買環球機票就
值得，不過如果選擇的旅遊地區是廉航多的亞洲或歐洲，單獨買票相對比較划算。

 Winny 會客室

介紹幾個常用的網路機票查詢網站

Skyscanner　我最常用的搜尋引擎，可以由出發點選擇「彈性目的地」；它會顯示從這
個城市出發到哪裡最便宜。網站上也可以選擇整個月份，看什麼時候出發票價最低。要注
意的是，雖然搜尋價位是新台幣，但真正訂票時會轉到國外網站，中間有匯差。

Expedia 智遊網　國際訂票網站，費用直接用新台幣計算。它們搜尋出來的機票組合有時
候跟 Skyscanner 不同。目前我常在智遊網購買多段數的機票（如 A 到 B、B 到 C、D 到
E、E 到 A），因為比較便宜，建議大家可多比價。

Momondo　跟 Skyscanner 類似功能的搜尋引擎，介面比較鮮豔。兩者差別不大。

Google Flights　Google 推出的機票搜尋引擎，不只會提醒你機票有可能什麼時候調漲
價錢，也可選擇座艙等服務。許多人靠此引擎找到比其他地方更低廉的機票。

Skyscanner

Expedia 智遊網

Momondo

Google Flights

Start
準備計畫

如何只帶八公斤行李環遊世界？

長途旅行的背包清單

這次長達一年的旅行，我們決定挑戰只帶手提背包裝的衣物度過春夏秋冬！由於旅程包含炎熱的亞馬遜雨林和冰天雪地的南極，所以必須準備好因應所有氣候的衣物，加上登機行李有重量限制，因此每件物品都必須再三思考！

打包行李技巧：
如何在 8 公斤內打包一年長途旅行手提行李

Winny 畫重點

· 教你如何用八公斤環遊世界！
· 只要穿對三層衣物，零下二十度也不怕！
· 學會收納技巧，不用怕行李塞不下！

一個好的背包

1. 挑選像傳統行李箱一樣可以打開攤平的背包，不但能放在地上找東西，相較於開口在上的登山背包方便許多。
2. 最好有放置筆電或是其他物品的隔層。
3. 背包須有「減壓腰帶」，才能平均分配背包重量，不會傷到肩膀與背部。
4. 可收納腰帶與背袋，必要時可當行李袋託運。
5. 比較嬌小的女生要注意背負系統的長度，減壓腰帶的位置必須在腰上而不是臀部，不然身體會受傷！
6. 選背包時也須考慮重量，我們的背包容量 40 公升，重 1.4 公斤。

絕對不可缺的旅行收納袋！

大小合宜的收納袋是打包必須品，不只能保持背包內部整潔，也能輕易地把所有衣服壓縮到單一大小。收納袋內所有衣服都要用捲的，才可有效減少體積。

如何選擇保暖衣物？

最底層　內搭衣褲要能夠排汗，主要材質分聚酯纖維和羊毛。兩種材質都蠻輕的，我們是各帶一件。

聚酯纖維：能夠有效排汗，材質易乾，價錢比較便宜。缺點是體味容易留在衣服上，需經常換洗。

羊毛：調節體溫，比較不會臭，但價位較高，比較難乾。

中間層　這層的衣物主要鎖住熱氣，因此可以多穿幾層。主要材質分刷毛外套和羽絨外套。

刷毛外套：人造材質，速乾且能保持體溫，能稍微防水，就算下小雨也不會馬上失溫，越厚越保暖，但相對較重，建議不要選太厚，畢竟真正冷的時候還是必須穿外層防風。

羽絨外套：普通材質使用鴨毛，鵝毛較貴，好的羽絨非常輕且保暖，唯一的壞處就是碰到水後會失去保暖度，所以下雨時一定要加防水外套。挑選羽絨外套可參考膨脹係數（Fill Power），即當羽絨重量相同，在自然膨脹後的最小體積。膨脹系數越高，留住的空氣越多，也越保暖。最好膨脹系數要在 600 以上。購買時也要詢問羽絨比例，好的羽絨外套有 95% 羽絨，5% 羽毛；差一點的可能 80% 羽絨，20% 羽毛。

外層　這層最值得投資，只要能夠防水，自然也能防風。在許多天氣惡劣的狀況下，我都很慶幸買了一件好的防水褲與外套！市面上有太多「防水外套」，但其實程度都不一樣，必須仔細閱讀防水性（waterproof ratings）與透氣度（breathability）才能決定。通常防水性增加，透氣度就會減低，最好選擇材質須有平衡點。建議褲子防水性至少 5000mm，防水外套至少 10000mm，不過高達 20000mm 就會變成太過厚重的滑雪衣物。

放在地上的背包需像行李箱一樣可拉開攤平。

越料的羽絨外套，
能夠收納的體積越小。

一整年我們每人只有兩雙鞋替換。

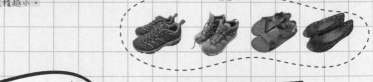

在歐洲，女主絕對不會想穿的
像登山客出現在倫敦街頭！

我也曾經懷疑這種又薄又貴的防水外套真的
能夠保暖嗎？結果照著這種洋蔥式穿法，
尼泊爾高山攝氏負二十度還真的沒問題！

在任何空間一定可以找到能掛
洗衣繩的地方！

只要衣服用捲的，
收納袋可以裝的衣物比想像還多。

易收納的後背包。

普通外穿衣物

短袖 最好選擇能夠快乾的聚酯纖維材質，大部分運動品牌都有賣。棉質的比較重，容易吸汗不易乾。

牛仔褲 雖然不適合登山，但如果不想在都市看起來像探險者，這可是必須品。建議找輕盈一點的牛仔布，在登機時穿能減少行李的重量。

兩段式登山褲 一件褲子可以當長褲與短褲。注意拉鍊位置不要卡在膝蓋，不然變成短褲後，穿起來會不舒服。

洋裝 女生最好帶一件輕薄的洋裝，去餐廳時可搭配。

鞋子該如何帶？

由於我們的行程安排了大量的健行，必須有一雙好的登山鞋。登山鞋雖然不像登山靴一樣可以保護腳踝，但重量較輕，黑色的外型在城市內穿搭也不會突兀。一般涼鞋方便在洗澡或晚上穿，不會像登山涼鞋那麼重，女生可改帶塑膠平底鞋，去海邊或穿洋裝時可搭配。

絕不後悔的額外配件

曬衣繩 八公斤衣物拿給旅館清洗很不划算，最好的方式就是每天手洗、晾乾。

輕量摺疊背包 觀光時不可能背個八公斤背包到處走，帶一個可收納的背包，在平常日使用。

頭燈 露營時，半夜上廁所絕對會派上用場！

速乾浴巾 青年旅舍可不會像旅館一樣提供浴巾唷！

衣物清單
☑ 牛仔褲 x1
☑ 兩段式登山褲 x2
☑ 泳衣 x1
☑ 長袖內搭 x2
☑ 短袖運動衫 x5
☑ 內褲 x5
☑ 內搭長褲 x2
☑ 刷毛外套 x1
☑ 羽絨外套 x1
☑ 防水外套 x1
☑ 防水褲 x1
☑ 洋裝 *x1
☑ 女性胸罩 *x3
☑ 登山襪子 x4
☑ 登山鞋 x1
☑ 涼鞋或塑膠平底鞋 *x1
* 女性用品

配件清單
☑ 帽子 x1
☑ 手套 x1
☑ 圍巾 x1
☑ 輕量摺疊背包 x1
☑ 海關可打開的 TSA 背包拉鏈鎖 x1
☑ 可鎖青年旅館櫃子的大鎖 x1
☑ 曬衣繩 x1
☑ 防水袋（戶外運動時放重要文件）x1
☑ 萬用轉換插頭還有延長線 x1
☑ 頭燈 x1
☑ 防盜錢包 x1
☑ 輕盈的雨傘 x1
☑ 相機 x1
☑ 筆電 x1
☑ 醫療袋（所需的藥物）x1
☑ 化妝包（指甲刀、牙刷等）x1

南美洲&南極

Chapter 01
南美洲
南極

📍阿根廷・布宜諾斯艾利斯

南美巴黎的
繁榮與哀愁

2016

February

S M T W T F S

		1	2	3	4	5	6
7	8	9	10	11	12	13
14	15	16	17	18	19	20
21	22	23	24	25	26	27
28	29

 Winny 畫重點

- 布宜諾斯艾利斯（Buenos Aires）
  是南美第二大城
- 全世界最寬的大道「七月九日大道」
  全世界最美公墓雷科萊塔公墓（La
  Recoleta）
- 全世界最美咖啡廳 Café Tortoni
- 全世界第二美的書店雅典人書店（El
  Ateno Grand Splendid）

觀光客最多的拉博卡區，顏色鮮艷，充滿南美拉丁人的熱情特質。

我們環遊世界的起點是 York 從小長大的澳洲城市 —— 阿德雷德。在前往布宜諾斯艾利斯前，飛機在紐西蘭奧克蘭機場停留了大約一個多小時，距離我在紐西蘭的家不到二十分鐘車程，在候機室看著窗口，突然覺得家雖然很近，但又感覺好遙遠，忍不住一陣鼻酸。算一算我已經兩年沒回家了。

這是 York 第一次離家這麼久，於此之前，他離家最長的時間只有公司每年一個月的年假，除此之外，他可以說是從未經歷過長時間沒有家人與朋友陪伴的日子。每次吵架他都無法體會我獨自在澳洲茫然無助、沒有家人可依靠的感受；因此有點想要藉著這次的機會帶他到世界盡頭，讓他體驗一下離鄉背井的孤單心情。

在出發前一晚，我們深怕遺漏任何東西，都沒有睡好，但真正的原因可能是來自心裡的恐懼。直到上飛機那一刻，我們還是無法確定「辭職旅遊」到底對不對？不過念頭一轉，既然已無退路，那還是把握脫離舒適圈的機會，看看我們的極限可以到哪裡吧！

我都吃飽了，阿根廷人才正要吃晚餐？

十年前我參加了台灣僑務委員會舉辦的「海外華裔青年臺灣觀摩團」，認識許多世界各地的華僑，短短的三個禮拜讓我們這些海外青年建立了深厚的友誼。那時認識了出生在阿根廷的馬克，雖然已經多年沒聯絡，但我抱著姑且一試的心情，在臉書上傳訊息告訴他我們即將前往南美，沒想到他居然為我們請了五天的假當地陪，讓我不禁感嘆「緣分實在是一件很奇妙的事」。

馬克的中文仍講得不是很順口，帶著濃濃的外國口音，但仍努力介紹他成長的地方；好客的他，很快和 York 變成哥兒們，還會聯合起來開我玩笑！

那天剛下飛機，我又餓又睏，只想趕快用完餐回去睡覺，這時馬克面有難色地看著我說：「現在才六點，阿根廷人都很晚才吃飯。」我環顧四周，發現每間咖啡廳都坐滿剛下班、悠哉地喝茶吃蛋糕的上班族；我一臉不可置信地想：這到底是怎麼回事？

原來阿根廷人的晚餐幾乎都是晚上九點半後才開始，就算想要「提早」吃飯，餐廳也要等到八點才會營業。在這之前他們會有下午茶（Merienda），喝咖啡配甜點，跟同事聊天。

1 在布宜諾斯艾利斯的街道上可以看到富有歐洲風格的建築，難怪被稱為「南美巴黎」。2 全世界最美的公墓 La Recoleta 建於一八二二年。裡面保養得非常乾淨，有自己的街名以及道路，彷彿是個小鎮。

「在阿根廷，早餐通常是一杯咖啡或加上牛角麵包。中午一點多我們會吃個豐盛的午餐。反正這個時候是 siesta（午休），店面都從一點休息到五點，晚上營業到十點。大部分的行業都下班，才是我們吃晚餐的時間。」馬克說道。

根據我的觀察，阿根廷晚餐的肉份量非常多！他們用餐後直接躺平睡覺，胃難道不會出問題嗎？尤其隔天還是跟世界其他地方一樣，早上九點開始上班。後來我們跟許多旅客聊過這件事，幾乎

世界第二美的書店 El Ateno Grand Splendid 原本是一九一九年建造的歌劇院，在二〇〇〇年更改為書店。

沒有人可以習慣這種吃飯時間。不過唯一好處就是當我們八點多進去用餐，永遠是第一組客人，上菜也不用等太久；當餐廳進入客滿的尖峰時刻，我們已經準備回家睡覺了，而且此時路上人潮正多，只要不要走小路，就不用太擔心安全問題。

— 隱身在拉博卡熱鬧背後的貧窮

位於布宜諾斯艾利斯的東南邊，有個觀光客必朝聖的地區拉博卡，有許多兜售足球紀念品的小販，還有街頭畫家，街區充滿活力。過去移民到這裡的人都很窮，只能從附近碼頭搬來材料、搭建鐵皮屋、並把外觀漆成不同顏色，意外成為當地特色。另外，阿根廷最大的足球隊「博卡青年隊」的主場也在這裡，吸引世界各地的球迷前來朝聖。

不過，這裡除了幾條觀光街區，多數區域仍是貧民窟。

拉博卡沒有地鐵站，只能搭公車。我們在公車上聊得太開心，忘了跟其他遊客一起在主要路口下車。過站下車後，須從另一側穿越觀光街，眼前的房子乍看雖然繽紛，但多數都已掉漆，周圍有許多車子的輪胎、車窗四分五裂，斑駁的車身如廢鐵般被棄置路旁，不時還會看到蹲在路邊吸毒的年輕人，馬克提醒我們不要說話，因為任何一個發音都會暴露我們是外國人的身分，此時，有人前來挑釁，馬克以當地標準的西文回應，那些人很快就放棄騷擾我們。事後，馬克說這裡白天還算安全，但在晚上連當地人都不敢逗留，讓我不禁慶幸有他的陪伴，不然後果不堪設想。

傳統與現代兼容並蓄的「南美巴黎」

擁有「南美巴黎」之稱的布宜諾斯艾利斯，有許多世界一流的建設，在二十世紀

初可是排名世界前幾名的經濟強國。

不過二〇〇八年至今，阿根廷比索對美金已經貶值了八成！政府為了避免民眾不斷把錢換成美金，於是限制外幣兌換的金額，不過我們造訪時，新總統剛廢除此政策。在旅遊產業的人至少還能跟遊客收取美金，但一般領死薪水的阿根廷人就只能眼睜睜看著貨幣膨脹，過著隨時有可能失業的生活。

身為旅者，絕對會讚嘆市中心隨處可見的歐洲殖民時期建築風格，彷彿置身巴黎或巴塞隆納。而著名的「七月九日大道」，以阿根廷獨立紀念日命名，寬約一百一十公尺，是世界最寬敞的大道。

這裡交通四通八達，擁有二十四小時的公車系統、多條地鐵路線，在二十世紀來說十分進步，但由於經濟蕭條，政府無力更新大眾交通設施，因此百年地鐵站、地鐵車廂以及公車上都沒有冷氣，夏季時，為了消減暑氣，還會從車站天花板灑水，輔以電風扇，當時搭車我還以為是天花板漏水了！

雖然夏季車廂悶熱，但仍有一些表演者在裡頭演奏，即便身上只有幾個銅板，多數乘客還是會特別找出零錢打賞；我想這是在經濟不景氣之下，大家互相支持的患難精神吧！

Winny 會客室

・阿根廷的西班牙文有特殊口音，跟周圍其他國家不太一樣，連其他南美洲人到阿根廷也常聽不懂他們的西班牙文。
・阿根廷紅酒非常好喝，在超市常常會出現「酒比水便宜」的情景。
・阿根廷牛肉一級棒！任何部位都可以拿來食用，當地朋友特別推薦「牛胗」（molleja）這個部位，真的是入口即化。

全世界前十名最美的咖啡廳 Café Tortoni 保持著一八五八年開幕至今以來的裝潢，牆面以及玻璃的色彩都非常細膩。愛因斯坦等許多名人都曾在此用餐。

Chapter 01
南美洲
南極

📍 阿根廷・埃爾卡拉法特

莫雷諾冰川健行

2016
February
S M T W T F S
　　　1 2 3 4 5 6
7 8 9 10 11 12 13
14 15 16 17 18 19 20
21 22 23 24 25 26 27
28 29

一

032

Winny 畫重點

· 安地斯（Andes）南北長七千多公里，是地球上最長的山脈，橫跨所有南美洲西岸國家。
· 巴塔哥尼亞（Patagonia）的冰川國家公園有許多冰河及峽灣，是戶外活動愛好者的天堂。
· 冰川國家公園內的莫雷諾冰川（GlaciarPerito Moreno）是人氣景點！

冰川國家公園短片
Glaciers of Patagonia

莫雷諾冰川的前端約五公里寬，
幾乎橫跨了整個阿根廷湖。

接下來的目的地是巴塔哥尼亞南部小鎮——埃爾卡拉法特（El Calafate）。一下飛機我就愛上了這裡的冷空氣，因為和紐西蘭一樣清新。機場主要是為了拜訪冰川國家公園的遊客而建立的，否則此地氣候寒冷乾燥、農業不發達，很難想像會有人要在此定居。當地主要收入都是靠夏天旅遊旺季，其他季節遊客則非常稀少。

無緣目睹莫雷諾冰川崩塌奇觀

隔天我們前往冰川國家公園的莫雷諾冰川。此冰川面積大約兩百五十平方公里、長三十公里，面積之廣，大約是台北到桃園機場的直線距離！雖然它僅為阿根廷第三大的冰川，但由於地理位置方便，成為當日往返的熱門景點。

冰川國家公園在一九八一年被定為世界遺產，由於有聯合國提撥的保育資金加上門票收費，讓莫雷諾冰川觀景步道規畫得相當有國際水準。總長五公里的步道有高有低，讓人可以從不同角度欣賞到冰川。就算沒有搭乘小船，也能清楚看到冰川的細節。

此時，遠處突然發出「轟！」的巨響，彷彿大炮發射。我們好奇地走到步道前端，看見許多觀光客都目不轉睛地盯著冰川，這才發現聲響來自冰川落下的碎冰，原來冰川會不定時地塌陷。這種聲音聽起來很過癮，但若不注意可能會被這突如其來的「大自然禮炮」震懾到。冰川會持續變化以及移動，彷彿有生命，這也就是冰川健行需要職業導遊帶領的原因，否則失足滑進冰縫，就等於墜落二十幾層樓高的深淵。

另外一個有趣的現象，就是莫雷諾冰川位於阿根廷湖內，會週期性地朝湖心推移，慢慢形成天然水壩，並將湖水堵住一分為二；這會使湖水的一邊水位高漲，最高可達三十多公尺！直至冰屏承受不了水壓，就會再次應聲倒塌，讓整個湖面回歸原貌。我們造訪時已接近臨界點，難怪大家都守株待兔，不過很可惜我們離開後的三個禮拜，才發生冰屏崩塌，無緣目睹到這四年一次的奇觀！

在阿根廷最大的冰川上健行

來到冰川國家公園，怎能錯過冰川健行？根據我在紐西蘭的冰川健行經驗，行程越長，越能深入體驗藍色冰河的美。倘若仔細觀察，會發現冰川表面的顏色都不是很乾淨，那是因為最外層的冰川通常都是經過幾十年的推移才會到最前面，期間累積不少陸地的砂石，導致藍冰上總有些黑灰色的點。

莫雷諾冰川健行有分五小時跟兩小時的行程，從其他旅客拍的照片看來，景色真的差很多。不過在當地我得知了另一個冰川——Viedma Glacier，雖然默默

無聞而且沒有中文譯名，但卻是阿根廷最大、南美第二大的冰川，由於很少人前往，我們就直接報名，完全沒發現這個行程只有短短兩個小時。

當我們走上 Viedma Glacier 時，感覺好像踏入鐵灰色的月球表面，跟期待中的冰藍色世界非常不同。這個冰川雖然總面積很大，但非常狹窄，導致冰川移動時會一直摩擦旁邊的岩壁。反觀莫雷諾冰川，總面積較小，但寬度多兩倍，因此健行到深處，比較容易看到乾淨的藍色冰川。當了解背後成因，就會懂得欣賞它的與眾不同。我從未想過冰川上的坑洞混合了雜質後，會有漫步在另一個星球的奇特感受！這些意料之外的經驗，讓我領悟有時旅行雖然不會完全照期望進行，但那些不在預期內的事反而可能成為難得的回憶。

藍色晶瑩的冰洞內層，是我想像中冰川的顏色。

Winny 會客室

· 巴塔哥尼亞提款機常沒有現金可領，記得盡量事先帶足所需的旅費。
· 若只單純欣賞莫雷諾冰川可直接搭公車前往，無須跟團。
· 阿根廷比索的價格可能會比美金便宜，可多留意匯率。
· 在南美搭陸地交通工具最省錢，但從布宜諾斯艾利斯到埃爾卡拉法特，公車約四十小時，搭飛機僅三個半小時，價差三十美金，可考慮後者避免舟車勞頓。
· 這裡的青年旅舍雙人房每晚直逼一百美金，跟台灣商務旅館的房價差不多。

觀景步道規畫得非常好，即使沒參加冰川健行也能看到不同角度的冰川。

2016

| February | March |

February
S M T W T F S
1 2 3 4 5 6
7 8 9 10 11 12 13
14 15 16 17 18 19 20
21 22 23 24 25 26 27
28 29

March
S M T W T F S
1 2 3 4 5
6 7 8 9 10 11 12
13 14 15 16 17 18 19
20 21 22 23 24 25 26
27 28 29 30 31

📍阿根廷・烏斯懷雅

從世界的盡頭起航！

Winny 畫重點

· 烏斯懷雅（Ushuaia）是全世界最南端的城市，也是南極船的出發點。
· 乘船經過比格爾海峽（Beagle Channel）近距離觀看不同企鵝、海獅、海狗以及鳥類。
· 前往火地島國家公園一日遊，體驗南美洲南端的獨特生態。

地球最南端的夕陽，像是
潑灑了紅酒在雲朵上。

你有想過世界盡頭的城市會是什麼樣貌嗎？原本以為會是比埃爾卡拉法特更偏僻的地方，沒想到烏斯懷雅卻像是個瑞士小鎮，被馬蒂亞勒山脈包圍著，雖然才夏末，從遠方仍能看到山頂積著的皚皚白雪。走在城市完善的步道上，可以發現兩側有許多新建的房屋。

就算晚上七點多，還是有許多人在遛狗、推著嬰兒車散步、慢跑，看上去是個生活習慣良好的城市。每位迎面而來的居民都親切地跟我們打招呼，彷彿回到純樸的紐西蘭，讓我有點想家。

這裡是通往南極最主要的城市，離南極大陸才八百多公里。從地球另外一端的紐西蘭與澳洲出發，都至少要兩千七百多公里！因此許多國家的南極考察團隊都在這裡補充燃料與糧食。

在世界盡頭吃掉整隻帝王蟹

不少人把「吃」當作旅行重點之一，沒有什麼比美食更能讓人立即感到幸福了。雖然我們長途旅遊要控制預算，但對料理有興趣的 York 絕不會把錢省在品嚐當地佳餚的機會上。

位於世界的盡頭的海港城市，這裡自然有源源不絕的新鮮海產，其中最有名的就是帝王蟹，聽說比任何地方都還便宜。

在市中心幾乎每家餐廳都標榜有賣 centolla（西班牙文螃蟹的意思），可是價格不斐，而且大部分只有賣「加入」帝王蟹肉的料理，並非全蟹。「如果帝王蟹不是整隻活的讓你挑，怎麼知道餐廳給你的是不是冷凍過的？」York 這樣跟我說。

我們在網路上搜尋許久，終於找到唯一以整隻計價而非秤斤的 El Viejo Marino 海鮮餐廳。餐廳外貼著當日帝王蟹的價錢，站在店外可看到水族箱內有多隻帝王蟹在游泳。雖然這家餐廳不一定要訂位，但為了能確保吃到美食，我們還是先跟老闆預留一隻帝王蟹。

餐廳七點一開幕，我們就進去了。由於是第一組客人，老闆娘就讓我們隨便挑一隻出來讓我跟牠合照。中間還不斷提醒我要抓緊牠的尾端，免得被那強而有力的蟹足夾到。

整隻煮好的帝王蟹上桌，還附上兩把剪刀，讓我們方便「分屍」。也許是季節不對的關係，肉質有點粉粉的，但這麼大隻的帝王蟹配上小菜，讓人飽足感十足，也許這不是我這輩子吃過肉質最鮮甜的蟹肉，但以台幣一千二百元來說，已經非常值得了！

可遇不可求的「最後一分鐘」特價南極船票

南極旅遊對許多人來說是個遙不可及的夢想，卻常因為交通費而遲遲無法成行。許多旅者都建議來烏斯懷雅等待「最後一分鐘」的船票，因為啟航前，船公司情願半價賣票也不願意讓船艙空著。但由於不是每天都有開船，在城鎮等待的時間花費也不便宜。

原本以為當地旅行社的「最後一分鐘」船票價錢會不錯，沒想到比我們網路上購買的還貴。在買公車票時，櫃台小姐告訴我們兩、三年前確實可以買到美金三千多的特價票，但現在最低都至少五千美金。我猜因為美金上漲，美國人消費能力也提高，清倉特賣的機率也就降低了。建議事先上網比價購票，還是有機會提前買到比當地便宜的特價船票。

要了解最新票價行情，最好的方法就是在網上搜尋「Antarctica Cruise」，這樣會出現不同家公司的行程與票價。南極船需要花兩天才能到達南極大陸，所以總天

數都至少十天起跳，天數越少價格也相對親民。通常打折不會是最便宜的四人船艙，因此以貴一點的船艙價格再打七折，大概就是當季特價船票的價位。

南極船只有在十一月到三月才會啟航，這時南極夏天大約攝氏十度到零下六度，是個可接受的溫度範圍。十二月中旬到一月底則是南極企鵝孵化的時期，許多遊客願意付昂貴的船票看可愛的企鵝寶寶。套船上團員的一句話：「那些企鵝寶寶可不便宜啊！」我們是三月去的，雖然企鵝已長大，但有機會看到鯨魚。

南極號稱是地球上最後一塊淨土。在一九五九年由五十個國家簽署「南極條約」，規定這裡只能進行和平的活動。來訪的南極船，每次僅讓一百人登陸，但有些南極船設備豪華，載乘客量達兩百人，因此旅客就須分批登陸，相對地減少登陸的時間，但既然都要去南極，不妨找個能踏上南極大陸越久的船。只要了解上述幾點，南極夢不會太遙遠！

1 阿根廷國旗飄揚在世界的盡頭——烏斯懷雅的廣場上。2 準備登上一人四千八百美金的雙人船艙的南極船。3 南半球的帝王蟹幾乎跟我的臉一樣大！一隻才台幣一千二百元！

Winny 報你知

雖然「最後一分鐘」船票看起來便宜，但是跑來烏斯懷雅等那「最後一分鐘」其實是比較不實際的作法。推薦以下幾家南極船公司，他們會在開船前幾個月不定時寄出特價電子郵件，優惠通常比當地還便宜呢！

烏斯懷雅當地公司
Ushuaia Turismo
www.ushuaiaturismoevt.com.ar
Free Style Adventure Travel
freestyleadventuretravel.com

國際性南極船公司
Chimu Adventures
www.chimuadventures.com
Quark Expeditions
www.quarkexpeditions.com/en/antarctic
G Adventures
www.gadventures.com/destinations/polar
Polar Cruises
www.polarcruises.com
Expeditions Online expeditionsonline.com
Antarctica Travels
www.antarcticatravels.com
Expedition Trips
www.expeditiontrips.com

Chapter 01
南美洲
南極

📍南極

航海日記：
世界上最後一塊淨土

2016
March
S M T W T F S
          1 2 3 4 5
 6 7 8 9 10 11 12
13 14 15 16 17 18 19
20 21 22 23 24 25 26
27 28 29 30 31

世界上的最後一片淨土：南極
Antarctica in 1 Minute

Winny 畫重點

· 南極是全世界第五大洲，擁有地球上
  最寒冷，最乾燥的氣候。
· 南極旅遊季節是十一月至三月。
· 須通過全世界最險峻的德雷克海峽才
  能抵達南極大陸。
· 一月能看到毛茸茸的企鵝寶寶，三月
  可以看到鯨魚。

在帕默群島上英國人建造的小屋，裡面還有許多罐頭存糧。

「為什麼會想要來南極呢？」這是南極遊客最愛的寒暄話題。「從小到大我就對南極有很大的憧憬。能夠來到這裡簡直是美夢成真！」大多數人都這麼回答，但老實說，我們真正的理由絕對會讓話題冷場：當初只是想說好不容易來到南美洲，假如能買到特價船票就來吧！

　　一開始 York 還極力反對，「你真的要花我們全年費用的五分之一，來看些冰山跟企鵝？要看企鵝，澳洲就有了。」「你想想我們世界六大洲都去過了，南極是最後一洲，如果這次不去以後也不會去的！」為了這平淡的理由，我們正坐在前往南極的破冰船上。

全世界最危險的航道 —— 德雷克海峽

　　很多人對前往南極感到恐懼，主因就是需要通過全世界最險峻的德雷克海峽。此海峽從南美洲到南極端只有八百多公里，是地球上前往南極最短的航道。但這裡全年海況都相當惡劣，海浪可高達十層樓高（三十公尺），是個異常艱難的航程。雖然我們兩個平常不會暈船，但還是去跟旅遊醫生拿了高劑量的暈船藥。

　　我們的破冰船 Ocean Nova 是一九九二年丹麥製造的，第一眼看到它的時候只覺得它這麼小，船應該會晃得很厲害吧？不過體積小的船才有辦法深入大船無法靠近的地方。接下來十天我們都待在渡輪上，英文稱之為「極地探險」（Antarctica expedition），跟享受豪華郵輪的旅遊方式不同，這也表示行程會隨著天氣而改變，不會完全照預定計畫走。

　　從報到開始，工作人員迎人的笑臉讓我誤以為來到全世界最歡樂的迪士尼樂園，接下來有如高級飯店的導覽，有專人帶你到房間並解釋所有設備。我們的房間有兩張單人床，中間擺了一張書桌，上面的窗戶可以看到海洋；浴室雖然簡單但現代化，可以讓人舒適地使用。

　　船上的伙食是我們一整年吃過最好的食物。不管是早餐或午餐的自助吧，還是晚餐的三道正式佳餚，都以呈現食物的原味來烹飪，食材種類多到我完全無法想像這艘船到底準備多少食物！各國的起司與巧克力、藜麥沙拉、每晚不同肉類，沒有一餐重複；而且擺盤方式精美，比有些高級餐廳還漂亮，常常讓我捨不得開動。廚師是個年輕的北歐男孩，我們每晚進餐廳的第一件事就是會拿到一碗主廚親手舀的湯。

　　船上沒有網路並沒有讓我覺得躁鬱，反而使我心情自然放鬆。很多現代人都中了「手機毒」，這十天的「科技排毒」對我們來說有益無害。唯一讓人痛苦的就是美食當前，卻因為暈船而無法下嚥。第一天我以為不會暈船，所以沒吃藥，結果吐得唏哩嘩啦，但船長卻說：「這種搖晃程度大約只有三十分，你們算是非常幸

運……」我不禁佩服起在廚房工作的廚師與服務生，因為搖晃程度可是連桌上物品都傾斜滑掉呢！他們卻能穩穩地出菜。

親愛的，我被南極海豹海豹追殺！

歷經六十個小時，終於進入南極半島最外圍的南設得蘭群島並登陸揚基港，重新踏上不會搖晃的陸地。這兩天在船上，聽了幾場由生物學家主持的南極講座，他們並非船東的僱員，而是跟著此船來採集研究資料，順便貢獻所長。

揚基港上有許多巴布亞企鵝，牠們是企鵝家族中泳速最快的游泳高手。三月的南極已無法看到剛孵化的企鵝寶寶，但仍有正在脫毛的年輕企鵝。為了避免傷害南極生態，我們被囑咐不能主動靠近牠們，但牠們完全不怕生，一直在我們身旁閒晃。印象最深刻的是企鵝的糞味，非常刺鼻且魚腥味重。「在你還沒看到企鵝前，就會先聞到牠們的排泄物。」古早捕鯨人說的這句話果然沒錯。

雖然揚基港的動物都不怕人，但生性活潑的海豹很保護自己的領地範圍，如果太靠近就會被牠們追趕。以前在紐西蘭南島實習的時候，也有在海邊被海豹追到岸邊的經驗。別看牠們的體型龐大，其實行動速度很快！

我拍照時不小心跟一隻海豹對上眼，結果牠就朝我衝來了！下船前領隊還特別叮嚀：「碰到這種狀況絕對不要跑，你一跑海豹就會覺得好玩而繼續追下去。必須轉過身，穩住腳步，把雙手張開看能不能把牠嚇跑。」

我當下怎麼可能記得，當然本能就是尖叫往前逃跑啊！結果海豹就一直追，直到York 不知從哪裡衝出來擋在海豹面前，很鎮定地看著牠，才暫時停止，我瞬間對眼前這個男人崇拜感大增。但海豹還是不斷挑釁、嘗試前進，直到距離 York 不到一公尺，牠才自討無趣地離開，真的是嚇死我了！

1 三隻海豹悠哉地趴在漂浮的冰山上「談論天氣」。2 當你碰到海豹追擊，就必須穩住氣場，把牠鎮住。

活火山上的鯨魚墳場

一直以為南極杳無人煙，沒想到在南極半島內的「迪塞普遜島」見到末日般的荒涼場景。生鏽的廢棄油桶一半被掩埋在黑砂中，倒塌的木屋如同經過巨人的踐踏，磚瓦、玻璃碎落一地。

這個馬蹄形火山島從十九世紀末開始一直是捕鯨人的基地，天然地形使此地成了最佳避風港；當時有數百位捕鯨人居住島上，提煉鯨魚脂肪，但骨、肉隨地棄置，令這裡聞起來充滿著死亡的氣息。在人們發明了直接從捕鯨船提煉脂肪的方法後，這個地方便逐漸被人遺忘。

一九六〇年代，英國、智利及阿根廷的科學家互相爭奪島嶼的所有權，並前後在島上建造研究基地。未料一九六七年迪塞普遜島火山爆發，彷彿受夠了人類的騷擾以及不尊重，建設全面被破壞，一切歸零，大家只好放棄這裡。

放眼望去，因火山爆發而坍塌的房子跟工廠，搭配唯一沒被海浪沖走的兩個木製十字架，旁邊一副空蕩的棺材，心情忍不住沉重了起來；這個場景超出了我對南極的想像。遠方的烏雲慢慢聚攏，灰色的天空使這裡瀰漫著陰森的氣息。

跳進南極海的台灣男子漢

三月的南極已進入夏末，氣溫大約是攝氏零度；這裡沒有四季，只有驟變的天象，我們八公斤行李的禦寒裝備，目前還足以應付。迪塞普遜島因為是活火山，周圍的海水不像其他地方開始結冰，是極地跳水（polar plunge）的最佳位置。

世界各地好像都有這種在冰天雪地跳水來證明勇氣的習俗，船上約有三分之一的人都把層層冬衣脫掉，直奔冰冷的南極海。碰到海水的剎那，大家疾聲歡呼。而我們船上兩位台灣男兒跑進去的時候還大喊：「Taiwan number 1！」只差沒有揮舞國旗而已。

這時天空開始飄起大雪，雪大到打在臉上都會痛。York離開海水時，身體不停打哆嗦，連我要幫他套上衣服時，他都抓不準袖口的位置。他說他一輩子沒有經歷過到那麼冷的溫度，以後可以很驕傲地跟人家說：「我跳進過南極海！」

南極明信片的國際航程

坐在小艇上，可清楚看見遠方帕默群島上兩間顏色鮮豔的小屋，分別由阿根廷與英國人所建造。我們不清楚阿根廷小屋當初的用途，不過英國小屋從一九七三年到一九九三年是個小型轉換所。初夏時，船隻都會先停在這裡等冰溶解再啟程。

1 南極大陸可說是世界絕景，只有來過才能體會。**2** 兩位台灣男兒勇敢地跑進冰冷的南極海；看工作人員的服裝就知道有多冷！**3** 花一塊美金獲得的南極郵票。

走進屋內，歷史彷彿凍結；不管是掛在牆壁上的馬克杯，或折疊整齊的被褥，都充滿懷舊氣氛。櫥櫃上還遺留著二十年前的罐頭，要是我們現在因暴風雪而受困，這些罐頭還能不能成為救命糧食？原以為南極的看點只有冰山和企鵝，沒想到它的過去也很令人玩味。

帕默群島的另一邊有個英國管轄的郵局，十月底到二月底之前都開放給民眾參觀。前一晚我們在禮品店買了幾張明信片，夾上一塊美金的紙鈔，準備寄給家人珍貴的南極明信片；它們將會在這裡度過南極寒冷又黑暗的冬天，等到十一月初工作人員回到崗位時，才會被領走。

這些明信片會先坐船到英國管轄、有許多國王企鵝的福克蘭島，接著再飛往倫敦，分發到世界各地；單看明信片的環球路線，就令人好生羨慕。我們寄了兩張給自己，回國收到後，發現上面貼著 British Antarctic Territory（英屬南極領土）字眼的郵票，對我們來說，這比任何紀念品都值得收藏。

南極冰山，美得令人覺得渺小

到了南極，我才深刻體會到「冰山一角」這句成語代表的涵意；我們眼前所看的冰山真的只是小小一隅。純冰的密度大約一立方公尺／九百公斤重，而海水一立方公尺則是一千多公斤。這樣算起來我們從水面上看到的冰山只有百分之十！有些冰山雄偉得像棟建築，令人難以想像水面下還有多大的冰體；難怪鐵達尼號當年會因撞冰山而沉船。

冰山是從冰川或冰棚上剝落所形成的大塊浮冰，因海流推移，許多冰川最後都會到 Pleneau Bay「安息」，因此這裡才有「冰山墓地」的別名。

冰山大小不一，從一公尺到三十幾層樓高的都有，形狀各異，真實呈現大自然的鬼斧神工。我們船上所有小艇跟解說員集體出動，同時帶領全部的旅客近距離欣賞這些冰刻的龐然之美，冰藍的色調令人屏息。

有些小型冰山像個托盤，上面躺著海豹，懶洋洋地隨冰在海洋漂流。解說員說會盡量讓小船靠近這些動物，好讓我們近距離欣賞牠們皮毛上獨特的圖案。平常在陸地上搖晃的企鵝居然像飛魚一樣飛過我們船邊，不過由於無法掌握牠們會從哪裡跳出水面，因此根本無從捕捉其身影。

全世界最大的冰山是在南極的「B-15」，總面積約為台灣的三分之一。南極船票雖貴，但能看到這些氣勢磅礡的冰山實在非常值得，在冰島如果想要乘船看冰川，一個人就要八十美金；而且當你看過南極冰山，就會覺得其他地區簡直是小巫見大巫。

看！大翅鯨在你身邊旋轉、翻躍

解說員各自拿著無線電，只要其中一位發現任何動靜，我們六艘小艇就直接往那個方向衝！這讓我聯想到非洲大草原，大家努力尋找野生獅子或犀牛的足跡的畫面，只不過我們今天要尋找的是鯨魚，而且是大翅鯨。

大翅鯨屬於大型鯨魚，身長十二到十六公尺之間，體重約二十五到四十五噸，牠們雖然不會在南極海域交配，但會到這兒來覓食。這次我們在海上待兩個小時左右，小艇偶爾會為了追尋鯨魚而加速，所以比平常航行更容易被濺濕，每位船員都穿著比先前更保暖的衣服，但我們兩個仍保持原樣，因為已經沒有衣服可以穿了，只能自求多福。

鯨魚是哺乳動物，需要浮出水面換氣，牠們換氣噴水的聲響足夠讓我們判斷牠們是從哪個方向而來。通常每七到八分鐘牠們會換一次氣，於是我們緊盯海面，等鯨魚出現。這天我們總共看到八隻鯨魚，換過氣的鯨魚，喜歡全身翻轉，露出美麗的尾巴，其中一隻還在小船旁邊翻身，全船的人都被這股大浪嚇到，而我很幸運捕捉到那瞬間的畫面，那優雅的動作讓我永世難忘。那一刻，我深感：人類在大翅鯨旁邊真的好渺小。

回到船內，解說員告訴我們鯨魚尾巴有如指紋，如果清楚拍攝到，可以上傳到網站供研究人員追蹤牠，同時我們也能幫助科學家更加了解這些溫馴的海上巨人。

1 鯨魚尾巴上面的紋路就像人類指紋一樣，可以分辨出個體。2 大翅鯨從小艇旁邊翻身的剎那，足見人類的微小。

看過南極的美，才更懂得保護它

在南極半島理應能看到三種不同的企鵝，但我們這次只看到兩種。船上的生物學家說因為全球暖化，兩年前氣溫寒冷的阿德利企鵝棲息地，全都變成熱愛溫暖氣候的巴布亞企鵝居住了。

儘管教育告訴我們「全球暖化對地球造成影響」，但比不上親眼看見活生生的例子來得震撼。很多人說南極是世界上最後一塊淨土，如果想要保護它，就選擇不要去那裡旅遊。我認同這個說法，觀光業確實會損害到當地環境，但跟人類開發、工業的污染比起來根本微不足道。

而船上某位講師說的話也讓我印象深刻：「人類不會去保護自己不熟悉的事物，這也就是為什麼我們每天舉辦許多關於南極的講座，就希望能夠讓大家更了解這塊大陸。也許你們回到自己的國家後，也能夠讓別人更認識這個地方，進而更願意保護它。」有人可能覺得這是在美化觀光，但我卻非常認同。自從這趟旅遊後，南極對我來說不再是只有「企鵝」的地方，這片大陸比我想像中擁有更多令人驚嘆的事物；我們愛護地球的決心也比來之前更加堅定！

Winny 會客室

· 如果怕暈船，可搭乘小飛機直達南極大陸。
· 若覺得十天不過癮，可參加十八天行程前往福克蘭群島看國王企鵝。
· 南極夏天中午溫度可達攝氏十五度，許多旅者都穿起短袖。但冬天有可能降到攝氏負七十三度！
· 南極大陸上沒有正式居民，但約有一千位研究人員進行考察。

1 船上的伙食非常高級，每餐都不一樣而且擺盤精美。2 因火山爆發而傾倒的建築物，看起來像世界末日。3 在巨大冰山旁，小艇顯得無比渺小；而這只是冰山一角。4 由於頭下方有條黑色紋帶，故稱為頰帶企鵝。

3

4

Chapter 01
南美洲
南極

2016

March
S M T W T F S
1 2 3 4 5
6 7 8 9 10 11 12
13 14 15 16 17 18 19
20 21 22 23 24 25 26
27 28 29 30 31

智利・聖地亞哥

貧富差距大的
水果天堂

Winny 畫重點

・聖地牙哥（Santiago de Chile）是唯一能夠從南美洲前往復活節島的城市。
・由於智利國土狹長，可在早上前往太平洋衝浪，下午再去安地斯山脈滑雪。
・充滿西班牙殖民時期遺留的建築及教堂。
・中央市場是蔬果愛好者的天堂。

　　這並不是我第一次來聖地牙哥，七年前為了探訪在「海外華裔青年臺灣觀摩團」認識的朋友薇薇，曾短暫造訪。這個國家改變的速度極快，街景已然沒有一處跟我的記憶吻合了。

　　薇薇是在智利出生的華僑，跟阿根廷的馬克不同，她的中文非常標準。從青少年時組團唱流行卡通歌曲，到現在常見於電視廣告演出，是一個生活多采多姿的女孩；感謝她百忙之中還抽空陪我們逛這座城市。

　　智利跟其他南美國家一樣是西班牙人的殖民地，有各式歐洲風格的建築及教堂，也有許多美術館、博物館、藝術中心。不過我們對參觀市場比較有興趣，因為沒有什麼比當地人幫你介紹當地美食更有趣的了！於是薇薇馬上更改行程，直接帶我們前往傳統市場。

來傳統市場嚐嚐超便宜水果 & 在地小吃

　　在聖地牙哥市中心有兩個傳統市場，中央市場（Mercado Central）和 La Vega 傳統蔬果市場。

　　建於一八七二年的中央市場裡面不只賣新鮮海產，餐廳也多提供現撈現煮服務，

全國最大的智利國旗。

一定不能錯過。市場外攤販聚集，有點像台灣的夜市，五花八門的小販，還真不知從那裡開始逛起。

　　薇薇在推車面前買了一杯 Mote con huesillo 給我們嘗試，這種傳統飲料是智利人夏天特愛喝的無酒精飲品，是用水蜜桃、肉桂加糖水熬出來的，配上小麥跟水蜜桃乾，裝在透明塑膠杯，用湯匙送進嘴裡真的非常消暑。

　　恩潘納達（empanada）是一種流行於伊比利亞半島和拉丁美洲的餡餅，來自西班牙，卻成為南美洲的國民小吃，常見於餐廳與烘培店。恩潘納達其實長得就像烘烤過的大號餃子，只不過外皮比較厚，餡料有牛肉、雞肉、水果等多種口味，我最喜歡牛肉加起司。由於價錢低廉，是上班族最愛的午餐和點心。

　　整個下午讓我歡呼連連的就是中央市場附近的 La Vega 傳統蔬果市場，這裡販售許多我不曾見過的水果，價格更是出乎意料的便宜，平常在澳洲只能買兩顆酪梨的價格，這邊居然可以買到一公斤！超級新鮮的巨大草莓跟無花果一公斤也才一塊半美金。我愛吃的藍莓一公斤也不到四塊美元，價錢完全是澳洲的五分之一呀！在智利，酪梨普遍到連當地的熱狗都放有撒鹽巴的酪梨切片。酪梨有健康的脂肪，是讓人有飽足感的保健聖品，可惜澳洲酪梨較貴，只能偶爾食用。看到這邊的水果價位，瞬間覺得自己可以移民過來了。

聖地亞哥上流生活的煩惱

　　小華是我認識的另一位智利華僑，當年的大學生現在已是兩個孩子的媽。她家在聖地亞哥經營多間高檔、環境優美的中華料理餐廳，當地明星以及政治人物都是那裡的常客。

　　見面那天我們搭錯地鐵，遲到了半個多小時。本來跟小華約在地鐵站外見，沒想到我們一到出口就碰到一位拉丁女人朝著我們說：「小華？」我愣了一下，這才想到她應該是派出幫傭在外面等待。果然小華正坐在她的賓士上吹冷氣。看她坐在駕

1 到處都有便宜又新鮮蔬果的聖地亞哥中央市場。
2 聖地亞哥市中心最雄偉的教堂，建於一七四八年。聽朋友說最近才修復完畢。

駛座，於是好奇地問她為什麼不請司機開車就好了。她告訴我們在南美洲有錢人的孩子被綁架很普遍，有時太信任司機接送孩子上下學，可能中途就會被拐走，因此小華不管多忙，永遠親自接送兩個兒子。

「保母是外地人吧？」我看她的樣子不像智利人。「對呀！智利和阿根廷是南美前兩名最富裕的國家，其他南美國家的人會跑來這邊找工作。這裡的薪水，已經讓她在哥倫比亞鄉間買了房子呢！」小華驕傲地說。

小華開車帶著我們造訪聖地亞哥豪華住宅區，發現社區內都有自己的體育俱樂部，不少設備是高級旅館才會有的規格，街上有眾多咖啡廳以及新建的公寓，看起來跟澳洲的新社區沒有什麼差別。

「我們一直想在這區找落腳的地方，但單獨一層公寓就要價一百萬美金！」小華指著其中一棟大樓。「本來要買這棟，後來發現只剩二樓。」「二樓不好嗎？」我好奇地問。「小偷容易爬上二樓來啊！所以這邊的公寓常剩二樓賣不掉，就算價位偏低也沒人要買。」小華回答。

平常對房地產很有興趣的我們，聽到聖地牙哥的公寓比雪梨還貴，真令人咋舌。雖然在這裡經濟能力不錯，生活可以花錢請人幫忙打理，不過任何不是自家的人都無法輕易相信，真的會讓人身心疲倦；也許這就是聖地亞哥上流生活的煩惱吧！

Winny 會客室

很多人說如果在南美洲沒被偷被搶，就等於不曾來過。對於這句話我並不認同，但在南美我確實比在其他地區更注意安全，例如我會隨時顧好自己的物品，不會讓好奇心驅使我走到人煙稀少的地方，夜色太暗就不出門等基本守則；這次很幸運都沒發生竊盜或搶劫，倒是跟薇薇逛聖地亞哥那天遇上「臭水黨」。

起初我們也沒有察覺被「臭水黨」盯上。當天下午我們三個人正在回公寓的路上，突然間感覺有東西潑到我的背與大腿，我當下以為是小鳥大便在頭上，沒想到 York 也被波及，這時冒出一位婦女好像也被噴到，好心地拿出衛生紙要幫我擦拭，擦幾下後，她就把衛生紙放入我手中用西文請我幫她擦頭髮。我看了她頭上根本沒有東西……沒想到接著就聽到拉鍊被拉開的聲音，往下看發現背包居然被打開了！

為了幫她擦頭髮，雙手無暇顧及包包，好險包包最上面有個水壺，使她無法挑出任何東西。我一轉身，看到 York 被兩個男人纏上，他們也拿出一捲衛生紙要幫他擦。不過 York 比我聰明，使勁地把他們推開，雙手顧好口袋裡的錢包，速速找機會拉我們脫身。

直到走過幾條街後，才意識到我們遇見了「臭水黨」。以前可能是潑番茄醬、飲料，或任何會讓你分心的液體，再帶你去清理或現場幫你擦拭，見縫插針。我們算是幸運了，沒有被暴力搶劫；薇薇說她在這邊長大都沒碰過這樣的事，對她來說也很震撼！智利雖然是南美洲最安全的國家，但出門在外，還是保持警戒為上。

📍智利・復活節島
最與世隔絕的島嶼

復活節島旅遊短片
Highlights of Easter Island

2016
March
S M T W T F S
1 2 3 4 5
6 7 8 9 10 11 12
13 14 15 16 17 18 19
20 21 22 23 24 25 26
27 28 29 30 31

🧁 Winny 畫重點

· 復活節島（Rapa Nui）位於南太平洋中，屬於智利的
特殊領地，是世界上最與世隔絕的島嶼之一。
· 離有人居住的島嶼，最近的也在兩千七十五公里遠。
· 島上擁有無數的巨大摩艾石像，人們一度以為是外星人
的傑作。

　　我跟 York 說：「這趟南美之旅我主要是要去看馬丘比丘跟復活節島。」他竟
然回我：「復活節島？那是哪裡？」我可以感覺到我下巴掉了下來。我知道我跟
York 兩人興趣非常不同，我喜歡古文明，他喜歡戰爭歷史，但怎麼會有人不知道
復活節島呢？於是出發前的晚上，我們惡補國家地理節目關於復活節島的紀錄片。

尋找車友大作戰！

　　復活節島面積非常小，島長不到二十五公里，寬十三公里，一小時內就可開車環
島一圈。但這邊租車只有手排車最便宜，因此我們這次住宿選擇了營區，希望能夠
遇到其他預算較緊，又會開手排的背包客。

　　這項計畫的執行方式就是在共用廚房徘徊，觀察誰比較容易「上鉤」。看來大家
都想省錢，沒多久我們就遇到追尋陽光與海灘的波蘭女生安娜，以及目標是走遍世
界上所有國家的美國退休老師吉姆，據他所說目前只剩下三個國家還沒去。

吉姆不知道從那裡打聽到一家租車公司，手排車的價位比別家公司又便宜台幣五百多元。一看到車子，我完全嚇傻，它大概是我這輩子看過最爛的車，不只車內髒亂，車身生鏽到好像隨時會解體，難怪有人說「窮人命不值錢」！

　　「安啦！在美國有個租車公司叫做 Rent a wreck（租台破銅爛鐵），我都安全橫跨美國了，這台車已經不錯了！」吉姆胸有成足地說。既然司機都這麼說了，我們幾個為了省錢也不能多說什麼，只好乖乖上車。

外星人的傑作？解開摩艾石像的謎團

　　復活節島有三分之一是國家公園，依規定只要出了主要城鎮安家羅阿，就須手持國家公園門票才能觀看摩艾石像。島上遍布九百多尊大大小小的人頭巨石，除了幾組比較有名的摩艾，大部分都沒人管制，而同車的安娜居然想利用這點，沒購買通行證就跟我們上了車。

　　拉諾拉拉庫（Rano Raraku）是島上的採石場，所有摩艾石像都是從這裡的火山石雕刻而成，它們雖然都只雕刻上半身，但平均高度大約四公尺。不過也有高達七到十公尺的壯觀之作。石像都有長形臉龐、深深邃的雙眼、下巴稜角分明的五官，感覺非常有自信。

　　當荷蘭探險隊在十八世紀發現這個島嶼的時候，完全無法理解這個連一棵樹也沒有的地方，到底是如何出現這麼多石像？以當時的科技與人力來說，應該無法搬移二十到九十噸的巨石，臆測是外星人或巨人所造的傳言不斷，直到近年來考古學家提出比較可信的說法。

　　一開始復活節島跟其他太平洋小島一樣，擁有茂盛的草木。在十世紀到十六世紀時，島上的首長們瘋狂地製造跟宗教與祭祀活動相關的石像，並將這些石像用棕櫚樹製成的木橇杆運送到全島，再用繩子綁在石像的左、右、後三個位置，讓它們擺動立起。

　　後來島上的樹居然都被砍完了！沒有樹木代表無法製作漁船出海捕魚，漸漸地島民們開始依賴農業，但因為樹木嚴重的砍伐造成土石流，整個島上

當天來回走了二十公里就是為了摘這種小芭樂。

的社會結構因為飢荒而瓦解，人口降到高峰時期的十分之一，再加上後期西班牙人帶來的疾病——天花肆虐，當初曉得復活節島傳統文化的祭司都已不在了，摩艾石像的祕密也就深埋其中。

在拉諾拉拉庫採石場內的石壁上，可以看見滿地中途被拋棄或是沒完工的摩艾，其中還有一個在石壁裡，如果完工的話，應該有二十公尺高！可惜沒買票的安娜永遠無法親眼看見這偉大古文明的傑作，只能在車上看書等我們結束行程。至今我們還是無法理解：為什麼有人要花五百美元的機票來到復活島，卻不願意花六十美金買門票來看這些珍貴的遺跡呢？

被偷走的朋友

我小學時跟爸媽去了一趟歐洲，印象中大英博物館都展示雕像的頭，而羅浮宮則是身體。當時只覺得這兩個國家怎麼那麼愛搶別人的文物！沒有想到我們這天頂著大太陽，成功登攀到島上南邊火山頂的 Orongo 石村，才發現大英博物館的摩艾比這裡的完善許多！

大英博物館的摩艾雖然高不到兩公尺半，但卻是唯一背面有雕刻紋路的。當地人還給它取了一個名字，意思是「被偷走的朋友」。被帶回英國的摩艾在一八六九年獻給了維多利亞女王，女王直接轉贈大英國物館，供民眾參觀。

Ahu Tongariki 是復活節島上最著名的摩艾群。

小時候會覺得那些靠戰爭奪取別國文物的歐洲國家是壞人，不過現在發現許多國家都沒辦法把遺留下來的古蹟維護好，像是島上許多摩艾石像都因為雨淋日曬，而逐漸失去原本的刻痕。那麼那些被搶走的文物會不會反而比較幸運呢？

復活節島上的復活節

在復活節島的最後一天，我們才發現正好遇上復活節！「復活節島」這名字是因為荷蘭探險家在一七二二年復活節當天，首次在南太平洋發現這個小島，因此在地圖上標記了「復活節島」，從此這個名字就這樣留傳下來。

島上的原住民原本有自己的傳統信仰，但是後來西方傳教士將天主教傳入，島上居民紛紛成了教徒，再加上近期的基因研究發現這裡的原住民幾千年前是從台灣過來的，這讓我更好奇他們會如何慶祝這個節日。

復活節島當天，城鎮外圍的墓園異常熱鬧，走近才發現老人與小孩都帶著鮮花，在墓碑周圍點上蠟燭，有點像清明節，但慶祝耶穌復活的日子跟掃墓好像沒有關聯啊？而傍晚則是看到島上居民在遊行，每人手上抱著一根點燃火焰的棍子，走在抬著十字架的軍官們旁邊，一群人把夜晚照耀得燈燭輝煌。雖然事後我在網上查不到復活節島人為什麼這樣慶祝復活節，但能夠在異地見識到不同文化的慶祝方式，真是大開眼界。

死火山 Rano Kau 的火山口湖，科學家就是在這裡面找到遺留的樹種子才解開復活節島的謎團。

1 居民們拿著火把跟十字架在鎮上遊行慶祝復活節夜晚。2 後來去倫敦還特地去大英博物館找「被偷走的朋友」。3 島上的採石場 Rano Raraku。

Winny 會客室

· 復活節島距離智利首都聖地牙哥大約三千六百多公里，須飛行五個多小時。
· 從南美洲前往復活節島只能從聖地牙哥起飛，每天都有班機。
· 南太平洋島上的大溪地每週也有一班航班可以直達。
· 使用買寶宇一家的環球機票，可從紐西蘭飛大溪地，再到復活節島，接著往南美洲。
· 島上的小路上可採集免費芭樂，外型圓圓小小的，跟台灣不同。果皮要選微黃的，果肉才不會澀。在蔬果昂貴的復活節島，可以為晚餐加料。

📍厄瓜多・加拉巴哥群島

探索達爾文
進化論的生態密碼

加拉巴哥群島：聖克魯茲島短片
Highlights at Galapagos Island
Santa Cruz

2016

March   April
S M T W T F S S M T W T F S
      1 2 3 4 5   1 2
6 7 8 9 10 11 12 3 4 5 6 7 8 9
13 14 15 16 17 18 19 10 11 12 13 14 15 16
20 21 22 23 24 25 26 17 18 19 20 21 22 23
27 28 29 30 31 24 25 26 27 28 29 30

🧁 Winny 畫重點

- 加拉巴哥群島（Galapagos Island）在二〇一五年被譽為「世界上最棒的小島」。
- 島上獨特的生物環境，使生物學家達爾文推理出進化論。
- 距離厄瓜多本土約一千一百公里，位於赤道上。
- 在七座大島、二十三座小島以及五十多個岩礁中，只有四座島供人居住。

　　第一次認識「加拉巴哥群島」是在高中的生物課。「達爾文在一八三五年到加拉巴哥群島考察時，發現每個島嶼上的陸龜與雀鳥乍看之下都很相似，但卻有些許不同，而且跟南美大陸上的物種類似，於是開始懷疑島上生物可能來自共同祖先。」

　　老師給我們看不同雀鳥的草圖，牠們嘴型微小的變化都是來自於適應各個島嶼不同環境而演化。在這之前，西方社會相信是上帝創造了每一種生物。達爾文的理論一出來，馬上被基督教會視為異端邪說，直到一九五〇年代後，基因被發現，才證實了特徵是透過繁殖而遺傳給後代。

　　加拉巴哥群島全是由火山堆和火山熔岩組成，每座島嶼的氣候以及生態環境都不一樣。在決定要去哪些島嶼之前，可先上網查詢感興趣的生物居住在哪些島上。有些島嶼的稀有鳥類特別多，有些海域則適合浮潛。加拉巴哥象龜、加拉巴哥海鬣蜥，以及加拉巴哥企鵝（唯一一種熱帶企鵝）等奇特的動物都在不同群島上。

感謝老天爺的眷顧，讓我能親眼見到藍腳鰹鳥。

要暢玩這群島有兩種方式，一個是待在可居住的島上，每天參加不同的一日團去其他島嶼。另一種則是住在小型渡輪上，每天前往不同小島，可在短時間內玩較多景點，不過價位相當昂貴，四天三夜至少要一千美金。我們兩種都有體驗過，各有利弊。

在動物天堂剪髮初體驗

聖克魯茲島（Santa Cruz）是群島上最主要的島嶼，許多船都從阿約拉港出發。雖然是人類居住的島嶼，但走在海港附近即可看到成群結隊的海獅霸佔公車亭，出現一個「人類站著等公車，動物躺在椅子上」的奇特畫面。

位於海岸邊的魚市場，虎視眈眈的海獅與送子鳥圍繞著魚販，只要小販一不小心掉了一片內臟，全部的生物都會衝上去搶！牠們不時發出「嗚嗚嗚」的聲音，好不熱鬧。

赤道上的氣候熱到讓人受不了，York 不得已只好第一次嘗試在海外理髮。這裡的沿海街道主要是以觀光客，但往內陸走即可看到當地商家。我們選擇理髮店的方式很簡單，看到有男士從裡頭走出來就決定是這家。

店裡的櫃台小姐跟正在燙頭髮的大嬸都對我們投出好奇的眼光，想說這兩個亞洲人跑來店裡幹麻。「Cuánto cuesta？」（多少錢？）我用唯一會講的西文問，並指指 York 的頭。老闆娘單手比出五根手指，在使用美金的厄瓜多，這價位算是實在。

York 開始不安地聽從老闆娘的指示入座，表情像是一隻待宰羔羊。以前理髮還會上網找評價、搜尋圖片，在這裡只能由老闆娘自由發揮。只見她拿起電動剃具，全程居然不用剪刀，我憋著笑用發抖的手拍下這個歷史畫面。幸好成果不差，老闆娘一直比手畫腳，確保我們滿意，我猜她這一生中應該沒剪過幾個亞洲人的頭吧？

「孤獨喬治」的百年孤寂

加拉巴哥象龜是現存陸地上體積最大的陸龜之一，平均長一公尺半，近兩百多公斤，站在牠旁邊瞬間覺得自己很小隻。這些不會游泳的陸龜，原本來自南美大陸，某天因大雨沖刷而掉入海裡。還好體內脂肪夠牠們浮在海上，就這樣漂流一千多公里來到加拉巴哥群島。

由於島上環境不一，濕潤高地島上的象龜為了輕易吃到地上植物，演化成短脖子；漂到氣候乾燥的低地島的象龜，則進化成能吃到葉子的長脖子。不過這些陸龜的共同點就是有多脂的肉，牠們不會反擊且體型大，不需要餵食可以活很久的特性，卻讓牠們成了當時歐洲航海員長途航行的最佳糧食，加上移居島上的人所帶來的環境破壞，因此許多種類的陸龜已經絕種。

專門保育加拉巴哥群島生態環境的達爾文研究站，它們徽章上的圖案是名為「孤獨喬治」的百歲加拉巴哥象龜。牠在一九七一年被發現，是當時唯一存活的平塔島亞種象龜。生物學家們花了四十多年，想盡辦法讓牠繁衍後代，但都沒有成功。二〇一二年「孤獨喬治」過世，這個物種也隨之滅絕。孤獨喬治的故事，讓我反思地球上每天又有多少我們沒發現的生物正在消失呢？

1 在聖克魯茲島的魚市場，送子鳥與海獅虎視眈眈看著小販手中的魚。**2** 第一次在南美洲剪髮，由於語言不通，一切只能交給理髮師設計。

不用郵資也能寄得到的明信片

　　這世界上還有什麼地方能像弗雷里安納島上的「郵局海灣」一樣，能夠免費將明信片寄到全世界呢？我們當時還天真地以為這個人口不到一百人的島嶼有提供這樣的服務，於是買了十幾張明信片準備寄給世界各地的朋友。

　　沒想到上岸以後，才發現凡事都暗藏玄機。一七九二年起，這裡曾是捕鯨人的大本營，當時他們好幾年才能回家，因此會把寫好的書信放進桶子，希望造訪此島的人能幫忙將信件帶往其他地方。

　　雖然這些明信片不知何時才會抵達收件人的手裡，但這個習俗兩百年來都沒中斷過。其實我比較擔心熱心的旅人就算帶回自己的國家，也許會忘了轉交給收件人；或者明信片在這裡待太久，朋友早已搬離租屋處。正當我在思考時，同船的人已經從桶子內取出一大疊明信片，開始尋找寄往自己居住城市的信件。

　　「美國、美國、澳洲、美國、美國……」完全沒有看到寄往台灣的郵件。是因為這裡少有台灣人來訪？還是某個台灣人剛把明信片拿走呢？「有時候靠其他旅者，會比厄瓜多郵局更快速送達呢！」儘管導遊這麼說，我仍不相信，決定在寄往台灣的明信片上貼郵票，同時也寄幾張給紐澳的朋友，從這艘船的國籍來看，成功送到紐澳的明信片機率應該會比較高。

　　幾個禮拜後，我收到紐西蘭朋友的簡訊：「你的明信片我收到了！謝謝你！那對夫妻還把它放在信封內，附上一張他們手寫的小卡片，說加拉巴哥群島是個很神奇的地方，有機會必須親自去看看。」另一位住雪梨的朋友，則是親手收到她的明信片，還跟送信的旅人小聊了一下。

　　而我們寄給自己的明信片，上面居然貼了美國郵票！看來有些人不一定只拿自己國家的明信片，而是希望收件人早點拿到。難怪這個寄件方式被保留下來，因為它讓我們在平常的科技互動之外多了一份溫暖。另外，用郵票寄回台灣的明信片的確數月後才收到。

弗雷里安納島上的「郵局海灣」，不知道什麼時候會收到這些明信片。

與鯊魚共泳！

在澳洲有許多海岸提供遊客與大白鯊一起潛水，但遊客是從大鐵籠內近距離觀看這些海中最凶狠的殺手，讓人感到刺激但又知道自己很安全。在聖克里斯托巴爾島附近的 Kicker Rock 是斧頭鯊聚集的地方，因為兩顆聳立在海上的大岩石縫隙中總是群聚各種魚類，吸引鯊魚前來覓食。

我其實有點怕水，在得知這裡深約兩百公尺後，更不敢放開 York 的手，尤其在太陽還沒上昇的低溫下，超害怕腳會突然抽筋。跟那些迫不及待下水的外國人相比，我簡直是個懦夫！「不用擔心鯊魚會攻擊你們，成群結隊行動的話，牠們是不會咬人的，只有落單的人才會有危險。」導遊胸有成竹地說。我皺了眉頭，心想：「這是哪門子的歪理？」

1 在艾斯潘諾拉島上，由於離海獅媽媽太近，海獅寶寶吃醋前來把我趕走。2 年輕的海獅很愛與人嬉戲，在海中追逐著人類。

沒多久就有鯊魚游向我們，而且種類各異，距離近得讓人吊膽提心，不過 York 可不這麼覺得，他說：「這水這麼深，你一個人浮著應該沒問題，那我走囉！」說完就放開我的手，跟著其他人一起去追鯊魚了！那剎那我真的很想提分手。

除了鯊魚比較恐怖，其他碰到的生物都很可愛。由於這裡沒有被人為破壞，珊瑚礁和魚的數量都比澳洲大堡礁還多得驚人。海龜也很自在地在一旁嬉戲，距離近到可以跟牠們自拍。

海獅則不論老少都很活潑，只要導遊用手電筒照進海底洞穴，馬上就有數隻竄出！牠們游泳速度非常快，會一直在身旁打轉，期待遊客跟牠們一起玩。而另一個跟我們走不同行程的朋友則是看到加拉巴哥群島獨有的海馬跟企鵝。如果想要看到喜歡的生物，來之前要做好功課，去到正確的島嶼，才有機會看到。

藍色腳丫子的鰹鳥

當我知道來加拉巴哥群島居然不是藍腳鰹鳥繁殖季節時，我心都涼了。從上船的第一天，我就一直跟導遊說：「你一定要幫我找到藍腳鰹鳥！」這種鳥類雖然棲息在亞熱帶的太平洋島嶼上，但卻最容易在加拉巴哥群島看到。有什麼比藍腳丫的鳥兒可愛？而且鰹鳥的英文名字「boobies」也很有趣，是代表胸部的意思。

艾斯潘諾拉島距離人口最多的聖克魯茲島須十小時的船程，島上無人居住，但有大量的海鳥、海獅，以及海鬣蜥棲息在這，其中以鰹鳥居多。除了藍腳鰹鳥，竟還有紅腳鰹鳥與腳是灰色的橙嘴藍臉鰹鳥。由於島上資源不夠，在老天的安排下，三種鰹鳥每年會在不同的月份輪流繁殖。

而三月底正是長得最普通的橙嘴藍臉鰹鳥繁殖季節，藍腳鰹鳥必須等到六月份才會來。如果真的很想一次看到三種不同的鰹鳥，可前往聖克魯茲島附近的 Punta Pitt 小島。

1 艾斯潘諾拉島上橙嘴藍臉鰹鳥母子互動。2 加拉巴哥海鬣蜥是世界上唯一一會游泳的鬣蜥。

這些橙嘴藍臉鰹鳥繁殖的地方跟南極企鵝相似，上百隻鳥的唧唧喳喳聲，震得耳朵都快聾了！而且許多鰹鳥寶寶明明已經長得很大一隻了，但還是在巢中等媽媽來餵食。只要母親一降落，就可看到寶寶們努力張大嘴巴，要媽媽趕快把食物放進去。有些幼鳥的羽毛都還沒脫落，全身毛茸茸的還是挺可愛。

　　正當我們要搭乘小艇時，導遊突然大喊：「快看！藍腳鰹鳥！」只見一隻落單的藍腳鰹鳥站在石頭上，那個藍色跟我想像的一樣鮮豔，真的太令人感動了。在加拉巴哥群島的每分每秒都像國家地理雜誌節目，我看到許多這輩子不會在其他地方見到的生物，而島上居民的生活方式，是我最嚮往的人類與動物相處模式。

名副其實的「縮頭烏龜」。

　會客室

- ·加拉巴哥群島是個火山群島，每次爆發都有可能產生新島嶼。距今一百年內總共有十三次火山爆發。
- ·這裡分成兩種季節。十二月到五月是濕熱的雨季，六月到十二月則是涼爽的乾季。
- ·乾季適合賞鳥，許多鳥都在這個季節交配，也適合看海上的哺乳動物。
- ·雨季適合潛水，水質清澈且比較不冷。
- ·因為當初生活在陸地的哺乳動物無法靠游泳或漂浮來到島上來，因此加拉巴哥群島上只有草食性動物以及爬蟲類。
- ·弗雷里安納島上不只可免費寄明信片，也有全世界最粉紅的火烈鳥。
- ·在生態保護意識高漲前，加拉巴哥群島受到人類極大的破壞。目前為止島上百分之二十四的植物以及百分之五十的脊椎動物還是屬於瀕危物種。

Chapter 01
南美洲
南極

📍祕魯・利馬
體驗祕魯
獨一無二的料理

2016
April
S M T W T F S
　　　　　　1 2
3 4 5 6 7 8 9
10 11 12 13 14 15 16
17 18 19 20 21 22 23
24 25 26 27 28 29 30

🧁 Winny 畫重點

- 利馬（Lima）是南美洲的美食之都。
- 該城市有三家餐廳入圍「世界最佳五十
  餐廳」排行榜。
- 古城區屬於聯合國世界遺產，含十六世
  紀的天主教大教堂等其他歐式建築。

使用三種不同方式呈現的酪梨，不
只是視覺，連味道完全都不一樣。

開放式的廚房可看見不同國籍的廚師在裡面烹飪。

1 現在許多餐廳都沒有著裝要求，但還是事先打電話過去確認比較保險。2 這道菜是使用三種不同的高海拔果實與類植物所製作成的。3 以南美最大的淡水湖泊底所找到的綠灰色食用泥巴做成的甜點。

我高中朋友亞瑟每結束一段感情，就會辭掉工作去長途旅行。不是因為失戀傷心，而是恢復單身沒人管。「根據我的經驗，旅行兩個月後就不會想去看景點了。」聽他這麼說，我們決定把利馬的行程命名為「美食之旅」，將先前省下來的伙食費都花在這邊。

祕魯的地理位置獨特，擁有狹長的海岸線、平原、熱帶雨林以及安地斯山脈，每個地區都有世界獨特的食材。再加上這裡有許多早期移民，從各國帶來的烹飪方式早已融入當地，廚師也將創意發揮到淋漓盡致。

世界排名第四的餐廳

這世界上有許多美食排行榜，其中最具權威的就是《米其林指南》。不過《米其林指南》品評範圍偏向法式料理，而且沒有囊括每個國家，於是素有「美食界奧斯卡」的「世界最佳五十餐廳」就成為美食新指標。我們這次提前幾個月訂的「中央餐廳」（Central Restaurante）就是二〇一六年排行榜第四名，也是南美洲第一的餐廳。

這家餐廳以排名來說真的很划算，一般來說，在歐洲的三星米其林餐廳，品嘗菜單每人約一萬台幣起，但這家餐廳十二道菜的品嘗菜單才三千台幣出頭。外面沒有招牌，英文稱這種餐廳稱為 closed door restaurant，表示「閉門的餐廳」，正因為高級，所以隱密。

不過一般的旅者不用擔心餐廳的著裝要求。前陣子在紐約時報看到一篇關於現代有錢人都以休閒服為主，在非正式場合過於打扮，顯示出需要從物質上得到人家的認可，反而代表沒有財力。話雖如此，我還是換上連身洋裝，盡心打扮一番。

大啖祕魯不同海拔的食材

中央餐廳的品嘗菜單非常獨特，從海拔三千九百公尺的安地斯山脈到海深二十公尺的海鮮類都有，並輪流推出高海拔與低海拔的食材。為了讓廚師每一季都保有創新的精神，這家餐廳有自己的食材探索團隊。工作就是拜訪祕魯每個角落，從亞馬遜雨林到高原部落，尋找最新的材料。

為了寫網誌，我們每道菜都問了侍者許多問題，很驚訝他居然很有耐心地詳細解答，很多高級餐廳的侍者都不見得對烹飪知識有那麼深入的了解！十二道菜裡面大多數都是我沒見過的食材。如從南美洲最大的淡水湖泊 —— 的的喀喀湖找到的綠灰色可食用泥巴，配上白巧克力，做成的一道可口點心。

另一道「安地斯山脈中的高原」則是讓我們一探古印加人的世界；他們是天生的

神農，培育出上百種馬鈴薯。現在我們所食用的馬鈴薯其實就是經他們改良才能安全食用。盤子上急速冷凍的馬鈴薯，是傳承印加人保存食物的方式，而旁邊的古柯葉子則有效減低高原反應。一切都跟安地斯山脈那麼吻合。

品嘗菜單每一盤都很精緻，可以看出廚師搭配料理的功力。我們其中一道菜是使用祕魯跟玻利維亞人主要糧食 —— 藜麥，這種穀類近年來在歐美很流行，只是當價位大漲後，農民們情願將所有的收成出口，導致當地人現在只吃得起白米飯。藜麥纖維質很高，讓人飽足感十足。

其實在認識 York 之前我根本不會花錢去吃大餐，覺得吃完拉出來的還不是一樣。但他喜歡品嘗美食、逛超市，嘗試不同烹飪方式，漸漸地我開始去了解「吃」的重要性。因為只要了解一個民族的飲食文化，就等於對他們的過去、現在與未來有所認知。

Winny 會客室

· 從利馬機場到市中心最簡單的方法是搭乘「綠計程車」（Taxi Green）。購票櫃檯設在出境區，上面清楚寫著每一區的車資，直接在機場櫃檯付清，不須跟司機有金錢往來。從機場到米拉弗洛雷斯區（Miraflores）是十八美金。
· 我們在出境區前詢問一家客運公司，居然要每人二十五美金，而且還要再等四個人才能出發。我們走掉時，小姐還對我們喊著：「外面司機不可信，一定會更貴！」這告訴我們到一個新城市前，交通必須先查好，不然很容易被坑。

利馬最高級的米拉弗洛雷斯區，跟現代城市沒什麼兩樣。

📍 祕魯・阿雷基帕

白火山石建造的
世界遺產古城

2016

April

S M T W T F S
　　　　　 1 2
3 4 5 6 7 8 9
10 11 12 13 14 15 16
17 18 19 20 21 22 23
24 25 26 27 28 29 30

祕魯的世界遺產白城：
阿雷基帕
**Highlights of
Arequipa in Peru**

🧁 Winny 畫重點

- ・阿雷基帕（Arequipa）位於祕魯南部，是該國人口第二大城。
- ・古城區在二〇〇〇年被列為聯合國世界遺產。
- ・城內有許多白色火山岩石建築，是西班牙殖民南美洲時期建造的，因此有白城（La Ciudad Blanca）的美稱。
- ・體驗當地美食 —— 炸天竺鼠！

夜光下的武器廣場以及壯觀的主教堂讓人很難想像這是南美洲。

計程車一開進入阿雷基帕古城，心情突然異常平靜，這是我許久沒有的感受。在南美洲的這兩個月，我每天都抱著極高的警戒心，深怕一不小心就有可能人財兩失。尤其待在古城區的大廣場，更是要提防閒雜人等，但這裡卻非常不同，單看眼前的景色彷彿身處在十五世紀的歐洲。

　　在這個被定義為「安息日」的午後，老夫婦們坐在廣場附近的長椅上，笑咪咪地看著孫子追逐著一群鴿子。年輕情侶們依偎在教堂外的階梯上談情說愛。沒有人因為你是觀光客而打擾你，這樣聽起來的要求並不高，但當你每天都被當成觀光肥羊看待時，擁有安靜的片刻確實是種奢侈。

彷彿踏入歐洲的阿雷基帕聖殿主教堂

　　這座古城最引人注目的就是武器廣場中間的阿雷基帕聖殿主教堂。這座美麗又雄偉的建築是一六一二年西班牙人用白色火山石堆砌而成的。單單在阿雷基帕周圍就有八十座火山，而且還有不少是活火山，也難怪火山石成為這座城市的主要建材。

阿雷基帕的古城因為用大量的白色火山石，又稱為「白城」。

主教堂在陽光下看起來純白聖潔，黃昏時因夕陽餘光而轉為淡紅色。到了夜晚，教堂下方會打上微黃的燈光，和皎潔的明月相互呼應，吸引許多人坐在教堂前方欣賞。

為了更加了解這裡的歷史，我們參加了當地的免費觀光團（Free Walking Tour）。這種觀光團的運作方式在不少國家都非常盛行。基本上會有當地居民（大部分是大學生）在固定時間和地點帶著觀光客免費參觀這個城市。行程結束後，遊客可以依照導遊的表現來給予小費。就算是背包客，也可以用自己負擔得起的價位來了解這座城市。有些看似無關要緊的小細節經過導遊的提點才會發現暗藏玄機。如我們在這個城市隨意漫步時，並沒有發現這個離古印加首都庫斯科不到五百公里的地方，卻未見印加文化的遺跡，這是因為阿雷基帕這一區每天都有輕微地震，在二〇〇一年還發生八‧一級的強震把主教堂左方鐘塔給震倒了，也因此古印加人覺得這裡是不祥之地而未開發。當西班牙人來到這裡時基本上是一片空地，所以才有辦法在這裡建造一個仿歐洲的古都。

吃天竺鼠的耶穌，南美版的《最後的晚餐》

我們跟著導遊步行到一座外觀不起眼的教堂 Iglesia de la Compania de Jesus，導遊很神祕地告訴我們這裡有個大驚喜。我們一群觀光客左看右看就是看不出來這個教堂有什麼特殊的地方。最後導遊指了牆上的耶穌與十二門徒《最後的晚餐》的壁畫，耶穌面前的主菜居然從羔羊肉變成天竺鼠！

原來西班牙人在十五世紀初來到南美洲時，為了傳播天主教，但因為受限於語言、文化的差異，很難讓印加人了解耶穌，而且印加這邊只有羊駝，沒有羊，所以西班牙人就將《最後的晚餐》「微調」，把羔羊肉改成印加人重要節日才會宰殺的天竺鼠，好讓印加人了解耶穌的重要性。

1 來到祕魯南部一定要品嘗的當地料理炸天竺鼠。**2**《最後的晚餐》中耶穌面前的菜不是羔羊肉，而是天竺鼠。

「你們難道不覺得天竺鼠可愛嗎？」其中一位團員發問。「天竺鼠可愛是沒錯，但牠們是最後才被馴化的動物。我知道某些國家把牠們當寵物，但在這邊家裡養天竺鼠是為了吃牠們。」導遊聳聳肩表示這就是這裡的文化。聽她這麼說，我們當晚就去她推薦的餐廳品嘗這道異國料理。

阿雷基帕的天竺鼠是用炸的，跟庫斯科的烤天竺鼠截然不同。一般餐廳會整隻上菜，讓客人自行分食；觀光客較多的餐廳則是先端出來讓客人拍照，再送回廚房切塊，好讓遊客可以更為自在地享用。天竺鼠吃起來很像兔肉，骨頭很小但肉很多，如此珍貴的食物，難怪印加人只會在特殊日子食用！

封閉四百多年佔地兩公頃的聖凱瑟琳修道院

在阿雷基帕舊城區內有個佔地兩公頃，建於一五七九年的聖凱瑟琳修道院（Santa Catalina Convent）。這座修道院封閉了四百多年，直到一九七〇年才開放給大眾參觀。這裡面彷彿是個自治小鎮，有自己的街名、教堂以及墓園，高聳的圍牆無法讓人一探究竟。

買票進入後，就看到牆壁上貼了一張修道院的地圖，彎彎曲曲的小路看起來像迷宮。不過整體建築非常細膩，可以看到牆壁上面的壁畫非常講究，而且每個庭院都有不同的主題顏色，有些全用白色的火山石，有些則是漆上沉靜的藍色，由此可看出這裡以前十分富裕。

以前西班牙有錢人家，會讓家裡的次子服侍天主。就像現代泰國人會把兒子送進寺廟短期出家，為家人積功德。為了使讓孩子進入有聲望的教會，通常需要捐獻等同於今日十五萬美金的金幣給主教。在天主教巔峰時期，修道院內住了約四百五十人，三分之一是修女，其他都是僕人。這些修女年紀最小可能只有三歲，由於一般生活用品會有僕人到外面幫忙打理，因此大多數修女進了修道院後就再也沒有出來過。

每個禮拜二跟禮拜四，修道院會開到晚上八點。我們選擇在黃昏之前來參觀，這樣可以看到修道院原本的色調。有些廣場還有自己的噴水池，讓我聯想到《美女與野獸》的貝兒坐在旁邊唱歌看書的畫面。很快地天色漸漸昏暗，修道院的小路也點起一盞盞燭火，儘管看起來浪漫，但我心裡卻悶悶的，因為想到當初西班牙人來到南美洲時，對當地人種種不人道的行為，不只印加文化被嚴重破壞，人民也像奴隸一樣被逼著興建教堂以及裡面的繪畫，我每次看南美洲的教堂壁畫，都會觀察到畫裡人物的眼神異常哀怨。

我們走進一間擺著轎子的房間，突然覺得毛毛的，猛抬頭一看，蒼白的臉，緊閉著眼睛，雙手交叉擺在胸前，牆壁上有一整排手繪修女遺像！那這個轎子應該是

抬遺體的吧？雖然修道院是個神聖的地方，但我還是顧不得心裡的害怕，衝出房間。

目前只剩二十幾位修女居住在修道院的角落，其他地方都可以讓遊客自由參觀。以前修女居住的小房間裡，每間都點上了燭火，但在黯淡的燭光下，顯得有點詭譎。這時聽到「嘖嘖嘖」的聲音，循著聲音過去，發現一棟擁有小花園的修女自宅裡，有一籠子的天竺鼠！牠們一看到人類，每隻都往角落鑽，真的是可愛極了。原來不只耶穌改吃天竺鼠，連現實生活中的神職人員都自己養儲備糧食啊！阿雷基帕的一切都超乎我們的想像，待了五天仍覺得不夠，每個地方都值得細細品味。

 Winny 會客室

· 如果行程允許的話，建議旅者先到海拔兩千三百三十五公尺的阿雷基帕適應幾天，再搭乘夜車到海拔三千四百公尺的庫斯科（Cusco）。
· 只要海拔高於三千公尺，通常會產生高山症，輕微症狀包含頭痛、噁心、四肢無力等。可在當地購買丹木斯（Diamox）或嚼食古柯葉。
· 阿雷基帕餐廳推薦這家 La Nueva Palomino 不只可以吃到道地的炸天竺鼠（cuy），也可以嘗試其他的在地料理，如跟指甲一樣大的玉米粒。推薦印加人傳統無酒精「紫玉米飲料」（chicha morada），冰涼爽口的夏天飲品。通常是用玉米、鳳梨、肉桂、丁香等天然香料熬煮。

1 阿雷基帕幾乎全年都是晴天，可以看到遠處環繞的火山。2 聖凱瑟琳修道院就像是個小鎮，有自己的街名以及墓園。3 手繪的修女遺像，讓人不禁毛骨悚然。4 聖凱瑟琳修道院上面精美的壁畫，看得出這裡曾富裕一時。

2016
April
S M T W T F S
　　　　　　1 2
3 4 5 6 7 8 9
10 11 12 13 14 15 16
17 18 19 20 21 22 23
24 25 26 27 28 29 30

祕魯 · 科爾卡大峽谷

在世界級峽谷健行

🧁 Winny 畫重點

- 科爾卡大峽谷（Colca Canyon）是全世界第二深的峽谷，
  比美國大峽谷深一倍左右。
- 這裡是祕魯第三大景點，喜歡戶外活動的人可走進谷底健行。
- 該區保留著許多印加時期遺留的耕作方式，隨處可見不同顏
  色的梯田，即使坐車也能享受祕魯鄉村風情。

世界第二深的科爾卡
大峽谷短片
Colca Canyon
@ Peru

　　我們在旅行社前面躊躇許久，無法決定要參加哪個科爾卡大峽谷團。原本打算挑戰科爾卡大峽谷兩天一夜的健行，但在網路上看到有些人因為起點將近海拔三千三百公尺，沒多久就引發高山症，接下來幾天都生不如死。我可不希望為了科爾卡大峽谷而無法走之後想參加的印加古道（Inca Trail）。最後決定參加一般觀光客路線，坐在客運內舒舒服服地欣賞風景。

安地斯神鷹的深情

　　安地斯神鷹是西半球最大的飛行鳥類，也是安地斯山脈所貫穿的七國的國徽象徵。牠們棲息於海拔三千到五千公尺的岩壁，科爾卡大峽谷是牠們築巢的愛好點。沒參加登山的旅客能夠在 Cruz del Condors 觀景台守候神鷹，許多人架設腳架在陡壁邊緣，希望捕捉牠們的英姿。

　　由於這些鳥類都在峭壁邊緣築巢，母鷹每天都會來回餵食小鷹好幾趟。當安地斯神鷹展翅從頭頂飛過時，足以刮起一陣小旋風，牠們翅膀展開的總寬可達三公尺多，難怪會令當地人崇拜。

沒多久我就看到第一隻神鷹。「天啊！牠們怎麼這麼醜，根本就是禿鷹吧！」回去查資料才發現牠們真的是禿鷹的一種。黑色的臉配上頸部圍繞著一圈羽毛，看起來像是迪士尼卡通《一〇一忠狗》的壞女人庫伊拉。

　但不要看牠們這個模樣，公的安地斯神鷹可是很情深義重的，當配偶死掉時，牠們會收起翅膀，從天墜落，絕不願意單獨苟且偷生，但如果是母的失去伴侶，假如牠還有生育力，就會去尋找新的男伴。導遊介紹完笑著搖搖頭感嘆：「男人，才是真正的深情生物啊！」

在南美洲記得預防高山症

　「喂！我的手指跟腳趾在發麻，感覺好奇怪！」我坐在公車上緊張地跟 York 說，而我的後腦杓也隱隱作痛，估計是公車爬坡太快之故，沒多久我們就到了海拔四千九百公尺的觀景台 Mirador de Los Andes。

　許多人都知道去青藏高原時需要注意高山症，卻很少人想到其實祕魯與玻利維亞這兩個國家的海拔高度也是世界有名，更糟糕的是一般人並不知道這可能會導致肺或腦水腫而死亡！

科爾卡大峽谷是全世界第二深的大峽谷。

　　「我聽說一群背包客，他們一路從智利的聖地牙哥開往北部的阿他加馬沙漠，那邊的海拔也很高。結果駕駛人開到一半居然腦水腫，還壓迫到視神經，使他一邊眼睛漸漸失去視線！但他完全不知道那就是高原反應，還繼續開！好險他們整車命大沒出事！」在車上遇到的俄羅斯年輕人康斯坦汀和我們交流旅途中驚險的故事。

　　「我們在阿雷基帕買了古柯葉，當地人說這個可以減緩症狀。」我們從背包裡拿出一袋葉子給他看。「那個葉子我不敢吃，我買了古柯葉的糖。」康斯坦汀從口袋裡秀出了幾顆長得很普通的糖果。「我覺得葉子應該還是比糖果有效。」雖然我這麼說，但還是從康斯坦汀手中拿了兩顆糖。記得書上說高碳水化合物的食物因為只需要較少的氧氣進行氧化作用，可以減輕症狀，也許這就是為什麼古柯葉糖果還是有那麼多人買。不過我很喜歡嚼食古柯葉，跟檳榔一樣可以提神，而且不會滿嘴通紅。

1 站在海拔四千九百公尺的觀景台，雲離地面是如此的近。2 與同樣是背包客的俄羅斯工程師康斯坦汀合照。

公車開始往下行駛，離開最高點，我可以感覺麻掉的四肢開始恢復知覺。身為驗光師的我，很難想像剛才康斯坦汀口中的背包客怎麼可以這麼無知，失去視力都漠不關心，但想起工作上遇到的一些病人，就可以理解真的有人對這方面的了解太少了。經過這次的體驗，之後我都會特別叮嚀要來南美洲的朋友：「記得預防高山症。」

傳統風情的揚克鎮

跟祕魯其他地方一樣，科爾卡大峽谷附近的揚克鎮（Yanque）是個充滿西班牙風情的小鎮。我們的公車在廣場正前方停了下來，那邊正有許多小女孩穿著傳統民族服裝圍繞著水池跳舞。「那是這個鎮上的人表達快樂的方式。」導遊跟我們說。

廣場上有許多傳統婦女在旁邊擺攤子賣手工藝品。還有幾位手裡牽著駱馬、手上停著老鷹的婦人，等著觀光客跟她們拍照。雖然我不確定一次要多少錢，但看遊客拍得很開心，看著也挺有趣的，而且每個婦女腳下都有畫個圈，表示她們只能待在一定範圍內等遊客前來。

當我正看得出神時，旁邊突然冒出了一位手中拿著桶子的小女孩，她希望我給正在跳舞的她們小費，我望著她稚嫩的臉龐，頓時感到有點悲傷，彷彿整個城市的歡

安地斯神鷹真的脖子上的白毛好像圍巾。

樂氣氛都是為了討觀光客的歡心。明明不是假日,這些小女孩有去上學嗎?我記得讀過一篇關於不正當的施捨對授予者是不好的文章,因為這樣只會鼓勵孩子為了眼前的利益而逃學。現在是不是就這種狀況呢?我狠心搖了搖頭,往水池後方的教堂走去。

　教堂內部非常簡潔,我坐在長椅上感受到心靈慢慢地平靜下來。康斯坦汀也與我們一起坐在長凳上許久,直到集合時間到才依依不捨地離開,此時外面只剩下我們的遊覽車停在那裡,而「快樂」的跳舞小女孩早已不見了身影。

正圍繞著廣場中心噴水池的跳舞女孩。　　牽著駱馬與老鷹的印加婦女,等著觀光客合照。

Winny 會客室

以下是在阿雷基帕旅行社蒐集到的科爾卡大峽谷團費換算成台幣,確切價格以當地為準。每個旅行社基本上都賣相同的行程,遊客都搭同一台遊覽車,依晚上住宿等級而有價格上的差異。網路價錢比當地貴三倍,除非行程緊湊,不然還是建議到當地再做安排。

大峽谷當天來回　清晨三點開始,晚上六點回到阿雷基帕,不含食物以及國家公園費用,價格約五百台幣。

大峽谷兩天一夜　早上八點開始,晚上居住小鎮奇瓦伊。第二天下午五點回到阿雷基帕。不含食物以及國家公園費用,價格約七百五十台幣。

大峽谷兩天一夜健行　凌晨三點開始前往單純公車團會經過的景點,之後到健行步道。傍晚會在峽谷中過夜,隔天早上再爬一千兩百公尺高的山路回來。含兩頓早餐跟一頓午餐與晚餐,價格大約一千兩百台幣。

大峽谷三天兩夜健行　基本上行程是跟兩天一夜的健行相同,不過第二天會在大峽谷附近持續健行。第三天會爬一千兩百公尺高的山路、含三頓早餐、兩頓午餐跟兩頓晚餐。價錢大約每人一千五百台幣。

Chapter 01
南美洲
南極

📍祕魯・馬丘比丘

跟隨印加人
踏上印加古道

2016

April

S M T W T F S

          1 2
3 4 5 6 7 8 9
10 11 12 13 14 15 16
17 18 19 20 21 22 23
24 25 26 27 28 29 30

祕魯的「天空之城」馬丘比丘：
印加古道短片 Highlights of Inca
Trail to Machu Picchu

 Winny 畫重點

- 印加人於一四四〇年的建造馬丘比丘
  （Machu Picchu）是世界新七大奇蹟。
- 十六世紀時沒被西班牙人破壞的馬丘
  比丘，四百年後被美國探險家在叢林
  發現，俗稱「失落的印加城市」。
- 印加古道健行須花四天三夜，走
  四十三公里方能進入「天空之城」。

通往亡女通道的安地斯山脈景色。

當年智利詩人巴勃羅‧聶魯達（Pablo Neruda）造訪馬丘比丘後寫下長詩《馬丘比丘之巔》，詩中形容看見馬丘比丘在大自然的簇擁下帶給他的震撼，這「輝煌的廢墟」也讓他尋到寫詩的信念。

小時候我很喜歡看兒童百科全書內的中古村落、城堡的透視圖，並用手指滑過頁面，想像圖中那些居民的生活方式。神祕的「天空之城」，是我心中最嚮往的地方。

四百多年前，印加人在安地斯山脈建造了近四萬公里的石路，直到現在路況都相當完好，而印加古道要花四天三夜健行四十三公里，走在印加人鋪的步道上，才能從「太陽門」進入馬丘比丘這個神聖的遺址。為了不破壞生態環境，步道上不能有任何現代建設，就連煮飯的瓦斯桶都需要自備，當然也不能洗澡。不過只要參加對的旅行團，就會有背夫協助，還是可以很舒服地健行。

健走也能享受豪華露營

「Glamping」意指豪華露營（glamorous camping）。這種露營方式是專門為嚮往野外自然生活的都市人所設，像在杜拜沙漠中睡豪華帳棚，有專人伺候伙食的概念，但在什麼都要自備器具的印加古道上，很難想像背夫只背二十公斤的器材，就能讓我們過得那麼舒適。

一般凌晨四點從旅館接客的旅行團，附送的早餐可能只有一個麵包，但在我們被載到印加古道的起點後，背夫直接在空地上搭起廚房，準備炒蛋、水果給我們吃。接下來每一餐，飯前都會為每人準備裝溫水的小臉盆，旁邊擺著洗手乳及毛巾，好讓我們洗淨雙手吃東西。

用餐時像場魔術秀，菜色種類與口感好像從餐廳廚房端出來一樣，每道菜都熱騰騰的，而且份量多到都讓全團團員直呼「還有？肚子已經撐爆了！」才停止。廚師每晚還會把小黃瓜、茄子等食材雕刻成不同動物娛樂大家。菜好吃到我們都停不了口，但吃太多又會想要大便，這種內心掙扎在三餐間不斷地上演。

閒聊間有人問到：「在眾多公司，為什麼選擇 Alpaca Expeditions 呢？」「因為有自己的廁所！」女團員們異口同聲地說。沒錯，這家公司雖然貴一百美金，但有個背夫專門扛攜帶式馬桶。每到營地，就會搭起帳棚，架設乾淨的座式馬桶，讓我們不用跟其他團共用營區內的蹲廁。剛開始 York 並不贊成為了這個而增加團費，但我跟他說：「你之後會感激我的。」。

「昨晚我昏昏沉沉地去上廁所，不料中途被一隻熟睡的驢子擋住！我整個人嚇到！驢子也被我的頭燈光線照傻，瞇著眼睛回看著我！害我到廁所時便意全沒。」隔天早上我們正喝著領隊親自帶到帳棚口的熱古柯葉茶時，York 心有餘悸地說。

「誰知道回程從另一邊經過，廚師與助手居然在黑暗中切菜，我嚇了一跳，他們還開頭燈跟我打招呼。現在很慶幸我們有自己的廁所，不然晚上要去廁所時，距離太遠真的很危險。」結論是，多花一百美金是值得的。

不可小看台灣人

亡女通道（Dead Woman's Pass）是印加古道上的最高點，位於海拔四千兩百公尺，在這個高度，空氣含氧量比海平面少了四成，讓平常人每走十五分鐘就會心跳加速、呼吸困難。導遊身上背著氧氣筒，以備我們不時之需，並囑咐我們要適當休息，用嘴巴吸氣才能增加每一口氣的含氧量。

沒有想到在整團裡，比起其他看似健壯的外國人，我們兩個居然是第一組先到頂端！還比最慢的人快了一個小時。其實我根本沒辦法走那麼快，是 York 一直拉著我走上去的。「你們現在是在公園散步嗎？還手牽手。」每當手拿登山杖、裝備齊全的外國人經過都會這樣喘吁吁地笑我們。

一開始 York 還邊走邊跟團員們聊天，到後來能用英文跟他溝通的人都已經無法接話，於是他開始找別團的導遊聊天，對他們工作幾年到家裡有幾個小孩都瞭若指掌，接著還開始學簡單的西文，等到我們中途休息，已經有別隊的背夫叫我們「Amigo」（朋友），但有時候他會聊到忘我而鬆手，我自己一個人根本無法前行，只能待在原地叫他回來！

抵達亡女通道的頂端時，我們團隊的背夫都還躺在草地上休息，導遊之前說到了就有熱茶跟三明治可以吃，於是我們就朝著他們走去，他們一臉驚訝地看著我們，完全無法相信這兩個亞洲人會是第一個抵達！大家馬上站起來喝采，我們趕緊請別隊的導遊幫忙拍下這「歷史性的一刻」。才剛拍完不久，全部的背夫就又扛起行李，準備趕到下一站準備午餐，留下廚師一個人發放三明治，十分鐘後其他團員才陸續抵達高點。

印加古道歷經四百年依然保存完整，
但要是不小心滑倒就會跌入山谷。

背夫們都很驚訝我們是第一組到達海拔四千二百公尺亡女通道的人！

獨佔古代遺址的感動

很多人以為印加古道最讓人感動的是見到馬丘比丘的瞬間，但對我們來說，感觸最深的是那些健行中遇到的壯觀無名的古蹟。

在一個下過雨的午後我們走進了 Sayacmarca，這個遺址蓋在懸崖邊，須把背靠在岩壁，沿著山壁行走才能爬上險峻的階梯。擠過狹窄的入口，我們馬上倒抽了一口氣。這裡簡直是宮崎駿筆下《天空之城》的真實場景，不同高度的石牆，使每個轉彎都是驚喜。一層又一層的格局，就如踏進迷宮一般。Sayacmarca 面對著安地斯山脈的峽谷，乘風而來的烏雲彷彿隨時可吞噬我們。

印加帝國的治國理念是：「國以民為本，民以食為天。」他們不用武力，而是教人民農業知識。看印加人不愁吃穿，別的村落自然也會想加入。印加古道上有許多穀倉，窗口建在特定方向，冷風烘乾後的馬鈴薯可存放兩百多年，目前在祕魯餐廳還是隨處可見。

最後一晚紮營的位置在 Wiñay Wayna 遺址附近，它的重要性跟馬丘比丘不相上下。這裡是印加帝國的農業大本營，許多農作物研究都在此進行，印加人很早就懂得如何開發新的穀類品種，並了解什麼樣的植物粉可除掉特定害蟲，這也是為什麼南美洲有上千種馬鈴薯與玉米，而且很多都是我們沒見過的。

跟其他的印加遺址一樣，這邊的工程師使用古老的智慧，把河水引進堡壘提供人民飲水以及洗澡，更可以灌溉農作物。四百年後，那些水流系統依舊運作著，坐在一階跟人一樣高度的梯田上，耳邊的流水聲令人嘖嘖稱奇。馬丘比丘也許比較壯觀，但在這座古蹟所感受到的時光感，是我一輩子也忘不了的。

親愛的，生日快樂！

　　「怎麼辦？完全忽略你的生日是我們印加古道啟程的第一天，要不要我改出發日期？」印加古道健走前我不好意思看著行程表說。「算了，沒關係，只是一個生日。」York 聳聳肩。看著這位平常很愛過生日的男孩，卻裝作無所謂的樣子，這可是他人生第一次沒有家人陪在身邊的生日，於是我私下寄了封電子郵件給旅行團的總公司。「謝謝你告知，我們團隊一定會讓他度過一個永生難忘的生日！」不過

1 前往馬丘比丘的早上下起傾盆大雨，大家都穿著雨衣等著檢查站開門。**2** 給 York 遲來的生日驚喜。**3** 廚師的創意無限，今晚做的是安地斯神鷹的蔬果雕。**4** 印加人的傾斜石牆用來防震。

第一天晚上除了我在他耳邊悄悄地說「生日快樂」，並沒有其他人幫他慶生，可以感覺得到 York 的失望。

在印加古道上的最後一晚，導遊催促我們提早去吃飯的地方。沒想到平時的帳篷已經裝飾彩帶，桌上擺著兩個大蛋糕，隊友們對著呆掉的 York 唱生日快樂歌！「其實我的生日在第一天，但還好那天沒舉辦派對。不然你們當時都還不認識我，一定覺得幹麻要幫這位陌生人慶生？」York 開玩笑地說。「話說 Winny 今年生日也會在尼泊爾聖母峰健行上度過，本來以為如果她沒幫我慶生，我就不虧欠她了。」說完對著我吐吐舌頭，大家都笑了。

最神奇的是廚師明明沒有烤箱，卻能烤出兩個大蛋糕。導遊說廚師只有兩個大鍋子，所以先用火烤過一邊，再翻過來烤另一面。真的令人佩服！這蛋糕沒有花俏的內餡，外層也好像是直接用蛋白霜裝飾，整體口感很像雞蛋糕。雖然很簡單，卻是愛心滿滿。旅行團總公司的回覆果然沒錯，我們的確度過了一個畢生難忘的慶生會。

無緣的馬丘比丘日出

凌晨三點半，我們每人穿著螢光色的雨衣，帶著頭燈，在一片漆黑下跟著導遊趕路。很難想像前幾天風和日麗，老天爺偏偏選在我們前往馬丘比丘看日出的重要日子下大雨。半個小時後我們到了馬丘比丘的檢查站，必須再等一小時才能進入。

「記得如果等一下有人想超越你們的話，記得要靠山壁，免得被推出去。」導遊再三叮嚀我們，深怕有人從這狹窄的步道跌落山谷。周圍開始出現微弱的光線，天色漸漸亮起，使山景看起來像黑白的中國水墨畫，尤其峽谷中的雲霧，讓整個畫面更加唯美，不過並沒有人有心情欣賞這個景色，大家似乎都很煩躁，只想趕快到達馬丘比丘。

雨中的印加古道比平常更難走，雖然這些石頭路狀況還是不錯，但表面已被人走到光滑，必須要小心翼翼才不會跌倒。有些階梯則是窄小又幾乎垂直，一定要用雙手才能攀爬上去。到後來我精疲力竭，連抵達了傳說中的「太陽門」都沒發覺。

「太陽門」是馬丘比丘的正式入口，看起來像個普通的小堡壘。它會那麼有名是因為太陽會從這邊升起，照耀下方的馬丘比丘，不過天氣這麼不好，什麼也看不到。繼續往馬丘比丘的路上走，我們看到幾個祭祀少女的祭台。導遊說印加帝國其實也有許多敵人，因為他們都拿活人祭拜，看到那片大石頭那麼光滑，忍不住好奇到底有多少少女在此喪命。在七點半我們正式抵達馬丘比丘！「終於可以不用走了！」我低聲歡呼。

1 跟馬丘比丘一樣重要的 Wiñay Wayna 是印加人的農業大本營。2 蓋在懸崖邊緣的 Sayacmarca 遺址，是個名副其實的天空之城。

終於見到傳說中的馬丘比丘，後面的「瓦納比丘」輪廓像是一個仰望天空的臉。

沉睡四百年的天空之城

「天啊！觀光客也太多了吧！」剛到達馬丘比丘，我們馬上被觀光客人數嚇到。五顏六色的雨衣在迷宮似的建築中穿梭，從遠處看好像八〇年代的電動遊戲「小精靈」。

大家跟我們一樣，都很慶幸選擇印加古道健行，先苦後甘，經過艱苦後所看到的景總是特別感人。跟當日來回的旅客光鮮亮麗的服裝相比，我們看起來很明顯是走了四天三夜才到的。馬丘比丘確實跟想像中的一樣雄偉壯麗。這座十五世紀的印加遺址位於海拔兩千四百公尺，傳說印加王國選擇在此建立城市是因為背後的山「瓦納比丘」輪廓像是一個仰望天空的臉。不過在眾多觀光客聚集下，少了古道上那些遺跡擁有的神祕感。

在前印加首都庫斯科，已可見到印加人高超的建造技術，所有石頭建築都是靠精準的切割堆砌而來，一點泥灰都沒用到，而且石頭間的縫隙，緊密到塞不下一張紙，如果從側邊看，可以發現印加石牆是傾斜的，因為早在幾百年前印加人就意識到祕魯是地震中心，這樣的設計可以防震，不過很可惜印加人沒有文字，因此到目前為止還是無法了解他們是如何拼接石塊以及如何建構這些遺址。

接下來的兩個小時，我們聽著導遊說馬丘比丘的歷史。隨著太陽升起，雲霧漸漸散去，露出跟稍早截然不同的好天氣。有些人選擇爬回早上的太陽門，而我們則選

中途經過 Intipata 遺跡，梯田每一階都比人還高。

了一個位置坐下，安靜地欣賞這個地方。中午十二點一過，旅客們突然都消失了，馬丘比丘宛如回到當初美國探險家發現它的樣子：神祕、安靜、從古代流傳到現代的「天空之城」。

Winny 會客室

前往馬丘比丘有不同的方式，以下是幾個最普遍的路線給大家參考。

直接搭纜車跟火車 從庫斯科搭兩個小時的車到奧揚泰坦博鎮，再從那邊搭乘兩個小時的火車到熱水鎮，之後再搭半小時的公車前往馬丘比丘。適合時間緊湊或是不想健行的旅客。

四天三夜印加古道（Classic Inca Trail） 這條四十五公里長的健行步道就是俗稱的印加古道，是唯一「走入」馬丘比丘的路線。在二○○三年祕魯政府限制進入印加古道的人數每天只能有兩百個旅客。因此只要通行證一開賣，當天就會被搶光。建議大家必須至少提早半年跟旅行團預定。這樣只要通行證開賣，旅行團可以馬上幫你訂購。印加古道是健行道路中最貴的一種。

五天四夜薩康泰山健行路線（Salkantay Trek） 另一條非常有名的印加帝國健行步道，因為不需要通行證，所以不用那麼早預訂而且價錢比較便宜。網上有許多人兩者都走過，都說「印加古道」比較像是朝聖路線，走印加帝國鋪過的道路。而薩康泰山健行路線則是可欣賞到更壯觀的風景。這路線最高海拔是四千六百五十公尺，總長五十九公里，挑戰性較高。如果我們當時沒有訂到印加古道，這會是我們第二選擇。

其他健行路線 安第斯山脈有許多不同健行路線，大家可以依照自己的喜好跟預算來選擇，最後再搭車上去馬丘比丘。

2016

April

S M T W T F S

1 2
3 4 5 6 7 8 9
10 11 12 13 14 15 16
17 18 19 20 21 22 23
24 25 26 27 28 29 30

📍祕魯・馬爾多納多港
亞馬遜雨林探險

🧁 Winny 畫重點

· 帶領大家進入祕魯的馬爾多納多港
（Puerto Maldonado）附近的亞馬
遜雨林。

· 亞馬遜雨林的範圍延伸至九個南美洲國
家，佔全世界雨林面積的一半。

· 據說人類所有的疾病，都有可能在雨林
中找到醫治的方法，裡頭有許多從沒跟
外界接觸過的神祕部落。

亞馬遜雨林內的百年老樹，很難估計到底有多高。

看著馬達推動的船尾拖著油跡，我微微皺了眉頭，這不是正在汙染環境嗎？這次前往的馬爾多納多港，距離庫斯科約三十分鐘航程。從下飛機開始，就明顯感受到這裡的工業化，和原本期待的熱帶雨林小鎮有落差。

這次選擇的生態旅遊山莊 Amazon Planet 包含三餐與所有活動，須在馬德雷德迪奧斯河上搭航程一個半小時的船才能到達。這條河流雖連接到巴西的亞馬遜河，水流卻意外地平穩，我完全沒有感到不適。隨著船的航行，掠過臉頰的涼風十分舒服。

大自然的醫院

「你的腿怎麼這麼慘！」York 不可置信地看著我腿上十幾處紅腫：「熱帶雨林的蚊子真的跟傳說中的一樣狠毒，你都已經穿長褲了！」我苦笑了一下，網路上說牠們連牛仔布都能咬破的事應該是真的。稍早之前我們跟著導遊在木屋後的熱帶雨林漫步，裡頭的一草一木都有獨特的療效，在他的解說下我們好像上了一堂生態課。

「你看到這樹幹紅色的根部了嗎？」導遊蹲下折了一根拿在手中。「這看起來像牙籤的東西，如果往牙齦戳，可減低牙痛呢！」身為藥劑師的 York 忍不住睜大眼睛，眼前這個不起眼的根部竟有麻醉效果。「你聞一聞這個。」導遊拿著一把開山刀，隨手切了一片樹皮下來。「像是大蒜？」同行的英國男生姆斯法回答。「沒錯！我們叫它大蒜樹，它可以防蛇，但不能煮飯。」我接過手來努力一吸，難怪亞馬遜部落可以安全地與毒物共存。

除了植物以外，我們也看到許多不同的昆蟲與青蛙。其中印象最深刻的就是「人面蜘蛛」，牠的頭部及前胸圖案像人臉，雖然顏色鮮豔而且有劇毒，但導遊還是把手放在蜘蛛附近，挑出一條絲給我們看。「你們看這金黃色的蜘蛛絲非常有彈性，怎麼拉都不會斷。」看導遊用手指反覆撥彈，像是在彈弦樂器上的弦。

夜晚的熱帶雨林可沒這麼友善了，只要一開頭燈就會有飛蛾撲面而來，害我頭燈只敢拿在手上，而且地上只要發現小洞，導遊就會用樹枝往內插，裡頭的捕鳥蛛就用前牙咬住它，並被緩緩地拖出來。這些捕鳥蛛全身黑漆漆又毛茸茸的，最大可長到二十公分，如其名，具有捕食小鳥的能力，直叫人頭皮發麻。

導遊也警告我們不要碰到樹幹，因為上面可能有火蟻，碰到牠們，皮膚會被灼傷。亞馬遜原住民會用牠們來治療關節炎，能夠暫時麻痺疼痛；也有將人綁在火蟻樹上的行刑方式。導遊為了讓我們體驗真實的雨林，叫我們關掉所有光源，在一片漆黑中，不知名生物的叫聲在耳邊響起，那一刻可真令人害怕。

釣食人魚記

「有魚上鉤了！」我興奮地大喊，結果只是條小鯰魚。看來用碎牛肉當魚餌對食人魚來說沒什麼吸引力。分布於亞馬遜河內的牠們，有著比一般魚類還大的牙齒，只要發現獵物，食人魚就會群聚而上將獵物撕碎、啃食直到只剩白骨。雖然現實中，牠們沒有電影演得那麼誇張，但像河邊洗衣的婦女被咬傷的這類消息仍時有所聞。

我們分別坐在船的四角，隨意拿著樹枝做的釣竿垂釣，兩個小時後釣竿都沒有動靜。正當船夫宣布要回去的時候，姆斯法的釣竿突然用力地晃了起來，結果帕的一

聲，他細細的樹枝居然斷了一截！吊鉤和魚餌沉到河裡，我們全都很興奮，要求船夫讓我們多待一會兒。

沒想到姆斯法才剛換上粗樹枝當釣竿，又有魚上鉤了，可惜跟之前一樣斷掉，不過這次樹枝居然在水面上垂直晃動，在平靜的河面上顯得非常突兀。船夫見狀趕將船划近樹枝，沒想到手才剛伸過去，樹枝就往下沉，消失地無影無蹤。

「那條魚力氣怎麼這麼大？」姆斯法擦去額頭的汗珠。「你那根樹枝蠻粗的，食人魚的咬勁果真是名不虛傳。」York 把玩著剩下的半截樹枝。「等等！你看水面上的是什麼？」我驚呼了一聲。船旁邊又出現那根垂直浮動的樹枝，船夫這次二話不說直接跳進水裡，我們都嚇了一跳，沒想到他那麼敬業。不過很可惜船夫撈起來的所有樹枝都不是剛剛那條魚上鉤的那枝。

根據姆斯法的形容，那條魚大約兩隻手掌大，而且是腹部銀色帶點紅，應該是食人魚無誤。很可惜我們並沒有親眼見到，但至少體驗到牠的咬勁，深深覺得在亞馬遜河還是少「玩水」比較安全。

在水中游泳的南美短吻鱷寶寶。

碰到光線而靜止不動的水豚家族。

全世界最大的鼠類：水豚君

　　黑暗中，導遊用手電筒往岸邊照過去，不同大小的鱷魚回瞪著我們。我們在船上尋找夜間河岸動物，岸邊最熱門的就是南美短吻鱷，但澳洲也有許多鱷魚，對我們來說不足為奇。

　　遠方出現像是標本一樣的動物一動也不動，定眼一看原來是十幾隻水豚，牠們一被我們的光線照到，就突然定格，彷彿這麼做危險就會遠離牠們。大家趕緊拿出相機，迫切地希望能夠拍到好畫面，就在我們拍得起勁時，牠們無預警地跳入水中，似乎知道裝標本沒用，所以選擇逃跑，真的是太可愛了！「水豚」是全世界最大的鼠類，在日本更是動物園的明星，不過野生水豚只出現在南美洲。

　　除此之外，這趟亞馬遜旅遊，我們並沒有看到什麼特殊動物。我朋友在祕魯的伊基托斯亞馬遜雨林，有碰到樹懶，導遊還親自爬到樹上把樹懶抓下來給他們抱！還有巨蟒不小心進到房間等驚險事件。事後才發現我們選擇的馬爾多納多港生態環境已被伐木、掏金嚴重破壞，所以我們看到的動物才沒有那麼多。

1 導遊在葉子上找到這隻無毒蜈蚣。2 釣到一條小鯰魚，可惜不是食人魚。

Winny 會客室

在祕魯如果想去亞馬遜雨林探險，通常有兩個城市可以選，以下是兩者的差別：

馬爾多納多港（Puerto Maldonado）　適合行程緊湊的旅者，因為可以從利馬跟庫斯科直飛，接著到馬丘比丘。缺點就是這附近的雨林因政府開發，導致較難看見野生動物。預算較緊的人也可以從庫斯科搭車，一路露營到雨林。

伊基托斯（Iquito）　理論上這裡開發較少，看到野生動物機率比較大。由於只能從利馬搭飛機來回，需要比較多時間。這裡也可以體驗亞馬遜雨林郵輪，更深入叢林。整體而言這裡住宿以及旅遊方式較多。

2016

April   May

S	M	T	W	T	F	S
					1	2
3	4	5	6	7	8	9
10	11	12	13	14	15	16
17	18	19	20	21	22	23
24	25	26	27	28	29	30

S	M	T	W	T	F	S
1	2	3	4	5	6	7
8	9	10	11	12	13	14
15	16	17	18	19	20	21
22	23	24	25	26	27	28
29	30	31				

◉ 玻利維亞・的的喀喀湖
南美洲最大的淡水湖泊

Winny 畫重點

- 的的喀喀湖（Lake Titicaca）是世界上海拔最高且可使大船通航的高山湖泊（三千八百一二公尺）。
- 據說印加文明起源於此，湖泊中的島嶼有多處印加神廟遺址。
- 拜訪千年來世代居住湖上，以蘆葦製作成漂浮島的居民！

祕魯的漂浮的民族：
的的喀喀湖
**Lake Titicaca
from Puno &
Copacabana**

096

　　經過八個小時的夜車，客運把我們放在普諾（Puno）的的的喀喀湖旁。背著八公斤行李，我們正拖著疲累的身軀沿著湖岸走向今晚的住宿。這時湖岸東邊慢慢露出一片紅霞，吸引了我的目光。太陽漸漸照亮的湖面，像是蒙著紅面紗的嬌羞少女，難怪印加人把這當成聖湖，這幅景色美得讓人激動。

漂浮的蘆葦島

　　「據說一千多前年，當地的烏魯族為了躲避印加人侵略，建造了這些蘆葦島與外界隔絕。到現在島上的居民還保留當時的生活方式。」導遊領著我們下船並介紹。放眼望去每個面積不到一百平方公尺的蘆葦島，跟隔壁的島嶼幾乎是連接起來的，不仔細看還會以為是片長形的陸地。

　　我們一群人坐在軟綿綿的蘆葦草上，像是聽課的孩子，看著兩位穿著鮮豔傳統服飾的婦女，解釋蘆葦島組成的方式。「我們切割蘆葦草下面漂浮的土壤，一塊一塊綁在一起。經過一年的時間，裡面的根部會自然生長把土塊結合起來，這樣蘆葦島的地基就形成了。」導遊翻譯著她們說的西文。「接著我們會在上面鋪新鮮的蘆葦

1 漂浮的蘆葦島上的居民等待觀光客的來訪。2 的的喀喀湖的湖水非常湛藍清澈。3 島上的傳統婦女解釋蘆葦島的製造過程，後面有個太陽能板。

草，直到約三公尺厚，就可以開始蓋房子了。」難怪這些草都那麼有彈性，像走在彈簧床上面。

我抬頭看了周圍的太陽能板、眼前穿著傳統服裝低頭滑手機的年輕女孩，不禁讓人懷疑如果不是觀光帶來的豐厚收入，這些人還願意住在這裡嗎？島上的孩子們跑過來拉著觀光客的手，露出最燦爛的微笑，希望遊客可以購買紀念品。蘆葦島的氣氛讓人感覺一切都是假象，難怪許多背包客不是那麼喜歡，不過我相信別的島嶼應該還是有純樸的一面。

討老婆需要學會的技能

塔吉利島（Isla Tanquili）是個須從普諾搭乘兩個小時的快艇才能到達的主要島嶼。整座島嶼面積雖然不到六平方公里，但卻住了兩千多人，為了不讓外界壟斷他們的觀光業，塔吉利人從七〇年代開始自營旅行社。使島上的民宿、餐廳等觀光收益都歸當地居民所有，所謂「取之於當地，用之於當地」就是這個意思。不像前往馬丘比丘的公車與火車都是智利公司營業，對當地經濟毫無幫助。

「你們猜在這個島嶼上如何才能娶老婆？」導遊在午餐時問大家。「唱歌？」「揹著新娘上山？」塔吉利島位於海拔三千九百五十公尺，我猜想也許跟台灣原住民一樣有需要證明自己體力夠好的傳統。「錯了！這邊的男人需要會紡織，而且必須讓岳父點頭才行！」

原來塔吉利島居民的毛線針織技術，在祕魯是手工藝中的佼佼者。在二〇〇五年被聯合國公認是「非物質文化遺產的代表作」。男孩子從八歲就要開始學會織毛線，如果有喜歡的女孩子，一定要想辦法織出一頂能夠「滴水不漏」的帽子，只要十分鐘內有一滴水滲出來，男生就需要回家重新練手藝，直到成功才能娶到美嬌娘。

當地的人信仰天主教，因此教堂以及拱門都帶有西班牙風格，但也有保留部分印加傳統，如每開始一個活動前，他們會把古柯葉撒在地上貢獻給大地之母。看到這個社會把所有的歷史傳統結合為一，就忍不住會心一笑。這個靠近天空的島嶼，像是個世外桃源。

的的喀喀湖的對岸

的的喀喀湖的另一端屬於鄰國玻利維亞的領土。原以為跨國需要把用剩的蔬果丟掉，沒想到什麼都沒檢查，護照蓋一蓋我們就通過了。在南美有些海關可能會故意刁難，因此我們選擇標榜可以安全度過邊境的客運公司。

雖然相隔一座湖，但玻利維亞的科帕卡瓦納（Copacabana）明顯比普諾貧窮許多。讓我百思不解的是為什麼連地攤小吃都比對岸的貴一倍？只有一位在馬路旁的阿姨煮的馬鈴薯雞肉價位還算親民，不過每當車子經過時揚起沙塵，她就會用雙手保護雞肉，但一旁的馬鈴薯配料就擋不了灰塵的侵襲。

我們連續兩天都買回去洗手後，蹲在房間角落用手把食物抓進嘴中，真的有點克難，York 笑著說這是名副其實的「手扒雞」，很難想像我們還是居住在有免費早餐的二星級旅館！

1 塔吉利島上的男人戴著不同款式的帽子，來區別已婚或未婚。**2** 玻利維亞的科帕卡瓦納的攤販，用硬紙板抵擋車子捲起的沙塵。

太陽的島嶼

說起來還真是糗，這天我們從湖邊搭乘小船前往玻利維亞邊界內的太陽之島（Isla del Sol），沒想到上岸後我跟 York 為了不知名理由吵架。一氣之下我不小心跟到一組講西文的旅遊團，一開始還想說買個船票還附送導遊也太划算了！直到最後被要小費才驚覺這不是免費的。

這座島嶼三千多年前就有人居住，而且存留八十幾座印加人在十五世紀建造的建築，上面的太陽廟是當時印加人朝聖的地點。島上風景宜人，讓人忍不住想待上一整個下午。沿岸種植不同顏色的花，很有希臘小島的感覺。當一個地方沒有車子排放廢氣的時候，自然沒有空氣汙染。

我莫名其妙跟著人群走到一顆大石頭面前。雖然聽不懂導遊在說什麼，但看見許多人正在親吻石壁，並把雙手放在上面低語祈禱，我猜那是一顆聖石。接下來到達了一個類似神廟的印加建築，導遊拿出一罐裝滿水的可樂瓶，叫大家伸出手並把水倒在掌心內，看旁邊的旅客用水洗臉，我猜應該是可以洗淨罪惡，但有潔癖的我可不敢把來歷不明的水往臉上灑！

跟 York 也分開活動一段時間，我仰頭張望，發現他在遠處注視著我。「還是有跟過來嘛！」我心裡一方面忍不住竊笑，一方面也覺得自己很幼稚。在旅遊前爸媽一直叮嚀我脾氣不要那麼衝動，不管怎樣吵架也不能隨便落單，但我想我站在這個上面也跑不遠，所以還是做個樣子，儘管我之後主動找他和好，但事後想想我的舉動其實也已經傷害他了。

Chapter 01
南美洲
南極

📍玻利維亞 · 拉巴斯

世界海拔 最高的高空纜車

2016

May

S	M	T	W	T	F	S
1	2	3	4	5	6	7
8	9	10	11	12	13	14
15	16	17	18	19	20	21
22	23	24	25	26	27	28
29	30	31				

玻利維亞的女子摔角賽
Highlights of Cholita
Wrestling in La Paz

Winny 畫重點

· 拉巴斯（La Paz）擁有世界海拔最高
  的國際機場，也是最高的首都，在二〇
  一五年被譽為「新七大奇蹟城市」。
· 城市內有獨特的高空纜車當作日常交通
  工具。
· 可逛逛巫術市場尋找各種被當成祭品的
  動物乾屍！

拉巴斯政府為了解決盆地地形的交通而蓋了纜車系統。

深夜十一點，我們即將抵達波利維亞首都拉巴斯。這個城市位於盆地，中央為商業區跟政府機關所在。從機場附近的公路往下看山谷中的市區，好似飛機窗外的景色，那個夜景有如繁星閃爍，難怪當地人笑著說：「拉巴斯是少數貧窮區的夜景比高級區更美麗的地方。」

　　一個國家的首都，治安通常是最亂的，更何況在南美洲最貧窮的玻利維亞。為了安全起見，我們選擇有提供住宿接送的客運公司，因為這個時間點搭計程車有一定的風險，有個朋友在巴西搭計程車，被司機拿刀挾持還劃傷了額頭，聽了他的遭遇之後我就對計程車避而遠之。

　　白天的拉巴斯還算安全，最特殊的景象是可從旅館窗戶看到不同顏色的纜車在空中移動，這是當地政府用來解決盆地地形帶來的交通壅塞，此種方式在高地城市很常見，不過卻是我第一次看到，但想到電視上那些纜車卡在半空中的新聞，就有點望而生畏。

1 兩位摔角女選手不擇手段地拉扯對方。2 觀看傳統女子摔角非常投入的當地人。

玻利維亞傳統女子摔角

小時候跟阿公看第四台總是會轉到摔角比賽，裡頭參賽者都會把對手抓起來用力往下丟，總讓我驚呼連連。沒想到現在我們正坐在觀眾席上，看著兩位女生大打出手，激烈程度與電視不相上下。

Cholita Wrestling 是從墨西哥摔角演變而來的，Cholita 代表「拉丁南美原住民女人」，她們通常都穿著蓬鬆的裙子，綁著兩條辮子，頭戴高帽，在玻利維亞隨處可見。位於拉巴斯最貧窮的區域——埃爾阿爾托，以鐵皮屋搭成的競技場每週舉辦兩場賽事，滿足當地人與觀光客對刺激的渴望。

「觀光客跟當地人坐不同區，是因為等一下他們會暴動嗎？」我悄聲問 York。「難道我們的票價是當地人的五倍？但十四美金含接送、一罐免費飲料、一包爆米花以及紀念鑰匙圈，已經非常划算了……」我話沒說完，觀眾席突然一陣歡呼，一位粗壯的女選手披著華麗的披肩出場，並用嘶吼聲回應群眾，接著後臺開始放鞭炮歡迎另一位嬌小可愛的女生，旁邊伴隨著舞群，很難想像她跟摔角有關聯。我們不禁對看了一眼，完全不懂這是什麼劇情。

原來劇情設定粗壯的女選手忌妒漂亮的女選手，趁她還在跟觀眾搔首弄姿時，就衝過去拉她的頭髮，並從旁邊拿出水桶潑她！正當我回過神，下一秒漂亮的女選手已被丟入當地人的觀眾席，一切發生得太突然！「啊！」我大叫一聲替女選手感到疼痛。如果沒留意，可是會受傷的，難怪觀眾席有做區分！

接下來情勢扭轉，被欺負的漂亮女選手開始反擊佔上風，雖然很戲劇化，但群眾情緒高昂，不斷喊叫。當粗壯女開始撐不下去時，男裁判還會上去幫她，將漂亮女選手抬起來往地上摔！我轉頭看到當地小男孩歡呼，忍不住擔心他會不會覺得打女人是很正常的事。

這種戲碼總共演了三場，都是不同的女生互打，當然到最後都是嬌小的那位贏得比賽。不過印象最深刻的是其中一位女選手搶了觀光客的兩公升飲料，跑出擂台外，將飲料往觀眾席噴去，一位打扮亮麗的阿嬤因全身被噴得黏答答，非常不悅，雖然觀眾怒吼，但也拿她沒轍，不過後來有個外國人嗆她，她表情微怒，可看出她努力忍住情緒，不敢對觀光客發飆。

有些人說玻利維亞傳統女子摔角很假，但和電視上看到的男子摔角有何不同呢？這些女孩子每場比賽只能領到二十到三十美金，忍受皮肉之苦，只為了希望某天能夠成名，榮耀家族。看她們每次被摔的剎那，就算作假應該也是很痛。從比賽中，我看到了玻利維亞女人不服輸的性格。

被詛咒的巫術市場

拉巴斯的巫術市場是個神祕的地方，這裡販賣許多當地原住民進行儀式時會用到的東西。商家門上掛滿了許多小駱馬的乾屍，聽說是收集自自然流產的駱馬胎兒，是用來進行祭祀的物品。對於這種神祕法術，我都抱著寧可信其有，不可信其無的態度。

在旅遊書上讀到在玻利維亞人時常祭拜的人形神像叫做「Ekeko」，這位帶來財富的神穿著傳統披肩，留著鬍鬚，身上帶著現金，而每天的供品就是一根插在祂嘴裡的香菸。我覺得這個神明太有意思了，於是在巫術市場裡尋找祂的蹤跡。

發現祂時，嘴中真的叼著一根點燃的香菸。「快點！幫我跟祂合照！」我興奮地把相機交給 York，沒想到那瞬間，相機彷彿有生命般從他手掌中反彈，慢動作式地摔到水泥地上，「該死！」我們大聲慘叫。

我的寶貝相機這一摔，不只翻轉螢幕斷掉，不管如何按快門鏡頭都毫無反應。我當場掉下眼淚，因為在南美洲就算願意花原價的兩倍也買不到同類型的相機！York 坐在台階上頭抱著頭懊惱。再過幾天我們就要到玻利維亞最著名的景點「天空之鏡」，沒有大光圈的相機根本無法拍攝星空反射在鹽湖上的倒影。

「怎麼辦？聽說當地的相機街在不安全的地區，還是要去嗎？」我眼眶泛紅地問。「我們還是要試試看，離開首都就更不可能買到了。」York 打開口袋裡的地圖，開始記路線。

我們從盆地底端往上坡走，周圍的街景越來越破舊，氣氛也漸漸不友善，不過看到維修店還是進去碰碰運氣，每個老闆都說這台相機已經無法維修。在怕被知道是觀光客的情況下，我們不敢隨意問路，繞了許久才到了相機街。

店鋪像是台灣早期的五金行，只不過裡頭是賣已上市兩三年的相機。「能手調大光圈的相機都要一千美金起跳，現在也沒網路可查評價，乾脆隨便買一台幾百美

金的暫用好了。」我皺著眉頭看著琳瑯滿目的相機說。「再說我們身上現金也不夠買好的機款……」York 從錢包掏出僅有的兩百美金，而我則是轉過身從暗袋中再拿出一百美金交給老闆。一想到接下來無法拍攝鹽湖出名的「星空倒影」，心情就非常鬱悶，不過還好我們有買旅遊險，至少金錢上沒太大損失。

巫術市場上販賣的駱馬胎乾屍。

身上帶著美金，嘴裡叼香菸的玻利維亞神像「Ekeko」。

Winny 會客室

在拉巴斯不妨騎單車挑戰「死亡公路」，在二〇〇六年當地報紙統計，每年約有二百至三百人死於這條公路上。聽說現在已經安全很多。不過六十四公里的下坡路，還是需要一點技術！

· 如果在馬路上看到穿戴斑馬服裝的人在指揮交通，可不要以為是什麼行銷活動唷！這是拉巴斯政府為了讓孩子注意交通安全，特地指派的交通大使！

· 如果在玻利維亞和祕魯想參加任何一種一日遊，可以前往旅行社網站 Kanoo Tours（www.kanootours.com）參考行程或訂購。有時網站上會寫出團的公司名稱，可以直接找那家公司訂應該會比較便宜。我們欣賞的傳統女子摔角秀就是在上面訂的。

📍玻利維亞・蘇克雷

世界上最多
恐龍腳印的地方

2016

May
S M T W T F S
1 2 3 4 5 6 7
8 9 10 11 12 13 14
15 16 17 18 19 20 21
22 23 24 25 26 27 28
29 30 31

 Winny 畫重點

· 蘇克雷（Sucre）是玻利維亞的憲法和
　司法首都，擁有拉丁美洲最古老的大學。
· 市中心被指定為世界遺產，因為有許多
　白色建築也被稱為「白城」。
· 城外的白堊紀公園擁有全世界最多的恐
　龍腳印化石！

「你下個城鎮要去蘇克雷嗎？」電話那頭傳出熟悉的聲音，是我高中朋友亞瑟。「如果要去蘇克雷的話，千萬別錯過白堊紀公園，那邊的恐龍化石超酷的！你一定會喜歡！」這位朋友每次介紹的景點都很特殊，我隨手抓了筆記本記下來。

「其實我目前在玻利維亞的波托西，應該是你下一個目的地。可惜我因為高山症躺在當地的病床上已經三天了。都沒人說英文，恐怖死了！我那當醫生的老爸叫我趕快離開玻利維亞，都怪我都沒吃藥預防。」他呵呵地笑著說。

「你瘋了！每次旅遊都這麼玩命！」我記得他去年去泰國也食物中毒，在當地醫院打了一個禮拜的點滴。「誰知道會那麼嚴重……」亞瑟嘀咕著，「反正等你到波托西，我應該已經出院了！到時候看怎麼樣，無緣的話回澳洲見！」我這位朋友就這樣瀟灑地掛了電話。我轉身問坐在床上的 York：「恐龍化石，有興趣嗎？」沒想到 York 眼睛發光，用撒嬌的口吻跟我說：「你知道嗎？我從小就跟我媽說我想要當長頸龍。」他繼續說：「我在網上有看到這個景點，但怕你沒興趣所以就沒提，我好開心你要帶我去！」這竟然是在南美洲目前為止最讓他感到興奮的景點，真讓我意外，不過他開心就好。

日本捐贈的巴士

自從相機壞掉後，我們就開始節省開銷，原本只要兩塊美金就可以搭乘前往白堊紀公園（Parque Cretácico）的官方巴士也被我們嫌貴，硬要搭便宜十倍的當地小巴士。在玻利維亞沒有所謂的公車站牌，只要攔下正確車號的巴士即可上車。

玻利維亞的小巴士好像都是日本捐贈的，上面保留「東京海上」、「老護養別特」以及免費無線網路的字眼，像是收到巴士後，政府連外觀都不改，直接在車窗上掛個牌子就上路了。在二戰結束時，日本政府積極地把多餘人口外移，想要重整國家，而玻利維亞政府也很歡迎他們的到來。因此該國目前大約有一萬多位日本後裔，我不禁好奇來到這裡的日本人生活有比較好嗎？

「真的會到嗎？」York 問，我們懷疑地跟當地人擠在座位上。「剛剛我把白堊紀公園的簡介給司機看，他有點頭！反正二十分鐘後答案就會揭曉。」坐在駕駛座後面，我看到司機旁邊擺了一隻紫色的泰迪熊，上面掛著許多緞帶，從隨意裝飾這點來看，這台應該是他專屬的巴士。

「到了！到了！」司機用西文告訴我們，但這裡周圍都是工地，看起來不像遊樂園，無奈與司機語言不通，他又堅持是這裡，我們只好下車。這時有輛卡車停在工地旁邊的建築前，「你是可愛女生，人家比較願意幫你。」York 把我推了過去，我只好上前問路。一問之下才知道白堊紀公園在後方的山丘上，真的不是很顯眼。

男孩子最愛的恐龍

看著園區內的數隻恐龍模型，忍不住「哇！」一聲，好像來到電影《侏羅紀公園》（Jurassic Park）。這裡所有的恐龍都是依照真實比例打造的，連中庭的長頸龍都是全世界最大的！York 樂翻了，馬上飛奔過去。「你知道當全班同學都在玩神奇寶貝時，我在看恐龍圖鑑嗎？」說完雙手地還緊緊抱住長頸龍的大腿。

1 蘇克雷的小巴士都是日本捐贈的，上面的漢字清晰可見。
2 園區裡面的恐龍模型都是依照真實比例製作。

高達一百一十公尺的石灰岩，上面有數千個恐龍腳印。

　　恐龍腳印的巨大石灰牆就在我們過來的路上，要不是亞瑟再三叮嚀我一定要參加每天十二點或一點的付費導覽團，我可能會選擇從遠處看就好。在等解說開始前，工作人員帶我們去影視廳看關於恐龍的紀錄片。沒想到 York 真的是專業的恐龍迷，連續播放的兩個短片，他居然都看過！

　　導覽開始時，我們才知道原來這附近是採石場，難怪剛才會以為下錯車。而那一大片的恐龍化石就在工地內，所以每個人都需要戴上安全帽免得被落石砸到。現場大部分男生都很興奮，女生則多數淡定，形成強烈的對比。

近距離觀看恐龍化石

　　荷西是我們在南美洲第一次碰到英文這麼好的導遊，他對恐龍展現出的極大熱情感染了大家，每個人都聽得津津有味。「你們一定很好奇為什麼一天只有兩團可以下去看恐龍腳印呢？」他停頓了一下看著我們。「因為正中午的太陽從上面照下來才會出現恐龍影子，其他時間是看不到的。」一語點破許多人的疑問。

　　我們隨著荷西走下大約一百公尺高的階梯，許多人看到這個高度就哇哇叫，因為蘇克雷海拔有兩千八百公尺高，不習慣的人走起來還是會喘。從採石場抬頭望向這些巨大的腳印，感覺很不可思議。

這片一千兩百公尺長，高度一百一十公尺的石灰牆，上面擁有十五種恐龍留下來的五千多個腳印。當初能夠保留這座六千五百萬年前的化石簡直是奇蹟，當時位在附近的水泥廠剛好暫時停工，接連幾天的雨把上層石灰洗掉，露出下面的恐龍腳印化石，才這些不得了的遺跡重見天日！

「恐龍是如何在這幾乎垂直的牆壁上走路呢？」一位女生天真地提問。York 聽了差點笑出來，但以前老師常說只要有一人發問，代表許多人也有相同的疑問，果然大家看起來都很好奇。「這些恐龍在雨季時經過這些泥地，腳印被沉積物覆蓋，因此得以保存。之後大量板塊推向南美中心，形成高山地形，如安地斯山脈，所以這些印有腳印的地面成了現在這座牆壁。」荷西解釋著。

荷西也利用鏡子的反射光指出不同腳印形狀代表什麼恐龍。雖然這些腳印很深，但會隨著環境汙染所產生的酸雨，加快自然風化，而慢慢消失。園區目前在申請成為世界遺產，希望可以得到足夠經費來保存這些化石。屆時旅客可能只能遠觀了。

我們站在恐龍腳印下方，顯得非常渺小。英國廣播公司有製作一部紀錄片《與恐龍共舞》（*Walking With Dinosaurs*），York 說他小時候的願望就是希望能遇見恐龍，此時能夠走在這些腳印旁邊，真的是「Walking with Dinosaurs」。雖然是不同的形式，但還是感覺夢想成真。

1 長頸龍的單個腳印就跟我的身高差不多。2 實現 York 與恐龍同行的兒時願望。

Winny 會客室

白堊紀公園（Parque Cretácico）
- 門票：30 玻利維亞諾（Bs.）。攝影費用每人加 5BS。
- 交通資訊：恐龍巴士每星期二到星期日，市區 Plaza 25 de Mayo 上午十一點與下午三點發車。來回 15 波利維亞諾。如果想跟我們一樣省錢，可問住宿的旅館哪裡可搭乘車號 4 或 H 的巴士。
- 最新資訊請參考官網：parquecretacicosucre.com

玻利維亞·烏尤尼
搭乘越野車
尋找天空之鏡

Winny 畫重點

- 南美洲最著名的景點烏尤尼鹽沼（Salar de Uyuni），又稱「天空之鏡」，享受天空合一的景色。
- 千萬年前的海域，現在變成白茫茫的鹽沼，非常適合拍攝趣味的借位照！
- 搭乘越野車從烏尤尼出發，三天兩夜到智利的阿他加馬沙漠，是闖蕩南美不能錯過的經典路線。

　　我坐在床頭，手裡把玩著新買的相機，忍不住長嘆了一聲：「當初買那麼貴的小相機，就是希望不要帶那麼重的器材也能拍星星，結果好不容易到了玻利維亞，卻發生相機摔壞這種事。」認識我的人都知道相機是我的寶貝，想到那天發生的事就忍不住掉淚。「新的相機既不能曝光超多三十秒，感光元件也不夠大，看來想要拍星空倒映在水上的畫面是渺茫了。」「好了啦！已經都發生了，不要再提了！」York 不耐煩地說。「那還不是因為你沒接住相機！」我開始朝他大吼。

　　自從那事件後，我們關係時好時壞，只要一開始鬥嘴，就會變成惡意攻擊對方；也因為是最親近的人，更知道痛處。尤其當人在異地，對方成了你唯一的相處對象，儘管只是單純的情緒發洩，但反覆下還是會造成重大傷害，好在我們後來與來南美短期旅遊的 York 的姐姐見面，使原本緊張的關係有個喘息空間。

天地合一的天空之鏡

　　清晨四點，我們與三位韓國女生坐在越野車中昏昏欲睡。司機已經把暖氣轉到最大，但還是無法抵擋海拔三千七公尺的黑夜低溫。五月的乾季，除非參加特定的「找水團」，不然無法在白色的鹽沼看到鏡子般的倒影。

　　這種旅遊團分「日出」與「日落」兩種時段，差別在於「日出找水團」要天亮前摸黑出發，可看到滿天星空倒映在湖面上，另一種則不需要那麼早起。「報名這種可以拍攝水中倒影的人幾乎都來自亞洲，除非是攝影愛好者，不然外國人根本不熱衷。」報名時老闆娘跟我們說。

仙人掌上的仙人掌可高達十公
尺，確實是巨無霸。

像不像電影《親愛的，我把孩子縮小了》裡的場景呢？

司機在黑暗中，又沒任何路標的狀況下駕駛了兩個小時，但還是沒有找到水源。他不時關掉車燈並下車檢查地上有沒有星光的倒影，此時周圍已經是一片漆黑，完全遠離小鎮，在微弱車燈的照射下，原是雪白色的鹽沼，看起來像是無數個灰色六角形。

等到終於找到水源時，司機關掉車燈並從後座拿出了雨鞋給我們穿。雖然我已穿了兩層襪子，但當雨鞋踩在冰冷的水上，腳趾頭依然冷到快沒知覺。不過對於接下來可以看到的景色，這種冷根本不算什麼。

幾分鐘後眼睛漸漸習慣了黑暗，星光更加閃爍，我們好像身處宇宙，全身上下都圍繞著星星。每往前一步，水花就會暈開，宛如在星空中作畫。當下有點慶幸相機壞掉，讓我們能全神貫注地欣賞眼前的奇景。

等到第一道曙光慢慢從東邊冒出時，原本湛藍得像大海的平靜夜空，顏色開始每分每秒在變化，令人目不轉睛，這種美無法用言語形容，彷彿老天在作畫時不小心打翻了顏料，再隨意揮灑幾筆，天空與湖面渾然一體。當我們被粉紅色的光暈圍繞，除了「夢幻」，我真的想不出怎麼形容當下的畫面。

就算太陽完全升起，蔚藍色的天空倒映在水面上也讓人捨不得眨眼，可惜晴空萬里，沒有任何雲可反射在鏡面上。我們依依不捨的跟這攤有水的鹽沼告別，終於了解為什麼許多人對這裡情有獨鍾。如果有人問我世界上那裡最夢幻，我會毫不猶豫的回答「玻利維亞的天空之鏡」。

世界上最大的烏尤尼鹽沼

站在烏尤尼鹽湖沼中心的仙人掌島（Isla Incahuasi）最高點，可見三百六十度都是浩瀚無邊的白色世界。如果沒有嚮導陪同下貿然進入，危險性極高。在四萬多年前，安地斯山脈剛隆起，這裡是裝滿海水的史前巨湖，之後逐漸乾涸，形成現在的鹽沼。

「你知道整片鹽沼雖然一萬多平方公里，但整片的傾斜度相差不到一公尺。所以衛星會用這片鹽沼來做測地球水平高度的基準嗎？」York 稍早前閱讀了關於這片鹽沼的資訊並講解給我們聽。我可以想像從太空看地球這上面的一大片反光。待會還要到鹽沼上拍攝「借位照」，白茫茫的地形可產生視覺錯亂。只要相機角度抓對，即可拍出許多搞笑又創意的照片。

而我們所在的這座島上有許多高達九到十公尺的的仙人掌，很難想像在一般環境下這些植物可以長到兩層樓高。導遊說它們每年長一公分，可依此據推算年齡。上面的刺每根都比針還粗，我忍不住用手指碰碰看，結果扎破皮。難怪有些鳥類會用仙人掌的刺來抓藏在樹洞中的小蟲。

不過我覺得最奇特的是這座島的地貌，看起來像是海底世界。這裡以前是片海域，我們腳底踩著是以前遺留下來的珊瑚，上面覆蓋著藻類與貝殼化石。原本對這裡的認知只有全世界最大的鹽沼，卻意外學到更多地理知識。

增進感情的古柯葉

隔天我們離開烏尤尼鹽沼地區前往高原地帶，一路上有許多野生駱馬在路中間奔跑，車子必須三不五時停下來讓牠們通行。明明跟昨天的鹽沼距離不遠，卻像地球的另一端，景色劃分得如此徹底。司機在某個峽谷停車讓我們出去透透氣，迎風而來的草香令人神清氣爽。

「我頭有點痛，葉子讓我咀嚼一下。」York 從口袋裡拿出阿雷基帕買的古柯葉。最近我們已經不吃丹木斯來預防高山症了，學當地人三不五時拿出幾片葉子嚼一下。看到司機也在嚼古柯葉，我們忍不住好奇玻利維亞的古柯葉跟祕魯的有何差別。

「祕魯的古柯葉。」我從袋子拿出幾片葉子給司機看，他突然眉開眼笑，好像這是世界上最好的禮物。他也從他的口袋拿出幾片古柯葉，撒在地上說「帕查瑪瑪！帕查瑪瑪！」

「帕查瑪瑪」是印加神話中主管農業的生育女神，也是太陽神的母親。當西班牙人推行羅馬天主教時，許多原住民把祂跟聖母瑪利亞的形象結合起來。當地人在聚會前都會先在地上灑少量的酒或者是古柯葉來表示感謝，在安地斯地區祂可是人民的「好媽媽」。

雖然這些習俗我們都知道，但卻是第一次看到當地人把古柯葉奉獻給大地之母。另一團的司機對我們從祕魯帶來的古柯葉也感到很好奇，於是也給了他一撮。經過這件事後，司機明顯比昨天更多話了，看來只要身上帶著古柯葉，就能跟玻利維亞人做朋友。

在沙漠中遺失手機

我不安地咬著指甲，努力回想到底是在哪裡把 York 的手機弄丟了。這天下午我們進入了玻利維亞最重要的自然保護區，裡面有許多面臨絕種的火鶴以及奇形怪狀的岩石，其中一個名為「石頭樹」的巨石，是攝影師的最愛。就像台灣野柳「女王頭」一樣，這座石頭約七公尺高，下半部經數千年風刀雕刻形成樹幹的樣貌。

「你有把手機收好嗎？」「有啦！不要一直碎碎唸啦！」每次跟 York 借手機來錄影，他都會重複叮嚀我離開前要檢查東西有沒有帶走。這次跟往常一樣叫他不需要嘮叨我，結果才上車十分鐘，就發現口袋是空的！我當場嚇壞了，馬上叫司機停

1 被此生看過最浪漫又夢幻的粉紅色日出給圍繞著。2 台灣人很愛國，單單這裡就有三支台灣國旗！

車掉頭回到原地。除了原本的「石頭樹」，附近還有許多形象奇特的大岩石。我們全車六個人一起下去找，不過太陽快下山了，沙漠上的小石頭影子被拉得特別長，再加上他的手機殼是黑色的，根本難以發現。

　　我抱著沉重的心情回到車上，很愧疚地不敢看 York 的臉。沒想到他拉住我拍拍我的手背說：「手機掉了沒關係，我最替你著急的是那些在鹽湖上拍的借位照。」當下我像是個讓父母失望的孩子，感到非常羞愧。

　　每天經過「石頭樹」的車有五十幾台，有的可能跟我們同方向，有些則是回到烏尤尼，加上住宿地點也有許多選擇，能遇見撿到我們手機的人簡直是機會渺茫。接下來的粉紅色科羅拉達湖我根本沒心情觀賞。只要見到旅者就會順便問到有沒有看到一隻黑色的手機，但得到的答案都是「No」。

命運的安排

　　「他們在問什麼？」一位嬉皮男子用西文問他的同伴。「這些人掉了一支黑色蘋果手機，在問有沒有人看到。」「蘋果手機？說來真巧，剛才跟我聊天的美國人他們說在石頭樹那邊撿了一堆遺失物品，好像有支手機呢！」

　　「什麼？」我們異口同聲的說。「他們是哪家公司的車子你知道嗎？」於是嬉皮男子對著我們司機講了一串西文。接著拍拍 York 的肩膀說，「給你的司機豐厚的小費，他就會帶你去找。祝你好運！」

　　這也太巧了吧！我驚訝地說不出來。司機本來還不太想去，但看在我們一直跟他說會給小費的份上，才心不甘情不願地拿起手機聯絡某人。接著我們跟其他旅客往反方向開，前往國家公園的旅客中心。

1 我就是在這片沙漠上遺失了手機。**2** 像野柳「女王頭」的「石頭樹」。

車子一停，York 就急急忙忙地衝進去。「我在找一支黑色的手機！」裡頭四個美國男子正在跟他們的司機與管理員講話，都停下來看著他。「你是說這支嗎？」其中一位男生從口袋拿出熟悉的物品。

「謝天謝地，終於找到了！」York 激動地給他大大的擁抱，「老天，我真的高興到要給你一個吻！」大家看到他那麼開心也很是歡喜。「你們到底是在那裡找到的呢？」我好奇地問。「就在石頭樹附近的地上。我撿起來後本來想直接留在石頭上，但發現手機殼內有張寫滿電子郵件的紙，於是想回到烏尤尼再看能不能聯絡手機的主人。結果你們就出現了！」男子說。

還好我們有找到他們，不然我們之後要直接去智利的聖佩德羅德阿塔卡馬（San Pedro de Atacama），而且上面那些電子郵件都是旅途中一面之緣的朋友，根本不會聯想到是 York 的手機。無論如何真是太感謝命運的安排，讓我不須愧疚一輩子，之後他的叮嚀，我再也不敢嫌囉嗦了。

黎明下的戶外溫泉

泡溫泉似乎是每個民族的喜好，能夠在寒冷的早晨浸泡在熱湯中，所有疲勞似乎都能一掃而空。這地帶有許多間歇泉，當地人稱呼此地區為「早晨的太陽」。在日出前這些間歇泉活動性最強，水蒸氣能噴達五十公尺以上，而在附近的聖佩德羅德阿塔卡馬則擁有全世界第三大的間歇泉。間歇泉散發的水氣像是舞台乾冰，人跑進去就會看不見蹤影。我在硫磺味中穿梭，享受蒸騰的熱氣。

不遠處就是泡溫泉的地方，司機趕著在日出前載我們過去。更衣室非常簡陋，整團只有 York 跟另一個新加坡男生費利在低溫中脫下溫暖的外套，跳進熱湯中。「好舒服唧！你們確定不下來？」費利在池中朝我們招手。「我們女生就泡泡腳就好了。」我對他搖搖頭，「現在泡在裡面當然很舒服，等下溼答答地出來，冷風一吹，不感冒才怪。」

「那你幫我拍照！」費利開心地把相機交給我。這幾天相處下來，已得知他是個會上傳「每日一照」的網紅。他都會配上超文青的語句，讓知道幕後花絮的我不禁覺得好笑。我蹲在溫泉旁邊，幫他捕捉太陽上升時把大地照亮的瞬間。「你要我幫你拍照嗎？」隔壁的歐洲女生問我，我微笑地搖搖頭，能幫人捕捉最好的畫面讓我感到愉快。

在玻利維亞邊界

　　「什麼意思？這張不是車票？」一個歐洲背包客緊張地說。玻利維亞邊界一團亂，大家都在找尋正確的巴士前往聖佩德羅德阿塔卡馬。「你這張是收據，不是車票。」司機對他搖搖手。雖然不知道那位背包客是被賣了假票還是自己弄丟票根，但在語言不通的情況下發生這種事真的會感到很無助。

　　在玻利維亞海關蓋出境章時必須給大約兩美金等值的「非官方費用」，雖然覺得是官員貪汙，但為了不想鬧事，我們還是乖乖交出需要的金額。「希望智利海關會好一些。」我們跟費利一起踏上看起來很破舊的小巴士，所幸只需要搭乘一個小時就能抵達智利。對於護照上即將出現第三個智利的入境章感到很興奮，從我們的行程規劃來看，這代表只要再一個月就可以到歐洲過都市人的生活了！沒想到時間過那麼快，旅程很快就進行將近三分之一了。

1 在海拔四千四百公尺的露天溫泉欣賞日出。**2** 一群背包客都擠在玻利維亞的海關等著蓋出境章。

 Winny 攝影教室

在白茫茫的烏尤尼鹽沼最適合拍「借位照」。這種讓視覺錯亂的照片需要一些技巧，才能拍攝出比較有真實感的畫面。
- 要拍攝成功的「借位照」重點要把前後主題放在同個焦距。由於相機景深效果較明顯，因此手機反而比較適合。
- 如果使用相機，要先把焦距拉長，不然容易對焦在前面的東西。
- 前面道具最好不要太小，攝影師需要趴在地上離它越近越好。
- 後面的人需要有一定距離，並且要向光，才不會有影子擋在前面。
- 可上網搜尋別人拍攝的「借位照」存在手機當動作參考。
- 攝影師不能只指揮模特兒擺姿勢，自己也需調整角度才能拍出完美的照片。

📍智利 · 阿他加馬沙漠
沙漠是世界上
最佳的觀星地

智利的阿他加馬沙漠—
火星機械測試地
**Highlights of San
Pedro de Atacama**

2016
May
S M T W T F S
1 2 3 4 5 6 7
8 9 10 11 12 13 14
15 16 17 18 19 20 21
22 23 24 25 26 27 28
29 30 31

🧁 Winny 畫重點

· 智利北邊小鎮 —— 聖佩德羅德阿塔卡馬（San Pedro de Atacama）被譽為世界上最適合觀星的地方。
· 可在全世界最乾燥的阿他加馬沙漠玩沙丘衝浪，也可以瀟灑地在公路上騎登山車，是喜愛戶外活動旅者的大本營。
· 這裡離最近的機場需一個半小時車程，可觀賞全世界第三大的間歇泉。

「你也要在聖佩德羅德阿塔卡馬待三晚，過境到阿根廷的薩爾塔（Salta）再前往伊瓜蘇瀑布嗎？」我興奮地問費利。這幾天我跟 York 比較少吵架，可能是因為有別人在，減少了摩擦的機會。「薩爾塔我只待一天，所以在那之前可以一起行動，不然接下來幾天誰要幫我照相。」費利開玩笑地說。

聖佩德羅德阿塔卡馬不算大鎮，但費利訂的住宿跟我們是反方向。於是抵達城鎮後，決定各自先回去蒐集資料，下午再集合。這裡果然是個觀光城市，滿街咖啡廳，費用也昂貴許多。

我們在咖啡廳看費利手上的價格表，挑論著要參加什麼行程。「這邊的團費都不便宜，但只要參加三種以上就會有折扣。」「我們南美洲已經待了三個月了，不想重複參觀類似的景色。」「這團費很多都沒有含入場費呢！加起來確實有點驚人。」看來三個人討論比較難達成共識。最後決定參加全鎮團費最便宜的月之谷（Valle de la Luna），其餘的行程就騎腳踏車。

1 月之谷凹凸不平的表面以及奇特的石頭，讓人以為是不同的星球。2 在月之谷遇見此生最美麗的夕陽，背景好不真實。

火星測試地「月之谷」

　　「這裡果然是全世界最乾燥的地方。」我不停拍打手臂，想當初和一群朋友剛從紐西蘭搬到澳洲工作時，皮膚也因為乾燥發癢。阿他加馬沙漠曾有四百多年沒下雨了，而現在每年平均雨量也才十五毫米，是北美洲最乾燥的死亡谷雨量的百分之一。

　　在二〇〇三年，研究小組發現這裡的沙漠土壤中，連基本單細胞生物也沒有，跟火星地質類似。看看眼前的月之谷，確實跟雜誌中的火星照片有相似之處：凹凸不平的表面，配上不規則的紋路，好似另外一顆星球。難怪美國太空總署在這裡模擬火星環境，測試火星探測器。

　　峽谷中有許多沙丘，我們被指示要爬到其中一座的頂端，才能目睹夕陽。這裡全年三百多天都是晴天，有人偏愛萬里無雲的天氣，但我覺得多了點雲彩有種錦上添花的感覺，在這天我們欣賞到這一輩子最美麗的日落。

　　導遊所推薦的高點面向一座沙丘，太陽還沒完全西下就被擋住了，我們失望地轉過身，沒想到夕陽的折射把對面的雲帶出一道金黃光芒，不知道是不是因為海拔較高還是空氣乾燥？雲彩的顏色是我們從沒見過的，從金色到淡粉紅色，再變成深紫色，每分每秒都不斷改變，猶如街頭藝術，畫家在名為「天空」的畫布上不斷勾出不同線條。可惜導遊要我們在天黑之前上車，只好在大自然表演尚未結束下打道回府。至今只要想起那天的景色，還是會讓我感動到起雞皮疙瘩。

死亡之谷的沙漠衝浪

　　「想要自己騎去死亡之谷玩沙漠衝浪是可以啦！不過衝浪板很重，你們確定要綁在背後騎十幾公里的腳踏車？」衝浪板出租店的老闆疑惑地看著我們。我抬了一下衝浪板，馬上直呼不可能。「你們要去自己去，我可不願意。」聽我這麼說，男孩們放棄背衝浪板的念頭。

　　智利的領土果然跟鄰國不一樣，公路旁設有腳踏車專用道，就算有卡車經過也不必擔心。沿途風景一片蒼涼壯闊，好比迪士尼西部牛仔的場景。正當我沉浸在幻想中時，就到了死亡之谷的售票口。沒想到閘門過後的三公里路都是碎石與沙子，如果在柔軟的沙灘上跑步很困難，那麼騎腳踏車的難度就是好幾倍！

　　「該死！你們為什麼不等我！」我雖然已經騎在男孩們經過的路線，但還是一直跌倒。到後來我乾脆用牽的，他們只好下車來陪我走。「那群人正在玩沙漠衝浪呢！」York 指著遠方的人群說。目測那沙丘大約有五十公尺高，但因為維護人員安全，每次只能同時讓三個人滑。

智利的公路有規畫腳踏車道，適合熱愛戶外活動的旅人。

「看那二十幾個人就在山丘上等待，多無聊啊！」我頓時很慶幸沒花錢參加這個團，有些女生乾脆滑完就坐在沙子上聊天。「人家滑雪場都會有纜車將人載到頂端，這個還要自己扛衝浪板回到上面。」費利也對我們最後的決定感到高興。「那是因為你是大少爺。」我調侃他。

費利是位在義大利工作的石油工程師，上個月不幸被裁員，拿著退職金跑到這裡旅遊。他保留在義大利生活時的時尚感，無論如何都嘗試維持得體的外表，個性很直接，只不過有點王子病，讓 York 覺得他同時跟兩個我相處。「不要看他們了！快幫我把腳踏車搬到那個石頭上，我要用很帥氣的姿勢拍一張。」費利拿出了相機說，他認真的模樣真是讓我們哭笑不得。

沿途風景比昨晚看到的月之谷更壯觀，不過腳踏車把我手跟屁股震得超痛。雖然穿著長袖，頭戴帽子，但身體的水份還是會隨著時間蒸發掉，沒多久我就開始頭暈，吵著要回去聖佩德羅德阿塔卡馬吃午餐。

比以色列死海還鹹的塞歌湖

「才下午一點就回來，之後還可以幹麻？」費利埋怨地說。「早上騎那十幾公里已經累死我了！不然你自己去參加旅遊團啊！」我對他翻個白眼。「費利，你看這個塞歌湖（Laguna Cejar）如何？來回才五十公里，以腳踏車的距離來說不遠。」York 指著地圖說。「好啊！反正五點關門，我們一定可以趕到。」

於是兩個男生各自回到住宿換上泳褲就出發了，我則是待在房間內休息。結果天色漸暗，都還沒看見他們回來。「現在已經七點半了，太陽都下山了一個多小時，是不是該出去找人？」我開始在房間內不安地原地踏步。說時遲那時快，York 推進門狂呼：「累死了！」

「我居然忘了帶浴巾，穿著短袖跟游泳褲就出去了！」邊說邊把褲子脫掉。「你看！鹽多到可以讓褲子豎立起來！」塞歌湖是個濃度比以色列死海濃度還高的鹽湖，想到如果我的頭髮也附著那麼多鹽巴的話，我應該會瘋掉。「費利呢？」「他直接回去了，這趟車程幾乎要了他的命。」

York 喝口水後才悠悠道來這下午發生的事。原來這兩個男生低估騎車的時間，到塞歌湖時已經還剩半個小時就打烊了。等到買好門票，換好衣服居然只剩十五分鐘可以下水。在離開前我交代費利一定要幫 York 拍些好照片，因為我要寫網誌。誰知道費利幫他拍得像是在一般大眾游泳池的照片，根本不像是鹽度濃到可浮起來的鹽湖！

1 彷彿老天爺在天空上用水彩作畫一樣美麗。**2** 跟以色列死海一樣可以飄浮起來的塞歌湖。**3** 死亡之谷的散沙讓騎腳踏車非常艱難。

　　「這個費利一定忙著叫你幫他拍照對不對？」我不滿的翻閱拍攝的畫面。「對啊，我好像他專屬攝影師。」York 突然激動地開始說：「在路上碰到三位女生問我們還有多久才會到達塞歌湖？她們竟然一路從市中心走過來！當時已經步行了三個多小時，還好後來有人讓她們搭便車，所以幾乎跟我們差不多時間抵達。」「天啊，太誇張了吧！她們居然想要來回走五十幾公里路！」我吐吐舌頭。

　　「回程路上費利已經累翻了，像早上的你一樣，鬼吼鬼叫說什麼時候才會到。」「哈哈，人家是少爺嘛！」「不過那個路真的有夠爛，震到手跟屁股都脫皮了！之後還跳進鹽湖裡，簡直是地獄酷刑！」York 雙手搓揉著臀部，一邊痛苦地說。我們兩個大笑了好久，好久沒有這麼開懷地笑了。明天見到費利一定要好好地吐槽他。

世界上最適合賞星的地方

自從韓劇《來自星星的你》裡的都敏俊教授將一疊在阿塔卡瑪沙漠拍攝的星空圖送給千頌伊的弟弟，並告訴他：「聖佩德羅德阿塔卡馬是全世界最適合看星星的地方。」這個地區就在華人圈紅起來。

也許因為這邊氣候乾燥，幾乎全年無雲，只要出了城鎮就完全沒有光害，確實是個看星星的好地帶。這裡也有一家叫做「SPACE」的觀星團，是由一位前法國太空人所帶領的，評價非常好。有些旅行公司會讓二十幾個人共用一台天文望遠鏡，那樣根本看不到什麼。不過很可惜我們到的時候是滿月，夜空太亮了並不適合觀星，但在玻利維亞的最後一晚，我們看到許多流星，滿天星斗閃爍著光芒。銀河就像一條發出淡淡白色光芒的絲帶，橫跨繁星密布的天空。難怪古代有許多關於銀河傳說，而且那裡的海拔高度比阿塔卡瑪沙漠多了一千公尺，感覺我們離星星更近了。

在這裡的三天很快就過了，很遺憾沒參加到早上四點的團去看世界第三大的間歇泉 El Tatio Geyers，也沒租車去繞附近的獨特的地形以及鹽湖。不過旅遊就是這樣，不可能全部都十全十美，也因為這樣，讓我們有更多理由再回到這個地方。

費利把腳踏車搬到岩石上叫我們幫他拍照。

Winny 會客室

- 聖佩德羅德阿塔卡馬有許多活動可以選擇，但每項費用加起來對背包客來說還是很可觀。最好事先查好想參加的項目，再去旅行社問價錢。
- 大部分的團費都不含入場費，例如鹽湖 Laguna Cejar 的票價就跟團費差不多，這點要注意。
- 沙漠地區白天很熱，晚上很冷，建議洋蔥式穿法。
- 如果要省錢的話可以騎腳踏車，但是不建議還沒習慣高海拔的人嘗試，因為會比平常更耗體力。
- 觀光區外圍有一條當地人常去的美食街，擁有全鎮最便宜的午餐套餐，3500 智利披索（CLP）含前菜與主菜。因為這裡不方便買菜，我們都是下午兩點多去吃，這樣晚餐就可以隨便解決。

玻利維亞高原的星空，應該不比阿他加馬沙漠遜色。

在死亡之谷沙漠衝浪的旅客。

📍阿根廷・伊瓜蘇港

世界新七大自然奇觀

2016

May						
S	M	T	W	T	F	S
1	2	3	4	5	6	7
8	9	10	11	12	13	14
15	16	17	18	19	20	21
22	23	24	25	26	27	28
29	30	31				

June						
S	M	T	W	T	F	S
			1	2	3	4
5	6	7	8	9	10	11
12	13	14	15	16	17	18
19	20	21	22	23	24	25
26	27	28	29	30		

世界七大奇景的阿根廷伊瓜蘇瀑布 **Highlights of Iguazu Falls from Iguazú National Park, Argentina**

🧁 Winny 畫重點

· 伊瓜蘇瀑布（Iguazu Falls）是全球第三大瀑布，也是世界新七大自然奇觀至之一。

· 位於巴西與阿根廷邊界，被譽為聯合國世界自然遺產。

· 當年美國第一夫人愛蓮娜 · 羅斯福來到此地，曾驚嘆地說：「可憐的尼加拉瀑布！」可見是多麼壯觀。

成群結隊的長鼻浣熊霸佔步道，要小心不要被抓到牠們以免得狂犬病。

「你怎麼會在智利先買好阿根廷國內客運的票？比我們貴又繞遠路！」我看著費利的車票，從薩爾塔坐到阿根廷邊界的伊瓜蘇港（Puerto Iguazú）竟然需要三十五小時！讓我們的二十六小時車程瞬間看起來很小兒科。「怎麼知道當地買票會差那麼多！」他懊惱地說，但既然事情已發生了，我們只好笑著送他到車站，結束了這幾天的邂逅，希望有緣再見面。

二十六小時的客運車程

「下午三點離開，明天下午五點才到……中間有三小時轉車時間可以到外面走動……」當天 York 上了客運後跟我確認。「為了每人省兩百美金不搭飛機，我們這樣已經算是窮遊了。」「窮人會像你一樣堅持多付二十美金坐豪華艙嗎？」我翻了個白眼。

南美洲的客運跟飛機一樣會分等級，豪華艙（cama）就像飛機的頭等艙，座位寬大到幾乎可以完全平躺。通常會有一間廁所，但聽說有懶得清廁所的司機會故意把門鎖住，所幸我們沒遇到這個問題。不過跟飛機不同的是這台公車並沒有任何娛樂，只能一直睡到晚餐時間。

本來期待會像祕魯的阿雷基帕到庫斯科那段車程，會有車掌小姐用推車送來熱餐以及飲料。沒想到是司機親自發送一盤用保鮮膜包好的冷食，而且全部都是蛋糕與麵包！早餐更是慘不忍睹的都是餅乾，連平常什麼都吃的 York 都難以下嚥。

想說或許能在轉運站買點熱食，卻因為遇上半夜公路車禍，整條路大塞車，我們還因此差點沒搭到接駁車，更別說逛轉運站了！就這樣我們用每人大約台幣四千塊的車票，在昏睡與飢餓當中度過了二十六小時。

從薩爾塔到伊瓜蘇港的二十六小時
客運提供的晚餐真的是慘不忍睹。

1 晴天的伊瓜蘇瀑布到處都可以看到彩虹。2 對岸的巴西因為水霧的關係看起來是那麼夢幻。

可憐的尼加拉瀑布

「你們要住四晚？」櫃台小姐驚訝地問，想必這旅館一定很少碰到在伊瓜蘇港待那麼久的旅客。自從離開聖佩德羅德阿塔卡馬後，下個主要目的地就是伊瓜蘇瀑布。無奈 York 的澳洲護照需要巴西簽證，不過因為里約奧運的關係，巴西政府讓特定國家從六月一日起可免簽入境，於是我們就在阿根廷國境內等待。

伊瓜蘇瀑布、維多利亞瀑布和尼加拉瀑布合稱「世界三大跨國瀑布」。不過伊瓜蘇瀑布比尼加拉瀑布寬三倍，高三十幾公尺，也難怪美國第一夫人愛蓮娜‧羅斯福看到它的第一眼就驚嘆地說：「可憐的尼加拉瀑布！」伊瓜蘇瀑布是由兩百七十五個小瀑布組成的「瀑布群」，總寬二‧七公里，高八十二公尺。非洲的維多利亞瀑布則是全長一‧七公里寬。

這裡屬於夏雨型暖溼氣候，每月的雨量都很驚人。我們到伊瓜蘇港的前三天都下著豪雨，但一睹彩虹劃過伊瓜蘇瀑布是我的夢想，於是我們等到最後一天放晴才去。阿根廷的伊瓜蘇國家公園內分上下路線，可讓旅客從不同角度觀看瀑布。從遠處我就看到瀑布布滿原始雨林植物，七色光架在兩側，好像回到侏羅紀時代。

大雨後的伊瓜蘇瀑布果然不同凡響，尤其每秒六千五百立方公尺的水流量，那個巨響簡直是震耳欲聾。我們站在其中一個位於瀑布旁邊的步道，無論怎麼吼叫，聲音彷彿被周圍的水聲吸收，完全聽不到。「好酷唷！」我們大聲吶喊，享受水花四濺的感覺。

惡魔的喉嚨

走在伊瓜蘇瀑布上游的步道才能讓人感受到大自然的鬼斧神工，在這裡有種讓人在瀑布上漫步的錯覺。步道右側看起來只是通急流，另一邊卻是懸崖，使原本普通的河面變成大瀑布。由於峭壁並不是直接垂直下去，水流中途會被凸出來岩石分打散成水花，從遠處觀望像是瀰漫著一層霧。

而這國家公園的重頭戲「惡魔的喉嚨」是少數能夠讓我歎為觀止的景點。畢竟從小到大也去過將近五十幾個國家，對於「必看景點」的標準也越來越高。這個分開阿根廷與巴西兩國的馬蹄形「惡魔的喉嚨」擁有整個伊瓜蘇瀑布一半的水流量，將近二十五層樓高，長一百五十公尺，寬七百公尺，真的是上帝的傑作！

雖說兩國都可以觀看「惡魔的喉嚨」，但阿根廷是是位在伊瓜蘇河的上游，觀看到的是深不見底的瀑布，人未到，就可先聽到如雷貫耳的惡魔聲響。當大量洪水流入峽谷時，會衝到周圍的懸岩反彈，而形成一個巨大的水氣團。接著幾秒後會慢慢不見，之後整個會再循環一次，我從沒看過這樣的場面，很難找到合適的字眼來形容。

「惡魔的喉嚨」所產生的水氣團。

　　對面的巴西瀑布被霧氣瀰漫著，宛如世外桃源。當鳥飛過水氣，彷彿侏儸紀再現，畢竟鳥類的祖先就是會飛的恐龍，看著眼前的畫面，感覺時光倒回了地球早期。雖說以攝影的角度，拍攝瀑布的全貌最為壯闊，但這麼近距離站在瀑布旁的體驗是沒有任何影片能傳達的震撼感。這座世界新七大自然奇觀，確實名不虛傳，如果時間足夠的話還真想再體驗一次。

 Winny 會客室

在南美洲的交通移動，大部分的人都選擇搭乘長途客運而非飛機。雖然花費時間較長，但卻非常舒適又相對便宜許多。在公路完善的阿根廷，是個很好的移動方式。

・阿根廷兩大公車票預定網站是 www.plataforma10.com 跟 www.omnilineas.com，沒有手續費。

・除非是星期五或是遊客熱門路線，當天現場買票即可，但還是建議一到新的城鎮就先到公車總站買下一段的票。

・長途客運分成不同等級：「coche cama」是最舒適的等級，幾乎可平躺睡覺，位置也最寬敞。「ejecutivo」就是英文的 executive，也不錯但不是每台車都有。「semi-cama」有點像是飛機的高級經濟艙，不能平躺，但是短程已經足夠。「común」是最便宜也是最普通的，通常每個等級都只差幾塊美金，建議升等較為舒適。

・不同客運公司提供不同服務。如車資貴一點的就可能會有螢幕、車掌小姐專門倒熱茶或含晚餐，這些資訊在客運總站再問會比直接在網上訂簡單許多。

Chapter 01
南美洲
南極

📍 巴西·伊瓜蘇市

巴西與巴拉圭、
阿根廷的交界點

Winny 畫重點

- 從伊瓜蘇市（Foz do Iguaçu）看世界
  遺產伊瓜蘇瀑布的另一面。
- 拜訪巴西與巴拉圭共有的「世界七大工程
  奇蹟」伊泰普水電站（Itaipu Dam）。
- 每人八美金就可以巴西烤肉吃到飽。

2016
June
S M T W T F S
          1 2 3 4
5 6 7 8 9 10 11
12 13 14 15 16 17 18
19 20 21 22 23 24 25
26 27 28 29 30

　　拿著紐西蘭護照的我率先通過，只能從遠處默默禱告，盼望 York 也能順利過關。由於怕海關不知道六月一日起，少數國家可以免簽進入巴西，York 還是在手機存下里約奧運的官網以防萬一。

　　「先生，請你站在旁邊等一下。我需要詢問我的上司。」York 不禁緊張起來，摸著口袋裡的手機準備隨時抽出來跟海關解釋。「今天是六月一日，你可以通過了，歡迎來到巴西。」「呼！」我們兩個不禁鬆一口氣。

　　人口二十六萬的伊瓜蘇市和阿根廷的伊瓜蘇港差很多，這裡的建設像是個大都市，難怪費利傳簡訊告訴我們巴西這邊好玩多了。這次是我們第一次住進大型青年旅舍，跟公寓沒什麼差別。只不過 CLH Suites 公共設施完善，頂樓還有個游泳池及按摩浴缸，難怪會贏得「二○一六年最佳青年旅舍獎」。

1 巴西烤肉的侍者把烤好的肉串拿過來切給我們吃。2 伊泰普水電站的水壩高度跟成人高度比起來真的很驚人。3 巴西伊瓜蘇瀑布的全景，確實非常壯麗。4 巴西邊界的「惡魔的喉嚨」。

八美金即可巴西烤肉吃到飽

　　我最早得知「巴西烤肉」（churrasco）這個詞是十年前從南美洲的華僑朋友那裡聽來的，他們說在巴西只要在肉上塗上一層薄薄的鹽，隨便在家裡烤都美味可口。那時只覺得他們誇大其辭，沒有想到先來探路的費利大力推薦一家叫做Churrascaria do Gaúcho 的連鎖烤肉店，每人只要八美金就可以吃到飽！於是抵達巴西還不到一個小時，我們就直奔過去。

　　在南美洲很流行用鐵籤串上各種肉類炭烤食用。不過在巴西這種餐廳通常是以自助餐方式居多，店員會來到顧客面前依需求切下肉量。一開始我們並不知道可以跟侍者指定切的部位，後來發現外圍的肉因炭烤的關係偏硬，必須吃內部才比較鮮嫩。

　　我們大快朵頤各種肉類，覺得巴西烤肉比阿根廷烤肉便宜又好吃多了，不過餐廳內最特別的是串在鐵籤上的烤鳳梨，侍者會過來切幾片讓你配肉。酸酸甜甜的鳳梨加熱後，跟烤肉一起入口簡直絕配，完全中和肉的油膩。

不到一個小時，我們肚子很不爭氣地投降了。旁邊雖有無限供應蔬菜沙拉，但還是無法讓這些肉快速消化，看來短期內應該會只想吃素了。費利到底是如何在兩天內吃三次，實在令人匪夷所思。不過這是我們目前在南美洲花費最值得的一餐！

「現代工程奇蹟」伊泰普水電站

國家地理頻道的紀錄片系列《偉大工程巡禮》（*Megastructures*）每集都會介紹世界上最大、最長、最深或新奇的大型工程，使觀眾可以了解現代奇蹟以及工程突破。我們看了節目後就一直對巴西與巴拉圭共同建設的伊泰普水電站嘖嘖稱奇，這次參觀真的是大開眼界。

從一九八四年正式運營以來，這裡一直都是全世界最大的水電站，直到二〇〇三年才被中國長江三峽水壩取代其第一的稱號，不過以發電量來說這裡還是世界第一，供應巴拉圭百分之八十五以及巴西百分之十七（整個里約與聖保羅市）的電力，難怪被譽為「現代世界七大奇蹟」之一。

走進伊泰普水電站好似走入電影或是紀錄片才會看到的場景，水壩高度有六十五層樓高（一百九十六公尺），我們站在下面彷彿是個迷你玩具。當坐在小巴士上橫跨八公里長的部分水壩，讓人不禁目瞪口呆，尤其這幾天下大雨，使我們有幸看到一年只有十分之一機會開啟的溢洪道流出洪水，這水量可是伊瓜蘇瀑布的三倍！光用想像的就很驚人！

「你們腳底踩著這條線就是巴西與巴拉圭的邊界。」導覽人員說。我們正站在伊泰普水電站的核心，我雙腳跨越界線，在兩國之間跳躍。從玻璃內可看到樓下的控制室，讓我聯想到電影中的太空署。「由於該水電站是兩國共有，不只生產出來的電力分半，所有工作人員的國籍也是各百分之五十。」

不過這看似什麼都對半的安排，其實對巴拉圭很不利，因為當年合約上，指定巴拉圭只能把多餘的電轉賣給巴西，並無法提高價錢供應給別國，以當今經濟來說，是個很大的虧損，這份合約直到二〇二三年。當初在建設時，阿根廷還限定發電機數量，以免哪天發生戰爭，巴西與巴拉圭把水壩打開，使下面的拉布拉他河暴漲，淹沒阿根廷首都布宜諾斯艾利斯。

當大壩開始建設時，巴拉那河畔約一萬個家庭因為施工而流離失所，全球體積最大瓜伊拉瀑布被新興建的伊泰普水庫淹沒，許多動物與鳥類也因此失去棲息之地。早期的工程多少都會摧殘環境，所以現在國際上很積極提倡「零碳建築」，希望未來可以把破壞減到最低。無論如何在那個時代完成這樣的工程確實是項奇蹟，能夠親身走入這棟龐然大物的建設更是難忘的體驗。

巴西的伊瓜蘇瀑布

「你比較喜歡巴西還是阿根廷的伊瓜蘇瀑布？」每次旅者問這個問題我都很難回答。從巴西的觀景台，可以清楚看到伊瓜蘇瀑布的全景，那個畫面確實氣勢非凡。不過整座瀑布只有百分之二十屬於巴西，因此這邊的國家公園不到九十分鐘就可以逛完。

但巴西邊最特殊的還是從下往上觀看大自然的佳作「惡魔的喉嚨」，那咆哮而下的水流，不管如何閃避一定會被噴得像落湯雞。每個觀光客都披上雨衣，努力保護自己的電子產品不被弄濕。難怪許多男生偏愛巴西邊的瀑布，因為被大水濺到的臨場感很令人振奮。

不過比起瀑布，我個人偏愛園區外的鳥園（Parque das Aves），這裡有許多巴西熱帶雨林的彩色的珍貴鳥類，而且一半以上的鳥類都是從走私販手中上救出來的。當年看動畫《里約大冒險》（Rio）都不了解為什麼有人會想要高價買鳥兒，近來才發現很多巴西的鳥類都長得非常奇特與美麗，讓人目不轉睛。尤其園區內有許多巨大的鳥籠可讓人直接走進去與鳥兒們近距離接觸，如不怕人類的大嘴鳥就讓人愛不釋手！這次在伊瓜蘇市見識了許多世界之最，著實感到非常過癮！

1 鳥園內的大嘴鳥非常活潑，還會跟人自拍。2 同時橫跨巴西與巴拉圭兩國。

 Winny 會客室

· 伊瓜蘇市距離巴拉圭東方市（Ciudad del Este）僅六公里半。由於巴西營業稅特高，因此每年有約六百萬巴西人經過該市前往巴拉圭購買電子產品。
· 自二〇一六年底，連接巴西與巴拉圭兩國的「友誼橋」開放方圓三十公里讓所有國籍的人都能免簽證進入東方市以及伊瓜蘇市。
· 巴拉圭政府自二〇一七年七月十二日起給予持中華民國護照國民免簽證九十天待遇，可上外交部網站搜尋最新資料。

巴西 · 里約熱內盧
南美最後一站：
了不起的城市

2016

June

S	M	T	W	T	F	S
			1	2	3	4
5	6	7	8	9	10	11
12	13	14	15	16	17	18
19	20	21	22	23	24	25
26	27	28	29	30		

里約熱內盧四十八小時旅遊
48 Hr travel in Rio de Janeiro

Winny 畫重點

· 里約熱內盧（Rio de Janeiro）通常簡稱為「里約」是巴西第二大城，也是最出名的城市。

· 這個城市以令人流連忘返的美景、閒置的海灘文化以及一年一度的嘉年華會而出名。

· 這裡的天然海港被票選為「世界七大自然奇觀」，而且從山頂眺望里約的基督像也是「世界新七大奇蹟」之一，難怪當地居民稱這裡為「了不起的城市」！

里約市中心內的市立劇院跟巴黎歌劇院非常類似。

一提到里約，大家通常會聯想到一群比基尼美女在沙灘上玩排球的畫面，不過這個城市其實也因暴力、毒梟以及高犯罪率等社會問題而聞名。我朋友二〇一四年來看世足賽，結果半夜從酒吧出來居然被三個歹徒追趕，還好及時攔到計程車才沒發生大礙。再兩個月里約就要迎接第一個在南美洲舉辦的夏季奧運會，路上可看見整個城市為了這盛大的節目正在做準備。

原以為巴西人會對這賽事感到驕傲，不過與當地人閒聊後，發現大部分的人都覺得里約不值得為了增加奧運建設而搞到負債累累，再加上茲卡病毒的傳播、瓜納巴拉灣汙染嚴重問題，簡直是雪上加霜，但當地年輕人對於自己居住的城市可以站上國際舞台，還是感到很興奮。

里約的免費城市導覽

我們住在里約南區的海邊科帕卡瓦納，這裡雖然沒有隔壁的伊帕內馬海灘安全，但整體來說算是不錯。窗外的人們都撐著傘忙碌地穿梭在大街上，原本期待的海邊玩立樂衝浪活動，可惜碰上老天爺不賞臉，下起傾盆大雨，只好行程。

York 提議搭地鐵到市區參加免費導覽，畢竟里約市中心並不是很安全，有個導遊帶著也是好的，連官方網站都提醒遊客不要走在人少的小巷，如果真的不幸遇到搶劫，千萬不要反抗，因為歹徒通常都持有武器。

里約市中心有許多葡萄牙殖民時期所建造的建築，而地鐵外的市立劇院更是美

麗。當時的市長很崇尚巴黎，因此設計得跟巴黎歌劇院外貌類似。不過這附近有許多遊民，其中一位女性還嘗試對驅趕她的警察大打出手。「為了迎接奧運，里約市長努力把市容變好，因此這種戲碼每天上演。」導遊平靜地說。

走在四周都是塗鴉的小巷內，年輕團員開始哼起美國饒舌歌手史努比狗狗〈Beautiful〉的旋律，娛樂界著名的塞拉隆階梯就在附近，不只那首歌的音樂影片可見這顏色鮮艷的階梯身影，連《花花公子》、《時代雜誌》以及可口可樂廣告都曾來這裡拍攝。

貧民窟可免費使用水電，不過並不是每天供應。

跟所有巴西的貧民窟一樣，羅西尼亞擁有最好的風景。

　　這座兩百一十五階的階梯是一位智利的藝術家用了兩千多片六十幾國的磁磚貼製而成，一開始他只使用里約不同工地內找到的磁磚來創作，後來許多人對這個作品產生好奇心，於是世界各地的旅客專門把磁磚帶到里約讓他持續創作。如果仔細觀察每片磁磚，就會發現每片都是一個故事。

　　而遠方的三角形的水泥大樓，居然是里約市區內著名的現代教堂。高七十五公尺，是參考馬雅文明的金字塔造型而建造的。「設計師就是要表達不管外表再怎麼樸素，內在還是可以美麗動人。」導遊解釋。我們坐在椅子上，抬頭仰望述說著不同《聖經》故事的四片巨大玻璃彩繪，享受里約獨有的寧靜。這個城市有太多景點，免費導覽只帶我們參觀一小部分。接下來我們步行前往貧民窟。

參觀里約的貧民窟

　　在里約有五分之一的人口居住在貧民窟（favela）內，這些地區通常在山坡上，離高級住宅區非常接近。貧民窟自從出現在電影《玩命關頭五》（*Fast Five*）裡後，就開始受到西方社會的關注。這些地方是法律管不到的地區，完全受黑幫統治。

　　剛開始為了該不該參觀貧民窟掙扎了許久，因為把別人的貧困生活當成一種觀光，良心上有點說不過去。有些旅行社會帶旅客進去貧民窟，讓他們單純在車上拍

照，這對當地人來說算是非常不尊重，彷彿像被當動物觀賞。我們選擇當地居民來當導遊的旅行社，希望能了解這些居民真正的生活。

年輕導遊艾德森帶我們進入他從小長大，也是巴西最大的貧民窟羅西尼亞（Rocinha）。官方數據雖顯示這裡有七萬多人居住，但實際上應有高達三十萬人。一下車就看到許多銀行與商店，跟亞洲的街景沒什麼兩樣。

「我們這裡不相信警察，黑幫才是管理者。警察每次進來就是開槍掃射，雖然是來抓毒梟，但還是常誤殺居民。」艾德森說完指著牆壁上的無數的小洞，那些都是彈痕。「不過你們不用擔心，這裡絕對比里約市區安全。黑幫有下令不准對觀光客動手，他們覺得適當的觀光可帶來財富以及改革。」

他帶領我們穿越像迷宮般的巷子，酷似台灣早期傳統市場，昏暗的小巷掛滿著雜亂無章的電線，其他外國旅客顯然對樣的環境不太習慣。刺鼻的味道迎面而來，地上散落垃圾，看旁邊的住戶把衣服晾在外面，很難想像他們居住在這麼惡劣的環境中。

「里約直到一九六〇年都是巴西的首都，許多鄉下人為了增加工作機會而搬來。因為付不起市中心內的昂貴房租，他們開始在山上自行建蓋房子，久了就形成了一個社區。社區中也分好的和壞的，像我們現在就位於汙水區旁邊，這邊常年照不到陽光，居民很容易就生病。」我看到窗內的老太太病懨懨的樣子，忍不住感到悲傷。

接著艾德森帶領我們到一扇不起眼的門，門後的陽台可觀賞整座貧民窟全景，和遠方的高樓以及蔚藍的海洋。「雖然貧困，但我們擁有里約最美的風景！」艾德森驕傲地說，這句話讓我想到《阿拉丁》（Aladdin）中阿拉丁把茉莉公主帶回自己家時，展示窗外皇宮風景的那一幕。「不過這裡的建築確實蓋得亂無章法，像我父母的房子本身就已違建到不安全的地步。」他指著遠方的住宅，確實看起來有點搖搖欲墜。

「貧民窟的居民團體意識比一般強烈，左鄰右舍都對彼此很熟悉。居民也不用繳稅與水電費，這也是為什麼許多人縱使有錢也不願意搬走。」「感覺上貧民窟還算安全，為什麼官網上都建議觀光客不能單獨前來呢？」其中一位外國女生提問。「因為連我想去其他貧民窟拜訪親戚時，都需要他們親自來接我，不然當地居民很有可能找我麻煩，更別說是觀光客了！」艾德森警告大家。

我想起在昨天白天在科帕卡瓦納海邊散步，居然被兩位巴西男子怒吼貶低華人的字眼，反而在此貧民窟內感到比較安全的情形。在參觀時，其中一位老太太跟艾德森打完招呼後，還捏了 York 的臉頰，誇他是位「小帥哥」！這趟導覽艾德森用客觀的角度讓我們了解巴西貧民窟和它的另一面。

世界新七大奇蹟的里約熱內盧基督像

站在里約著名的地標基督像底下，我們完全沒有驚艷感。「這真的跟祕魯的馬丘比丘同樣票選成為世界新七大奇蹟嗎？」我忍不住問身旁的 York。「確實只是一尊很大的紀念雕像。」我們一大早跟著一群觀光客人擠人，就為了看見陽光直射張開雙臂的耶穌。

此雕像建於一九三一年，總高三十八公尺，站在在里約熱內盧國家森林公園中的科科瓦多山頂迎接來自世界各地的遊客。雖然在這山上豎立一尊七百多噸的雕像確實不容易，政府也花了九年才完工。可是世界上還有更多古蹟比這個壯觀，如柬埔寨的吳哥窟或是復活節島上的摩艾石像。不過世界新七大奇蹟完全是依靠網民投票，雖然每台電腦只能投一票，但只要通過購買紀念品方式就可以無限投票。

連網路使用率較低的埃及的古薩金字塔都差點沒上榜，多虧了埃及政府抗議，才得到「榮譽奇蹟」這個稱號。難怪七年前我去參觀伊瓜蘇瀑布的時候，到處都有電腦希望旅客投票，原因是連「世界新七大自然奇觀」的排名也是透過網路與電話票選而來。難怪這整個評選過程被認為充斥著「商業味」，但不得不承認它為當地帶來了無限商機，好比餐廳贏得米其林三星一樣。

從基督山（Corcovado）頂可以看到里約獨一無二的天然海港地形，難怪這個城市在二〇一二年被世界遺產譽為文化景觀。附近也有許多森林以及山適合週末健行，讓人在都市叢林內還是能夠享受大自然。儘管我們覺得里約熱內盧基督像沒有想像中的震撼，但畢竟是第一次來到這裡，所有觀光客景點還是要走一回。

世界新七大奇蹟的里約熱內盧基督像。

南美洲的最後一站

「請問怎麼去機場最便宜呢？」「叫計程車就可以了。」櫃台小姐微笑地回答。我嘆了一口氣，每次飯店都不能理解背包客想省錢的心情，連中低價位的宜必思酒店也不例外，我們只好走到海邊詢問遊客中心。

「你就站在這條街等搭乘二○一八號公車，大約每小時一班。」「你是說沒時間表，也沒公車站嗎？」我不可置信地問。「沒錯，就在路上等。」裡頭的年輕服務人員親切地說。我們只好依照他的指示，傍晚到科帕卡瓦納旁邊的街道等待。

「真不敢相信再兩個月就要舉辦奧運，前往機場的公車居然這麼隨便。」我們站在路燈下看旁邊的車子呼嘯而過。突然一台公車快速衝來，是二○一八號！我趕緊用力揮手，生怕錯過了這班又要等一個小時。

前往機場的路上，開始回想起剛當到南美時不敢獨自闖蕩的我們，到現在敢自己搭大眾交通到處遊走，應變能力也增強許多。今晚就要前往歐洲了，真的很捨不得離開這片熱情的土地，有點後悔當初沒有安排更長的時間在南美洲。不過到了歐洲可以不用那麼戰戰兢兢就擔心人身安危，對我們來說也是件期待的事。

144

1 里約熱內盧到處可看到夏季奧運會的標誌，連沙堡都不例外。2 陰天的科帕卡瓦納海灘少了比基尼辣妹。3 坐在擁有來自世界各地磁磚的塞拉隆階梯。

![photo of Rio de Janeiro]

Winny 會客室

四十八小時內逛巴西里約

· **DAY 1**

08:00 拍攝里約熱內盧基督像　不想拍到背光的耶穌嗎？那絕對要趕在人潮出現前來這個景點！建議到國家公園官網（www.parquedatijuca.com.br/corcovado）預定來回接送的小巴士前往基督山。

11:00 享受巴西美食　問櫃台那裡有好吃的 Churrascariau（烤肉餐廳）以及品嘗美容聖品 Acai（巴西莓）製作的刨冰。

13:30 ～ 18:00 拜訪巴西貧民窟　來了解里約的另一面。推薦公司 Favela Walking Tour（www.favelawalkingtour.com.br）。

· **DAY 2**

09:30 里約免費步行導覽　每個大城市都有只須給小費的免費導覽，帶領大家簡單了解這個地方。網站：riofreewalkingtour.com。

13:00 為奧運而建的科學博物館　明日科學博物館（Museum of Tomorrow）每個禮拜二免費，但門票不貴。富有現代感的外型反映出博物館的主旨：「明日的結果在於你今天的行動」，在這裡的兩小時內我們學到許多寶貴的資訊。

16:00 搭乘遊覽車到糖麵包山頂（**Sugarloaf Mountain**）　觀賞里約最美買的夕陽以及屬於世界遺產的海岸線。如果不想花錢，可從 Praia Vermelha 健行三公里免費上去較矮的 Urca Mountain。

· 其實里約有許多其他健行道路可觀看天然美景，一般人其實都很熱情友善，但巴西犯罪方式通常比較強硬，最好先詢問當地人路線安不安全。

Chapter 02

김포로써

📍羅馬尼亞・布拉索夫

中古世紀
吸血鬼德古拉的故鄉？

2016

June
S M T W T F S
　　　　1 2 3 4
5 6 7 8 9 10 11
12 13 14 15 16 17 18
19 20 21 22 23 24 25
26 27 28 29 30

148

中古世紀的
羅馬尼亞短片
Highlights of
Transylvania

🧁Winny 畫重點

· 羅馬尼亞中西部的外西凡尼亞（Transylvania）被認為是「吸血鬼的故鄉」。
· 號稱「吸血鬼城堡」的布蘭城堡其實跟吸血鬼一點關聯都沒有。
· 以此地為故事背景的經典恐怖小說《德古拉》（*Dracula*）的作者其實沒來過羅馬尼亞。

　　躺在最頂層的窄小臥鋪上，身體隨著火車行駛震動搖晃。我們正搭乘十三小時的夜間火車，前往羅馬尼亞的小鎮布拉索夫（Brasov）。原以為長時間的車程能讓我們好好睡一覺，沒想到好不容易剛要入睡，就因為要進入匈牙利邊境，而被要求檢查護照。重新閉上眼睛不久，換羅馬尼亞的海關來蓋章。本來期待搭乘臥鋪夜車能夠讓我們隔天精神抖擻地開始探索新城市，可是一覺醒來還是覺得好累。看來在布達佩斯的那幾天，不足以調整南美洲到歐洲的時差，不過我已經漸漸習慣歐洲祥和的氣氛。

　　之前聽到很多朋友都說在南美洲一定會被偷或被搶，導致我不管在哪裡都提心吊膽，即使旅程安然無恙，我還是一直告訴自己是因為運氣好的關係。來到歐洲終於可以稍稍喘口氣，只須提防扒手即可。現代化城鎮的便利與治安都讓我們好懷念。

誤打誤撞成為吸血鬼故鄉的小鎮

某時期開始大量的觀光客湧入寧靜的羅馬尼亞小鎮布蘭（Bran），尋找德古拉居住的城堡，當時的居民都感到莫名其妙，他們甚至連德古拉這個名字都沒聽過。這一切都是源於愛爾蘭作家布拉姆·斯托克於一八九七年出版的以吸血鬼為主角的哥德式恐怖小說《德古拉》，因其在一九三一年被拍成電影而一炮而紅。

這本書顛覆了傳說中吸血鬼醜陋、沒智慧的形象，將他們描繪成極具魅力、聰明又能控制他人思想的紳士，從此德古拉成為吸血鬼的典型。在斯托克的筆下，吸血鬼德古拉的居所是以「布蘭城堡」為原型進行描繪，拜小說、電影的高人氣，吸引了大批的書迷前來一窺被森林包圍、聳立在巨石上的布蘭城堡。我們在抵達的隔天也跟著大量觀光客，搭公車前往朝聖。

一下公車 York 就失望的說：「這就是布蘭城堡？我還以為只是間防禦塔！」城堡的外觀的確不太雄偉，一二一一年建造時主要是供騎士與勇者居住，注重的是功能。直到一九二〇年才送給皇室，現在內部存放皇后遺留下來的家具。不過整棟城堡只有一間房間展示關於吸血鬼的資訊，令人感到疑惑：這不是吸血鬼的城堡嗎？

1 布蘭城堡內其中一個祕密通道。2 陰天的布蘭城堡還是有點陰森感。

其實愛爾蘭作家斯托克從沒有來過羅馬尼亞，他從某些書中得知這裡的地理相貌，正巧跟他理想中的吸血鬼故鄉吻合。小說中他也暗示德古拉的前世是羅馬尼亞著名的兇殘男爵弗拉德三世（Vlad Dracula），這位男爵在十五世紀時，最愛的行刑方式就是拿根棍子從人的肛門一路貫穿到嘴巴，並將其掛上幾天直到脫水而死，因此擁有「刺穿男爵」之稱。

令人毛骨悚然的是他會把一起受刑的人放在一塊，形成一個人體森林。執政期間他用這種酷刑殘殺了四萬到十萬人，這讓我聯想到中國神話《封神榜》裡的紂王與妲己，利用炮烙等酷刑來對待臣民。斯托克把這位殘酷的男爵跟吸血鬼連結在一起，成功地讓他書中的角色更有可信度。

不過弗拉德三世卻不居住於外西凡尼亞，他一生中只在布蘭城堡待過兩晚。就連迪士尼推出的吸血鬼動畫《尖叫旅社》（Hotel Transylvania），劇中的城堡外觀也跟這裡有許多相似處，然而在羅馬尼亞眾多傳說生物中，並沒有吸血鬼，難怪當地居民對德古拉並不熱衷，對他們來說唯一好處就是觀光客為這個小鎮帶來了商機。

1 彷彿童話故事裡才會出現的十三世紀教堂。2 位於外西凡尼亞內的中古世紀小鎮布拉索夫。3 這城堡一開始就是為了武士與勇者而建造。4 布拉索夫街道上的塗鴉也很有吸血鬼風格。

城堡的中庭以及顏色都很有中古世紀風格。

　　我踮著腳尖，從窄小的窗戶往外看布蘭小鎮，試著想像這裡還是一片森林的樣子。以前不懂為什麼城堡窗戶不蓋大一點以便看到風景？看了介紹才知道這樣的設計是為了防範敵人進攻，城堡裡也有許多祕密通道，真的是蓋來防禦的。

　　「如果像我這種喜歡吸血鬼的人，來到這裡真的會失望。但如果是你這種歷史迷，來欣賞保存完善的中古世紀城堡，一定會看得很盡興。」我感慨地說，York點頭表示同意。

那些布拉索夫不為人知的歷史

　　「相信我，歐洲歷史較多，免費導覽一定會比南美洲有趣！」York抓著我的手，懇求我陪他參加下午六點的活動，我只好勉為其難地答應。這次兩個小時的免費步行導覽是由一位女大學生帶領，她開朗的笑容，讓我們充分感受到她是多麼喜愛這座她出生的城市。為了不遺漏任何資訊，York走在人群最前面，不僅認真聽講更三番兩次提問，而我走在後面拍攝建築物，直到我們停在一棟一二九二年建造的教堂前，深藍又尖聳的屋頂與象牙色的牆壁，好似童話故事中才會出現的建築，就算對歷史沒興趣的我，也忍不住仔細聆聽解說。「大約一百多年前，這棟十三世紀的教堂才第一次進行大規模的維修。當時在屋頂找到一封只有牧師才能閱讀的機密檔案，牧師讀完後就放回原位。」

「直到幾年前重新裝修時，才又讓這份文件重見天日。這次將內容公開，才發裡頭紀載當時村民吃什麼樣的食物、人口多少等無關要緊的事。讓旁邊等待的歷史學家跌破眼鏡！」我們一群人聽得笑呵呵，這些無俚頭的歷史趣聞果然只有從當地人口中才能得知啊！

　　布拉索夫老城廣場旁有一棟外觀看起來不起眼的十四世紀建造的教堂，原本的名字叫聖瑪利亞教堂，但在十七世紀遭遇大火，石磚被煙燻黑，當地人就直接將它改名為黑教堂（Black Church），聽到這名稱的由來，真令人哭笑不得啊！

　　「這個小鎮還真有讓人意想不到的地方！」經過兩個小時的遊走，導遊說了許多有趣的小故事吸引了我的注意，讓我對這種步行導覽改觀，小費制的付費方式，讓經費有限的旅人也能輕鬆參與。因為這次的美好體驗，我們後半段旅程中的每個城市幾乎都會安排參加步行導覽，以便更深入了解歐洲城鎮。

刺穿男爵弗拉德三世的畫像以及他的酷刑示意圖。

Winny 會客室

・前往布蘭的公車站位於布拉索夫公車總站「Autogara 2」。出發時間不一，必須到車站看時刻表，車程約四十五分鐘。布蘭城堡就在下車處的車站對面。
・布拉索夫附近的小鎮錫納亞（Sinaia）是著名山區渡假勝地。羅馬尼亞國王卡羅爾一世在該鎮附近建造了夏天宮殿佩萊斯城堡（Pele Castle）。

Chapter 02
歐洲

📍羅馬尼亞・布加勒斯特
沒有笑容的羅馬尼亞人

2016

June

S	M	T	W	T	F	S
			1	2	3	4
5	6	7	8	9	10	11
12	13	14	15	16	17	18
19	20	21	22	23	24	25
26	27	28	29	30		

🧁 Winny 畫重點

· 羅馬尼亞首都布加勒斯特（Bucharest）是繼倫敦、柏林、馬德里、羅馬以及巴黎之後，歐盟第六大都市。
· 位於多瑙河支流登博維察河畔，因建築風格而具有「小巴黎」之稱。
· 這裡擁有世界第二大建築 —— 羅馬尼亞人民宮。

布加勒斯特擁有完善的交通系統。

小鎮的列車長。

一下火車，馬上可以感受到人口將近兩百五十多萬人的布加勒斯特的人潮。剛從外西凡尼亞搭車過來的我們，很不習慣這種擁擠感。記得學生時期剛從紐西蘭回台灣渡假時，也需要幾天適應台北的步調。如何優雅地穿梭在人群中，對我來說是種藝術，不是本能。

「請問到索菲亞的火車是幾點？請給我兩張票。」好不容易擠到前面的我跟售票小姐說。沒有想到她回答我的問題後，居然停下動作轉身跟隔壁的同事聊天。兩位女士聊了將近五分鐘才開始處理我們的票，就在掏錢時，一位穿著奇怪的男子整個貼過來，我們不甘示弱地抬頭看他，結果他開始大聲怒吼。所幸售票小姐隔著售票口對他說了些羅馬尼亞文，男子才離去，我和 York 對看一眼，大城市果然瘋子比較多，大概是還未完全脫離共產黨統治下的緊張感，從車站人員到麵包店員，說話時完全沒有表情，連路人幾乎都是撲克牌臉。

被放鴿子的房東

「我們會遲到十分鐘，會不會有關係？」我拿著火車票跟著 York 小跑步進地鐵。這是我們第一次訂 AirBnb，這個在二〇〇八年創建的網路平台是共享經濟的代表，目的是讓人可以把沒用到的房間或房子短期出租給旅人，也成了許多投資客賺錢的管道，和旅館最大的差別就是 AirBnb 需要跟房東約時間，沒辦法隨時辦理入住手續。這無疑對剛到新城市的遊客有著極大的不便，除非手機有國際漫遊，不然臨時發生狀況時很難跟房東聯繫說明。

「最花時間的買火車票已經完成了。地鐵再坐二十分鐘就會抵達，應該沒關係。」York 看著手機上已下載好的離線地圖跟我說。沒想到布加勒斯特的地鐵站設計非常特殊，反方向的列車月台在站內並無互通。走錯月台的我們必須再次付費才能前往正確月台，再加上假日每二十分鐘一班車，讓我懷念起台北捷運的便利。

住到北歐風格的小公寓，是旅途的小確幸。

當我們到達指定的見面地點，果然不見房東蹤影，在大熱天等我們半個多小時，任誰也都不會想再等吧？我們只好開啟國際漫遊連絡房東。等待房東到來的期間我們到附近走走看看，發現布加勒斯特不只有完善地鐵，也有發達的電車與公車系統。

半個小時後房東出現了，他是第一位在布加勒斯特對我們展現出笑容的人。「你們來的這幾天剛好是國定假日，所以很多店都沒開，不過我這棟公寓就在老城區的最外圍，所以不用怕找不到餐廳！」房東帶我們前往公寓時說。一進門我們忍不住「哇」出聲，這間套房完全像是北歐居家雜誌內的樣品屋！看樣子接下來幾天我都不會想出門了。

「這裡可不是布達佩斯！」

接下來兩天我們都在公寓內吹冷氣，尤其是這四個月來第一次有洗衣機可用，忍不住把背包裡的衣服全部洗一遍！直到最後一天晚上的六點，我們才出去參加免費步行導覽。離公寓沒幾步，就看到幾個孩子在路邊乞討，這讓我想到昨晚半夜醒來時，透過窗戶看見幾個光著上半身的孩子正在翻大型垃圾箱，我猜想他們應該是敘利亞的難民吧？羅馬尼亞的東邊就是連接著土耳其的死海，而這裡離伊斯坦堡也只有九小時車程。記得當時羅馬尼亞與匈牙利還討論要不要在邊界蓋圍牆來減少難民進入，一想到難民的處境，我忍不住從口袋中掏出一些銅板給這些孩子。

到了步行導覽的集合地，這次的導遊是一位穿著火紅上衣的美女，單單看她講話的模樣就很賞心悅目。「各位千萬不要把布加勒斯特講成匈牙利的布達佩斯（Budapest），不然我會生氣唷！」她說像麥可傑克森以及瑪丹娜都有在大型演唱會上說錯城市名。最慘的一次是某一年的足球賽，四百多位球迷集體搞錯舉辦城市而錯過了賽事。

接著她拿出了一張黑白相片：「其實布加勒斯特的另一個稱呼就是小巴黎。你們不覺得我後面的建築很有法式風情嗎？」我們朝她後方看去，果然有巴黎奧塞博物館的感覺。原來在更早之前，羅馬尼亞這片土地分別被匈牙利王國、俄羅斯與鄂圖曼帝國統治，直到一八七八年才恢復獨立。而當時的市長在布加勒斯特在脫離鄂圖曼帝國管轄後，第一件事情就是拆除所有鄂圖曼風格的建築，並模仿當時歐洲人最嚮往的巴黎打造街道。很可惜現在的巴黎已不如前，環境骯髒、扒手又多，真希望有台時光機能夠讓我們看看當初巴黎迷人的樣子。

1 前一篇提到的刺穿男爵弗拉德三世實際上是住在這棟布加勒斯特宮殿。**2** 導遊身後的建築帶著濃厚的巴黎風格。

用人民血淚換來的國會建築

當導遊告訴我們眼前的羅馬尼亞議會宮是僅次於美國五角大廈的世界第二大建築，我馬上後悔前幾天沒安排時間進去參觀，難得的機會就因為我貪圖冷氣而流失了。「這座建築就像是個冰山，你們知道為什麼嗎？」導遊問。「看看地面上建築雖然高達八十四公尺，但地下卻還有九十幾公尺的深度，跟冰山海水底下有看不見的巨大冰體是不是很像？當時獨裁者尼古拉西・奧塞古為了預防核彈戰爭才這樣設計的。」

「不過我們人民卻恨死他了！為了這棟建築，必須清出三十六萬平方公尺的地，許多人因此無家可歸。羅馬尼亞當時是個窮又小的國家，居然蓋出總值高達三十億歐元，現今價值最高的建築物！可見用掉多少人民的血汗錢，因此當一九八九年十二月二十五日，共產黨領導人尼古拉西・奧塞古被人民槍決的那一天，就成了羅馬尼亞人最好的聖誕節禮物！」

看她講得那麼熱血，可以猜出老一輩的羅馬尼亞人當時過得多痛苦。算一算也不過是二十七年前，難怪路上的中年人表情會那麼嚴肅。畢竟長期在獨裁者的掌控下，很難擁有自由發言的權利。聽完城市導覽後，我想下次再與當地人接觸，一定要不計較回應，給予最熱情的笑容。

世界最大的國會建築，面積大到無法全部入鏡。

· 布加勒斯特的地鐵一次會販售兩趟票，可以兩個人一起使用。
· 公車與電車則需要購買 Activ 卡，不接受現金。
· 搭乘安全的計程車公司，例如 Taxi 2000、Speed Taxi、
　National Taxi、Dartex。記得要看仔細，有些公司會刻意
　模仿它們，如仿「Speed」商標的「Street」。

2016

June
S M T W T F S
        1 2 3 4
5 6 7 8 9 10 11
12 13 14 15 16 17 18
19 20 21 22 23 24 25
26 27 28 29 30

📍保加利亞・索菲亞
歐洲古蹟豐富度第三的國家

保加利亞：
歐洲第三豐富古蹟的國家短片
Highlights of Sofia @ Bulgaria

160

🧁 Winny 畫重點

· 保加利亞（Bulgaria）是繼希臘以及義大利，第三多古蹟的歐洲國家！
· 被鄂圖曼帝國統治了將近五百年，不管是文化或飲食都有土耳其風格。
· 保加利亞百歲老人的比例是世界前三名，長壽的祕密就在當地的優酪乳裡！

索菲亞最出名的捷運站 Serdika Metro 外面都是羅馬遺址。

十六世紀建造的澡堂,目前是索菲亞歷史博物館。

　　攝氏三十五度的大熱天搭乘東歐火車簡直是活受罪。跟富裕的西歐國家不同,這裡的火車好像從七〇年代就沒再更新過,不只座位老舊,連冷氣都無法正常運作。隔壁的澳洲夫妻努力地用地圖搧風,但整輛車就像是個烤箱。

　　經過十一小時地獄般的折磨,好不容易來到了保加利亞的首都索菲亞(Sofia),卻因為火車誤點一個多小時,抵達時已夜深,大眾運輸也無車班。隨著周圍乘客離去,只剩一台老舊的計程車停在車站的角落,雖然我們覺得那司機怪怪的,但也別無選擇。我們小心翼翼地拿地圖對照他開車方向。到達住宿地後,司機說索取七塊保加利亞列弗,雖然跳表上顯示著六塊半。因為我們身上沒有零錢,所以給了他十塊保加利亞列弗的鈔票,他卻從口袋隨手抓了一把銅板給我。當時保加利亞列弗跟澳幣的匯率可是一比一,而他找我的零錢似乎太少,我低頭數著手掌上這些陌生的硬幣,可能我算太久,司機又隨手抓了一些銅板給我並趕我們下車。

　　一進到房間,更是傻眼,當初 York 訂房時只注意到房價便宜,並沒發現這裡沒有廚房。東歐雖然物價低廉,但每餐出去外食,費用加起來還是蠻可觀。「妳先不要激動!至少房內有個熱壓三明治機。」York 趕緊把角落的機器推到我面前。接下來幾天我們從超市買馬鈴薯以及紅蘿蔔削成薄片,並加橄欖油放上去烤,再配麵包食用,雖然有點克難,但卻意外地美味。

地鐵站蓋在古蹟上？

站在索菲亞市中心的地鐵站裡，我驚訝地看著眼前這片石牆，心想「這該不會是羅馬時期遺留下來的吧？捷運站的天花板就這樣直接蓋在上面？」其他遊客也都一副難以置信的樣子。接著，導遊帶我們到車站外面，整個羅馬時代住宅的地基就在眼前展開，可以直接進入，完全像是座矮牆迷宮。

「索菲亞這地區從西元七千多年前就開始有人類居住，是世界上最古老的城市之一。而保加利亞則是從公元一年前就被羅馬帝國統治。若說整個城市是蓋在羅馬帝國的古蹟上也不為過。」

我們一開始並不明白導遊的意思，直到她帶我們進入聖索菲亞教堂內，地上有片玻璃可讓人透視地下室，我這才驚覺下面居然是先前倒塌的羅馬劇場遺留下的馬賽克地磚！「在索菲亞你會發現很多這種案例，大家都將建築直接蓋在前朝遺址上。」

「保加利亞其實有很多羅馬遺址，但居民對古蹟保存觀念還不是很完整。如五星級的 Arena di Serdica 飯店當初在挖地基時，發現一座比義大利羅馬競技場小十公尺的競技場！但最後旅館還是直接蓋在上面，只保留大廳以及特定場所的一小部位遺址供旅客觀看。」

難怪走在索菲亞街角都會看到些零碎古蹟，每個轉角都有驚喜，不過也因為這些古蹟，使兩條地鐵線挖了三十年，每動工不久就會碰到一個遺址，可以說是這個國家的甜蜜負擔。

夕陽下的亞歷山大・涅夫斯基主教座堂是索菲亞最美的景色。

鄂圖曼帝國與保加利亞

經過索菲亞歷史博物館時，看到有路人帶著水壺到噴水池旁邊裝水，詢問之下才知道這棟建築以前是個溫泉館。保加利亞含有許多天然溫泉，且被鄂圖曼帝國統治了將近五百年，所以澡堂文化頗深。我們學著當地人喝著噴出來的泉水，硫磺味超級濃郁！聽說冷卻後味道就會散去，難怪當地人都裝熱水回去。

儘管鄂圖曼圖土耳其帶入新的文化，但保加利亞人並沒有忘記自己的根。一八七八年，終於在俄羅斯帝國的幫忙下，擊敗了鄂圖曼人。目前世界上最大的東正教教堂 —— 亞歷山大・涅夫斯基主教座堂就是為了紀念死去的俄羅斯士兵所建造的，裡頭金碧輝煌，使用上等的義大利大理石、巴黎瑪瑙裝飾。

據說幾年前有位乞丐把他乞討十年幾存下來的兩萬多歐元，全數捐給教會修復屋頂，還因此被教宗大大地表揚。宗教雖能撫慰人心，但教會已富可敵國，乞丐為什麼不把這些錢拿去救濟其他需要的人呢？不過也多虧那個乞丐的捐獻，教堂的屋頂確實金光閃閃。

保加利亞人的長壽祕方

在索菲亞我們第一次參加美食導覽，探索保加利亞長壽的祕方！「保加利亞家裡可以沒有食物，但絕對會有優酪乳。」美食導遊第一句就這麼說。難怪超市除了看到中東人熱愛的乳酪加鹽的冷飲「愛蘭」（Ayran），還多了一種我沒見過的保加利亞乳桿菌（Bulgaricus）。

1 教堂的玻璃地板可清楚看到羅馬時代遺留的馬賽克磁磚。2 地鐵站牆壁為羅馬遺址，不用買票進站就可以看到古蹟。

對保加利亞人來說，他們三餐可以不吃肉，但優酪乳絕對不能少。根據調查，他們國人平均一天喝一公升的優酪乳，是世界之最。更有研究顯示因為每日飲用優酪乳，保加利亞百歲老人的比例是世界前三名。

「保加利亞乳桿菌只長在保加利亞哺乳類的腸胃內，在別的國家非常難複製。目前只有日本有這個技術在海外培育這種菌，所以在其他國家看到這種優酪乳也不用太興奮，也許不是真的，如果想買來喝看看，推薦 LB 牌」。

導遊接著帶我們去一間專門賣湯的「Supa Star」，就位於我們公寓附近。我老早就想要進去品嘗看看，無奈保加利亞不管是路標或是菜單，都是用西里

使用保加利亞乳桿菌製作的傳統冷湯 Tarator。

爾字母，讓我不敢進去用英文詢問。導遊介紹的傳統冷湯「Tarator」是利用保加利亞乳桿菌加水稀釋，配上切碎的小黃瓜、蒜頭、洋茴香、胡桃跟鹽油攪拌即可食用，雖微酸、口味獨特，但大熱天喝起來特別清爽。

導覽結束後我們又自己回來這家餐廳，這次敢用英文詢問每種湯品種類，店員也都耐心回應。一碗不到兩塊美金的價格，份量卻跟大碗拉麵差不多，而且真材實料，湯頭濃郁。如果說索菲亞讓我印象最深刻的是什麼，答案絕對會是湯跟優酪乳。畢竟旅遊方式上百種，能成功享用到美食，往往比看古蹟更令人滿足！

 Winny 會客室

· 索菲亞的年輕人很積極推銷自己居住的城市，在 Trip Advisor 搜尋就可看到各種主題的免費導覽團，跟以往只有免費普通步行導覽非常不同。
· **Balkan Bites** 我們參加的免費美食導覽。官網：www.balkanbites.bg
· **Sofia Green Tour** 免費城市腳踏車導覽，可花五歐元租車。也提供免費登山團。
  官網：www.sofiagreentour.com
· **Sofia's Communist Tour** 共產黨歷史與建築。官網：sofiacommunisttour.com
· **The Bohemian Sofia Tour** 關於波希米亞王國的歷史。
  官網：www.thefeelofsofia.com

Chapter 02
歐洲

2016

July
S M T W T F S
　　　　　　1 2
3 4 5 6 7 8 9
10 11 12 13 14 15 16
17 18 19 20 21 22 23
24 25 26 27 28 29 30
31

📍蒙特內哥羅·科托
自駕探索巴爾幹半島

蒙特內哥羅的科托爾灣古城短片
Highlights of Bay of Kotor
@ Montenegro

Winny 畫重點

· 蒙特內哥羅（Montenegro）這巴爾幹半島西南部小國在當地語言代表「黑色的山」。
· 二〇〇六年獨立，是全世界最年輕的國家之一。
· 這裡有許多被譽為世界遺產的古城以及自然景觀，國家面積又小，非常適合自駕。

科托爾古城後山上的長城與堡壘。

第一次來到這麼死氣沉沉的首都，街上四分之一的店面都倒了，沒有紀念品店，也沒旅客中心，難怪網路上說波德里查（Podgorica）買不到明信片。明明該國三成的人口都居住在這個城市，但看起來卻像座死城。其實原本這裡也有許多古蹟，但在第二次世界大戰時被炸了七十幾次，幾乎夷為平地。

由於曾在雜誌上看到一篇關於歐洲修道院的報導，其中建造在山壁內的奧斯特洛修道院（Ostrog Monastery）深深吸引了我。固然首都看起來再怎麼無聊，還是要從這邊安排個一日遊。

蓋在山壁中的修道院

奧斯特洛修道院距離首都約五十公里，為了減省旅費我們

蓋在山壁內的奧斯特洛修道院。

搭乘終點站是 Nikšić 的公車，前往小鎮 Bogetići。司機放我們下車的地方是條杳無人煙的公路上，原以為往小鎮的方向走就會有公車到修道院，可實際上卻沒有。

「沒公車。」問了幾個店家，答案都一樣。正當我們心急如焚時，一位少年從隔壁的店走出來：「不然我爸載你們來回，這樣二十歐元。」眼看也沒其他選擇，只好接受他的提議。

奧斯特洛修道院分成上下部分，許多歐洲的東正教信徒都會前來朝聖，並步行三公里往返兩個修道院以示虔誠。修道院的上半部建於一六六五年，聖人奧斯特洛的聖體葬於此；修道院下半部則是兩百年後蓋的，主要是給修行者居住。

當我親眼看到在山岩峭壁上的上半部修道院，那種感覺真無法形容，它比想像中的還要壯觀，白色的牆壁鑲在岩石上，令人目不轉睛。為了宗教與信仰，人類總能建造出不可思議的工程。不過我們目前看到的修道院是二十世紀初大火後重建的，但石壁上的濕壁畫卻是從十七世紀保留至今，上頭述說著宗教故事，顏色依然清晰。

正當我們要離開上修道院時，發現一群人正彎著腰排隊進去旁邊的小教堂，在好奇心的促使下，我們也加入了隊伍。進門後發現裡頭是個洞穴，相傳只要跟聖體祈求，願望就會實現。前方的婦人不斷地涕泣，並用手畫十字架，「大家都好虔誠，感覺我們以觀光客心態進來很不好。」。最裡面有位神父拿著聖經不斷地朗誦，由於看不清楚第一排的人在做什麼，怕等我們到聖體旁邊，因為不清楚做什麼而冒犯到他們信仰，最後我還是拉著 York 的手出來。

小時候住在台北龍山寺附近的阿嬤家，常常會到廟宇觀察人與神明之間的互動。在當地人虔誠燒香拜佛時，總會有外國人拿著相機不停拍照，不知道他們看到站一排等待被收驚的民眾，是不是也會因為好奇去排隊呢？雖然事後覺得當時的決定錯過了觀摩不同宗教習俗的機會，但我真的不希望因好奇心而冒犯到他們的信仰。

歐洲最好的天然港科托爾

巴爾幹半島鄰國克羅埃西亞（Croatia）近年來因美劇《權力遊戲》（*Game of Thrones*）在海岸邊的古城拍攝後，夏天旺季人潮洶湧，物價翻倍，於是我們決定跳過這個國家，專心探索同樣擁有多處世界遺產古城的蒙特內哥羅科托灣。

租車的第一天，我們開往位於科托灣內灣的科托爾（Kotor），這裡是歐洲最好的天然港口之一。還沒看到古城，車子就被堵塞至五公里外，不愧是被《孤獨星球》譽為二〇一六最適合旅遊城市。

好不容易抵達住宿，一下車馬上被濕熱的氣候嚇到。自古以來，科托爾都是戰略上重要的防線，但這裡一點風都沒有，是個天然的避風港，能夠停泊船隻，難怪古人會在這裡建造要塞。從五世紀開始，羅馬帝國皇帝查士丁尼一世就為了加強這座古城的防禦，將其建成堡壘迷宮，即使是當地人，也會不小心迷路。儘管夏日炎炎，但窄小的道路還是被人群擠得水洩不通，看著有兩艘觀光大渡輪進港，我們決定等傍晚這些遊客離開後再回來。

六點過後果然清靜許多，我們前往古城後山總長四公里半的城牆與堡壘，外表酷似小型的萬里長城，建在幾乎垂直到海面的山壁上，非常有氣勢。不過到城頂須爬一千四百階已被磨到光滑的階梯，總高三百六十五公尺，確實蠻累人的。

因為流汗的關係，防曬油直滴入我的眼睛，整趟路程我幾乎睜不開眼！不過每走幾步就可看到更多古城的全貌，讓人願意忍受這種痛苦。科托灣是地中海附近最深的峽灣，在一九七九年被列為世界遺產，從堡壘最上頭可以理解為什麼這裡是巴爾幹半島最出名的景點之一。千年古城、現代建築、碧藍的海水都在同一幀畫中，令人難以忘懷。

隨著夕陽西下，天空散發出紫色的光暈，底下城鎮的燈火也亮起，使回程的景色擁有不同風貌。「要不要學人家浪漫一下？」York 開玩笑指著周圍親熱的情侶。我大笑並加快步伐：「蚊子都出來了！趕快回去啦！」於是我們兩個嘻嘻哈哈地跑回住處，誰說浪漫一定要坐在那邊欣賞風景當蚊子的大餐？

科托灣的沿海古城

「這裡離杜布羅夫尼克（Dubrovnik）還不到六十公里遠呢！」我看著地圖哀嚎著。原本把新海爾采格（Herceg Novi）當作據點是為了能當天往返克羅埃西亞，卻沒料到租車公司為此需多收四十歐元的跨國費，一日遊就此作罷。

下午空無一人的新海爾采格古城街景。

「不過新海爾采格跟杜布羅夫尼克的古城都蓋在同個海岸線，網路上說兩者非常相似，前者只是沒有美劇的加持。況且這邊住宿一晚才三十歐，那但邊都要一百歐起跳，不值得我們旺季去那人擠人。」York 這樣安慰我。確實長途旅遊中，所有花費都要精打細算，畢竟小額數字累加起來也會很可觀。

位於科托灣入前端的新海爾采格並沒有被高山環繞，涼爽的風伴隨海水鹹味一起吹進內陸。在羅馬時代，這裡原本只是個小漁村，十四世紀時被建造成堡壘，新海爾采格的英文意思是就是「新城堡」。古城內有許多不同教堂，廣場以及堡壘，站在砲台上可享受地中海的風光。

「不過下午四點怎麼一個遊客也沒有？」我們在空蕩的街道上遊蕩，不經納悶這麼美的古城怎麼會空無一人？難得能夠獨享這樣的美景，決定把腳架拿出來拍個夠。直到 York 提議去海邊走走，才發現一堆躺在沙灘上做日光浴的遊客。「外國人真的很愛曬太陽，誰還管古城啊！」我忍不住笑了出來。不過沙上面都是碎石，而且不到五十公尺就結束了。難怪歐洲人特別愛去澳洲渡假，那邊有一望無際的沙灘，對他們來說簡直是天堂！

記得以前參加前往澳洲紅土中心的露營團，裡頭的歐洲人都說他們畢業後最嚮往的旅遊地點就是澳洲，那裡有陽光的海灘是他們夢想中的渡假勝地，現在終於懂了。但當我告訴他們紐澳人最期待去歐洲看歷史建築時，他們卻都驚訝說：「那些古城看到後來都差不多啊，真搞不懂你們！」我把這段故事告訴 York，他笑了笑對我說：「大部分的人都不會珍惜自己國家所擁有的，你也不是離開紐西蘭後才知道它的美嗎？」

　　接下來幾天我們沿著科托灣拜訪不同古城，享用一整塊才五歐元的大披薩當晚餐，在這裡我深深體會到，有時候不跟著人潮走，反而更能享受渡假的感覺。

還車噩夢

　　就在開回波德里查還車的路上，我們還很慶幸一個禮拜的自駕順利結束，沒想到還車的過程卻是個噩夢！在取車的當天早上，York 忙著填表格，派我去跟女專員一起驗車，但沒想到我們都沒發現右側前方的車輪蓋早已不見蹤影，更別說底盤附近有條大刮痕。直到中途休息時，York 才發現車輪蓋不見了！他趕緊打電話給租車公司，確認先前就是這樣。我也在通話結束後拍照記錄。

　　結果還車時女專員卻說這道刮痕之前沒有，給她看照片她卻說有可能是我們兩小時內擦撞的結果，要罰我們五十歐元。我們打電話跟老闆解釋，沒想到卻變成他們要將整台車子送修後再給我們帳單，就算我們要改口說願意接受剛才的五十歐元他們也不願意。第一次遇到這麼沒誠信的老闆。

　　「反正你們車子有保險啊！幹嘛這麼緊張。」他在電話那頭冷笑道。「問題是我們保險自付金額是七百歐元啊！」我氣急敗壞地說，再加上信用卡在租車前就被扣留，根本無濟於事，最後只好垂頭喪氣地離開。兩個禮拜後寄來的帳單是一百四十歐，這也只能怪我們事先沒把車子檢查徹底。在人生地不熟的地方，真的不能大意，經過這次事件，我們不管在任何國家，取車前都會先拿起手機將車子拍照存證。

 Winny 會客室

- 我們最常用的租車網站是 www.rentalcars.com。
- 要看清楚租車保險條款以及自付額（excess）多少。
- 查看旅遊國家需不需要國際駕照，當地交通規則以及可能的突發狀況。
- 如要跨國自駕，詢問有沒有額外費用或者是須過邊境文件。
- 提車前用手機拍下車子狀況，還車時也記得拍照存證

170

1 科托灣上的布德瓦古城，面向地中海。2 科托爾古城的廣場。

📍波赫聯邦・莫斯塔爾
歐洲火藥庫的
古城廢墟

🧁Winny 畫重點

- 巴爾幹半島西部的波士尼亞與赫塞哥維納聯邦（Bosnia and Herzegovina）簡稱為「波赫聯邦」。
- 第一次來到一個清真寺比教堂多的歐洲城市！
- 這裡的老街跟伊斯坦堡的大巴札相似，讓人誤以為在土耳其。

2016

July
S M T W T F S
1 2
3 4 5 6 7 8 9
10 11 12 13 14 15 16
17 18 19 20 21 22 23
24 25 26 27 28 29 30
31

「你們真的正在莫斯塔爾嗎？我在那邊出生的！湊巧我在歐洲探親，找個機會見面吧！」到達莫斯塔爾（Mostar）的隔天早上，York 收到他高中朋友薩沙的簡訊。「難怪他的姓氏上的字母有些奇怪符號，原來是波士尼亞人。」他驚訝地說。能夠在國外見到朋友是件難得的事，於是很快就跟薩沙敲定日期。

莫斯塔爾是一座人口十二多萬的城市，距離克羅埃西亞古城杜布羅夫尼克不到三個小時的車程，是許多去那渡假的人最喜愛一日遊的地方。不過當初吸引我來到這個國家的不是熟為人知的莫斯塔爾老橋，而是一棟彷彿處在世外桃源的回教古修道院 Blagaj Tekke。

這棟建於一五二〇年的白色中古世紀建築，混搭著鄂圖曼以及地中海風格，與峭壁融為一。為了能夠拍出雜誌般的畫面，York 還特地幫我買了一件新洋裝。早晨的太陽還未照到修道院角落，整個水面都是碧綠色的。山壁下的洞口則是歐洲水流最急的泉水布納河的起源處，水不但澄澈且異常冰冷。直到兩個小時後，公車載著下一批旅客到來時，我們才依依不捨地告別這個地方。

鄂圖曼統治的國家

　　莫斯塔爾是我們第一次來到清真寺數量比教堂還多的歐洲城市，每幾個小時就可聽到伊斯蘭教的喚拜聲，令人有身在土耳其的錯覺。跟附近鄰國同樣曾被鄂圖曼帝國統治四百多年的波士尼亞，並沒有像其他國家一樣，結束鄂圖曼統治後馬上把前朝建築破壞掉。

　　從高處眺望，可發現這座古城成功地巧妙融合中古世紀與伊斯蘭時期的建築風格，形成獨特的風景。在石磚堆砌的房子中，到處都可看到清真寺的宣禮塔高聳突出。就算在老城外圍的現代城鎮，也總能發現清真寺的蹤跡。畢竟百分之五十的波士尼亞人口都是伊斯蘭教徒，街上婦女的服裝也偏保守。

1 古城內的紀念品跟土耳其販售的差不多。**2** 一扇戰後布滿子彈痕跡的門。

　　歷史學家推測，伊斯蘭教信徒會那麼多是因為在鄂圖曼帝國統治期間，曾以武力以及宗教人頭稅的方式利誘當地人更改信仰，只要改信伊斯蘭教，就可以減稅或是進入上流社會。聽起來還蠻有道理的，畢竟宗教也是政治的一種統治方式。

　　令我們最驚訝的是古城販賣的紀念品從彩色玻璃吊燈，到鄂圖曼時期的短刀，藍色邪眼的手鐲及鑰匙圈，都跟土耳其沒什麼差別。唯一不同的是多了手工銅藝品，因為莫斯塔爾以前可是個有名的打鐵城市。

戰爭遺留的廢墟

　　離開觀光客聚集的古城，抬頭環視四周，會發現許多建築上都是坑坑洞洞的。這不是因為房子老舊，而是戰爭遺留下來的彈痕。巨大的樹叢從損毀的屋頂及窗戶蔓延生長。以前只在電影看過戰後場景，這裡完全呈現真實的樣貌，令人觸目心驚。由於這些殘存下來的廢墟太震撼，我爬梳許多資料，想了解這裡的過去。

　　在第二次世界大戰結束後，巴爾幹半島地區的許多國家合併，形成了擁有「七條國界，六個共和國，五個民族，四種語言，三種宗教，二種文字，一個國家」的南斯拉夫聯邦（Yugoslavia）。不過從一九九二年到二〇〇八年，許多民族都紛紛獨立建國，從此南斯拉夫聯邦這個國家走入歷史。

隨便望向哪一方,都可看到多座清真寺。

但在一九九二年，屬於克羅埃西亞與波士尼亞民族的波士尼亞人想從南斯拉夫聯邦獨立，卻遭塞爾維亞民族反對而引發戰爭。當時首都塞拉耶佛（Sarajevo）被塞爾維亞人每天持續轟炸了四十四個月。後來帶領我們參加免費步行導覽的導遊，也回憶起當時全家與鄰居住在地下室三年的那段日子。

而 York 的高中朋友薩沙也是那時逃出來的難民，當時他才三歲。在戰爭前，不同宗教通婚是件普遍的事。薩沙的父親是回教徒，母親是基督教，所以不管去任何城市都無法確保全家人安全，因此逃往澳洲。他們一家平安地在澳洲落地生根，但並不是每個家庭都那麼幸運。這場波士尼亞戰爭造成約二十萬人死亡，兩百萬人淪為難民，有點像是現今的敘利亞。

莫斯塔爾老橋

在一九九五年戰爭結束後，莫斯塔爾以極快的速度復興。各式各樣的新建築從廢墟中崛起，並在歐盟的監管下，舉行了各種選舉並調和了民族關係。短短的五年，被破壞的老城與附近的歷史建築幾乎已修復完畢，並恢復舊有的風貌。

莫斯塔爾老城在二〇〇五年被列入世界文化遺產，這等於幫觀光業打了強心針，並帶動了當地經濟。莫斯塔爾老橋（Stari Most）是一五五七年，鄂圖曼人拆除當時的木橋，並花了九年建造的石橋。在那個年代，這座橋可是全世界最寬的橋，連

十七世紀的文獻中記載著某位周遊十六國的旅者，都說他從來沒見過如此壯觀的橋樑，那些石頭彷彿可通到天上。此橋不過長二十八公尺，高二十公尺，但對那個年代的人來說，已經是奇觀了吧！

很可惜這座橋在一九九三年的波士尼亞戰爭中，因被轟炸了六十幾次而斷裂，就如同整個城市的民族和諧也被完全破壞殆盡。在一九九八年世界遺產組織開始幫忙籌劃修建這座橋時，由於並沒有當時造橋方法的記載，他們還找了土耳其的建築公司，試圖以鄂圖曼建造技術還原，並盡量使用原先的材料。

現在除了供人們在橋上漫步外，還時常會看到年輕人延續一六六四年以來，象徵著勇氣的傳統：從橋的最高點往下跳。但許多年輕人表演跳橋是為了錢，而且通常還會有另一位朋友專門跟附近圍觀的人收錢，累積到一定的金額才會跳。我們在那邊等了二十分鐘，但什麼事都沒發生。

莫斯塔爾老城雖然半天就能走完，但如果放慢腳步、細細品味，會發現就算待上三天還是會讓人捨不得離開。我常常在想，如果我們單純來莫斯塔爾一日遊，只待在維修完整的城內拍照，可能就不知道老城的歷史了，要是沒到老城外，就無法親眼目睹牆面上的彈痕。唯有離開觀光區，才能發現跟觀光簡介不一樣的面貌。

1 戰後重建的莫斯塔爾老橋。2 在離別前與薩沙吃早餐，他看起來就像澳洲人，難怪 York 十年來都沒察覺。3 穿上新洋裝，在彷彿世外桃源的 Blagaj Tekke 拍照。

Winny 會客室

· 波士尼亞位於「歐洲的火藥庫」巴爾幹半島上，第一次世界大戰的導火線就發生在其首都塞拉耶佛。
· 如果想去 Blagaj Tekke 的話可以搭乘 10 號公車。確切站牌地點與時間最好在當地確認。

Chapter 02
歐洲

📍斯洛維尼亞・盧比安納
毗鄰阿爾卑斯山
的童話王國

2016

July
S M T W T F S
　　　　　　1　2
3　4　5　6　7　8　9
10　11　12　13　14　15　16
17　18　19　20　21　22　23
24　25　26　27　28　29　30
31

178

斯洛維尼亞的布萊德湖
Swimming in Lake Bled @
Slovenia

 Winny 畫重點

- 斯洛維尼亞（Slovenia）是一個毗鄰
  阿爾卑斯山的小國，首都盧比安納
  （Ljubljana）是歐洲最環保的城市。
- 世界自然遺產 ── 什科茨揚洞群是全
  球公認其中最深的地底峽谷。
- 當年成龍拍攝《龍兄虎弟》時，曾經
  在波賈瑪城堡身受重傷！

從橋的對岸可看見盧比安納顯眼的粉紅色教堂。

一踏入斯盧比安納古城中心，馬上就被廣場上的粉紅色教堂吸引。河畔有許多文藝復興、巴洛克、新古典主義和新藝術運動風格的建築。附近都是舒適的咖啡廳，很適合下午跟朋友喝咖啡聊天或者是讀本好書，整體環境非常悠哉。

　「這裡在二〇一六年獲得全歐洲最環保的城市之稱。」免費步行導覽的導遊跟我們說。「這項名譽不是通常都是北歐城市獨得嗎？」有人發問。「沒錯，所以我們為此感到驕傲。不過盧比安納以前很髒亂，在政府不斷努力下，才有今天的成績。」我轉頭觀望，確實每條街道都有分類回收桶。

　導遊還說這國家保留百分之六十以上的森林，連平常在別國是保育類動物的熊，上星期還誤闖市中心！難怪為了控制野生熊的數量，這裡的市集還有賣熊肉。很可惜下午三點大家已在收攤，無緣品嘗這獨特的料理。除此之外盧比安納老城的後山還有一座城堡，搭配山下色彩繽紛的建築，真的很有童話王國的味道！讓我們後悔沒多安排幾天行程待在這裡。

全球公認其中最深的地底峽谷

　在前往什科茨揚洞群（Skocjan Caves）的公車上，我們碰到兩位來歐洲短期旅遊的加拿大男生米奇與威爾。他們這天的行程碰巧跟我們安排得一樣，於是就聊了起來。沒想到聊得太開心而居然錯過第一班車！下一班又要等一個小時，抵達時只能參加正中午的導覽。

　什科茨揚洞群在一九八六年被登錄為世界自然遺產，其中某些地區深達兩百公尺，是全世界公認極深的地底峽谷之一。地底下有長約六公里的地下河與瀑布，是很特殊的自然奇觀。這裡主要行程是參觀地下巨大的鐘乳石洞，步道總長三公里半，行走上並不會很困難。山洞裡全年氣溫約攝氏十二度，一進洞穴因溫度驟降，我不禁打了個冷顫。

　原本好奇這邊會不會跟中國一樣替鐘乳石打上五顏六色的燈光，結果只有打能夠呈現自然色澤的淡色黃光。一路上的鐘乳石並沒有讓我感到驚艷，而在什科茨揚洞群的旅遊海報上必出現四十公尺高的吊橋，現實中並沒有照片上那麼壯觀，走過去也因為安全設施做得很徹底，所以一點都不驚險。

　直到進入最大的洞穴 Martel's Chamber，才讓我屏住呼吸。這座布滿鐘乳石的洞窟高一百四十四公尺，相當於四十九層樓的高度！我們沿著洞穴邊緣前進，一路往下走。從上往下看，洞穴深處的光影都是觀光客行走的步道，像是電影《魔戒》（*The Lord of the Rings*）的畫面。

1 在什科茨揚洞群與新朋友們合影。**2** 在沒有鐘乳石洞的什科茨揚洞群內攝影。

出了鐘乳石洞，還可以繼續沿著河水雕刻出來的洞穴探索，唯一差別是這裡沒有鐘乳石，所以可以攝影。我們四個人為了趕公車，刻意加快腳步走完一‧五公里。沿途的高聳石壁，讓人不得驚嘆大自然的鬼斧神工，也讓我為斯洛維尼亞留下極佳的印象。

洞窟內的城堡 —— 波賈瑪城堡

波斯托伊納（Postojna）這個觀光小鎮同時擁有斯洛維尼亞第二大的鐘乳石洞 —— 波斯托伊納洞穴以及蓋在石洞內的城堡 —— 波賈瑪城堡（Predjama Castle）兩大景點。原以為這天可以把所有景點一網打盡，卻因早上錯過公車而影響整天行程。

「已經四點半了，洞穴或城堡你們只能二選一。」售票員無情地告訴我們。「城堡。」我毫不猶豫地回答。「波斯托伊納洞穴是搭乘小火車觀賞鐘乳石，我覺得有點無聊。」「既然你這麼說，那麼城堡一定比較好。」米奇在一旁拍馬屁，於是他們也都跟我們選同樣的項目。

大夥一看到城堡直誇我選對了！這座城堡的外觀實在太特殊！建於一二七四年，這座文藝復興式的洞窟城堡後面直接就是山壁，沒有人能從後面攻打過來。走近一看，可發現城堡是直接蓋在岩石天然的拱型底下，那個年代就算有飛機，城堡也很難被天上的炸彈炸到。

布萊德島上的聖母蒙召升天教堂高塔非常醒目。

　　內部雖然沒有華麗的裝飾，但設計者巧妙地把格局跟石壁融合在一起。不過裡頭氣候非常潮濕，牆壁上都是青苔。想必住起來一定很不舒服，但那個年代為了活命，應該什麼都願意。就如這棟城堡最有名的主人 Erazem Leuger，是一位十五世紀的大盜。當時國王的軍隊因為攻打不下城堡，決定派兵包圍，希望能把他餓死，沒想到城堡下有條天然石道通往附近的村莊，可從那邊補充乾糧。一開始國王的士兵完全不懂為什麼大盜的糧食都沒中斷，直到買通了城堡裡的僕人，他們才恍然大悟！而僕人也告訴他們整座城堡堅不可摧，除了陽台上的廁所。於是某天晚上趁大盜上廁所時，士兵依僕人的暗號對岩壁發射大砲。結果大盜就在廁所內被碎石壓死了。

1 城堡內部的石洞入口，進去後是最初始的「洞穴城堡」。2 建在洞窟內的波賈瑪城堡。

這座城堡也是一九八六年成龍拍攝《龍兄虎弟》的地方，他當時為了從陽台跳到外面的樹結果失足掉落，聽說耳骨碎裂，是他職業演員生涯中最接近死亡的一次！

城堡中另一個讓我嘖嘖稱奇的就是從城堡到洞窟的石壁有一座吊橋相連，內部更連接到一個石洞。裡面的石頭被雕刻成綿長的階梯，通往洞穴更深處，就連石壁上也刻出拱型的城堡窗戶以及門的樣子。也許這才是最初始的「洞窟城堡」。

波賈瑪城堡真的是我這趟歐洲旅行看過最精采的城堡！而且它的語音導覽非常豐富，告訴我們每個角落發生的故事。雖然我們最後錯過回程公車，等到晚上十點多才搭火車回到盧比安納，卻非常值得。

夢幻的布萊德湖

「嗨！我們又碰面了！」York 跟我沒想到今天又和米奇與威爾搭同班車。布萊德小鎮距離盧比安納約一個小時車程，是歐洲的熱門渡假勝地。尤其布萊德湖（Lake Bled）在阿爾卑斯山群和森林環抱下如詩如畫，常被旅遊雜誌報導。

一下公車，我們就跟著一群觀光客前往湖邊，不過很快地就傳來米奇與威爾失望的聲音，「湖怎麼那麼小？」兩位加拿大人無法隱藏他們的沮喪，的確加拿大有比這更壯觀的冰蝕湖，不過這裡有中世紀城堡聳立於湖岸邊，湖中還有座蓋在島嶼上的教堂，一發現周圍相輔相成的美麗景色，他們又恢復原本高昂的興致。

首先我們前往斯洛維尼亞最古老的城堡 —— 布萊德城堡，它建在湖面的巨岩上，從對面看過去非常雄偉。原以為城堡附近能俯看整個湖面，卻沒想到除非買票進去城堡，不然連懸崖都無法靠近。「如果您在城堡內享用套餐的話，就可免費進入唷！」櫃台小姐微笑地說。我們算一算好像有點貴，最後決定省下來這筆錢。

沿著湖岸漫步，目光總離不開只能靠划小船到達的布萊德島，該島是斯洛維尼亞唯一的天然島嶼。島上最大的建築是建於十七世紀末的聖母蒙召升天教堂，內有中世紀壁畫和豐富的巴洛克藝術。而它的塔樓有五十二公尺，內有九十九級台階。從遠方看非常醒目。

看到如此清澈的湖水，男孩們忍不住脫掉衣服跳下水中游泳。正當大家玩得不亦樂乎時，米奇突然爬上岸邊研究手中的地圖。「我覺得我遊得過去。」「什麼？」我們吃驚地回過頭。「如果從這裡開始游，應該不到兩百多公尺就可以到島上。」米奇篤定地說。於是我們走到他說的那個位置，碰巧看到兩位女生游出水面。「嗨！你們剛從島上回來嗎？」威爾問對方。「對啊！湖水超舒服的，一點都不黏膩！」

聽到成功的案例，米奇興奮不已，馬上準備尋找藏匿隨身物品的地方。「你們好好玩吧！我們不一起去了。」「為什麼？」實在不想讓他們知道我其實不太會游泳，只好說我月經來了，男生聽到這回答果然馬上不再過問。威爾找到一個矮樹叢，並把鞋子與相機都放在那邊，相信游回來後絕對找得到。

　　雖然才短短兩天，但感覺我很久沒跟 York 獨處。道別後我們牽著手在河邊散步，看著米奇與威爾越游越遠。「謝謝你沒把我丟下來顧東西。」我知道如果我不在，他一定會一起遊過去。「傻瓜，難道我要把你丟在岸邊嗎？」當下真的很慶幸有 York 這麼好的旅伴，雖然我們常拌嘴，但至少我知道他是一個願意陪我的人。

1 男孩子們在布萊德湖裡游泳。**2** 從盧比安納城堡山丘俯瞰整座色彩繽紛的古城。

Winny 會客室

· 斯洛維尼亞一九九一年才獨立，是個很新的小國家。
· 位於阿爾卑斯山脈附近，有許多滑雪場，還有登山、划船、自行車等戶外活動。
· 由於鄰接著義大利與奧地利，首都盧比安納的建築深受兩國影響，並沒有因為屬於前南斯拉夫聯邦而使改變建築風格。
· 當地人喝的通常是土耳其咖啡，茶反而沒那麼普遍。

📍 捷克・庫特納霍拉

人骨教堂與銀礦

2016

July

S	M	T	W	T	F	S
					1	2
3	4	5	6	7	8	9
10	11	12	13	14	15	16
17	18	19	20	21	22	23
24	25	26	27	28	29	30
31						

Winny 畫重點

- 人骨教堂就在捷克中部的小鎮庫特納霍拉（Kutna Hora）。
- 當年這個城鎮可是這裡僅次於布拉德的第二大城，保存多處世界遺產。
- 可參加冒險團進去十四世紀銀礦深處一探究竟！

　　「什麼？三公里？」眼前這位中國女生瞪大眼睛。她一身黑蕾絲洋裝，配戴著骷顱頭銀飾項鍊及耳環，穿著漆黑長靴，完全像是日本動漫中才會看到的哥德蘿莉塔風格，對於我們要全程用走的這件事完全不可置信。「是啊。我們在長途旅行中，能省則省，三公里不遠啦！」我笑笑地回答她。想必是覺得我們不會跟她共程計程車，於是一到站就去找別的旅客。

　　庫特納霍拉距離布拉格約七十公里，這個城鎮曾在十三世紀時是波希米亞地區僅次於布拉格的富裕城市之一。豐富的銀礦以及金屬鍛造業，使這個小鎮蓋出許多傑出的哥德式建築。

世界遺產的聖白芭蕾教堂，屋頂形狀很特殊。

　　庫特納霍拉的舊城區離車站不遠，此處在一九九五年被列為世界遺產，吸引了許多到布拉格旅遊的人會順道來這裡一日遊，其中以聖白芭蕾教堂（St. Barbara's Church）最受人矚目。外型跟布拉格城堡內的聖維特主教堂相似，擁有濃厚的哥特式波希米亞風格。最特殊的是它的屋頂弧度，跟以前看過的教堂非常不同。

　　不過與歐洲許多教堂一樣，都花了好幾百年才完工。聖白芭蕾教堂從一三八八年開工，中間因十五世紀的胡斯戰爭而停工了六十年，當時該城大部分的日耳曼人口被屠殺，原本仰賴礦業的繁華城市開始走下坡。戰爭結束後的三百多年，教堂都一直用臨時圍牆環繞著，直到一九〇五年才完工。

地底四十公尺的銀礦探險

一開始 York 問我要不要去銀幣博物館（Czech Museum of Silver）時，我還興趣缺缺，以為只是參觀各式銀幣，沒想到這裡可以讓遊客進入中古世紀的銀礦場，彌補我沒參觀到玻利維亞波托西（Potosi）礦場的遺憾，當初我們還為了這件事情爭吵許久。

玻利維亞的礦場目前仍運作中，且位於海拔四千公尺，空氣非常稀薄，導遊會帶領遊客進入深達一千尺，溫度高達攝氏四十度的礦場參觀工作實況，當時 York 一聽到所有的旅行團都會在洞裡示範用火藥炸開洞穴，馬上說不去！我怪他怎麼那麼沒冒險精神。現在回想起來，深感生命安全還是比較重要。

相較起來，庫特納霍拉安全許多，售票小姐不但再三確認我們沒有密閉恐懼症，還把大家帶到博物館旁邊的小洞穴，確定沒有人感到不適。畢竟在正常的情況下很少人會發現他們有這種恐懼。接著我們穿上像實驗室的白袍以及安全帽。導遊說中古世紀的礦工下去時頭部其實沒有保護設施的。

「既然這麼危險為什麼還是有人願意做呢？」某人提問。「當然都是因為錢囉！」導遊咯咯笑。「當時礦工平均壽命比一般人少了十年，但薪水卻是五倍。中古世紀的女人一生都會多次改嫁，丈夫死了就再找一個。這就是當時的社會。」

我們隨著導遊走到鎮外的一棟不起眼建築前，沒想到下面有個彷彿無止盡的樓梯直達地底三十五公尺。「歡迎來到第一層樓的銀礦。」導遊說。從這裡開始，內部一片漆黑，需用頭燈照明。為了確保遊客不在迷宮般的礦場走丟，前後都各有一名導遊。

由於中古世紀的男性平均身高才一百六十公分，這些礦場的地道都挖得非常狹窄，連身高一五八公分的我都偶爾會撞到頭，York 也都不停撞到上面的岩石，更別說那些高大的歐美男生，每個都彎著腰走。

導遊帶我們到一座小橋上，下方有一個深不見底的水池，那就是更下層的銀礦場。「這裡其實共有四百多公尺深，不過某年下大雨，整個銀礦場只剩下第一層能夠開放給大家安全參觀。」一想到如果真的不幸卡在裡面我就起雞皮疙瘩。真佩服這些導遊能夠把迷宮般的銀礦場記得這麼清楚。

這時導遊要求全部的人把頭燈關掉。我們面面相覷，但還是乖乖地把唯一的光源熄掉。礦場瞬間一片漆黑，現場鴉雀無聲。「你們感覺到微風嗎？」導遊輕聲地說，大家應了一聲。「恭喜你們會活下來！以前礦工在油燈燒完後，唯一能夠做的就是隨著風流尋找出口。當時的工頭如果在下班時發現礦工人數有少，就會派所有的人回去找，這不是因為他們有義氣，而是怕人變成的鬼魂在礦場陰魂不散，會使這個地方更危險。」

當我們跌跌撞撞地結束了兩百五十尺的銀礦探險，再次見到陽光的感覺實在非常美好！幾個高大的男生很明顯剛剛彎腰彎到痛，頻頻伸懶腰。能夠在安全的狀況下參觀當時礦工的工作環境也是很有趣的體驗，同時慶幸當初在玻利維亞沒輕易嘗試高山礦坑，不然在窄小的通道中高山症發作，那可就笑不出來了。

死亡的藝術 ── 人骨教堂

歐洲有許多人用人骨裝飾的教堂，其中以捷克的人骨教堂（Sedlec Ossuary）最為出名，每年有二十多萬旅客到此參觀。其實一開始這裡只是一般的墓地，但在十三世紀有位修道士從耶路撒冷帶了些聖土回來並灑在墓園上。突然這墓園變成貴族中最搶手的安葬之地。

經過十四世紀的黑死病以及十五世紀的胡斯戰爭，使得這墓園無法埋葬大量的屍體，因此修道院在這裡蓋了一間兩層樓的教堂，上層是做為禮拜用，地下室就專門放人骨。在一五一一年時，一位半瞎的修道士排列出這些到現在世人還讚嘆不已的「人骨藝術」。

這間教堂總共使用了大約四到七萬架人骨，雖然跟巴黎的地下公墓的六百萬還是

有很大的差距，但有些作品確實很有原創性。一進教堂就會看到用人骨排列出的巨大吊燈，數十個頭骨連接在一起，形成詭異卻唯美的畫面。而利用不同大小的人骨排列出的中古世紀名門施瓦爾岑貝格家族徽章也很值得一看。

人骨教堂其實比想像中來得小，還好我們在庫特納霍拉有安排其他景點，不然從布拉格來回庫特納霍拉車程三小時有點不值得。很感動原本不喜歡死亡的 York，願意陪我來這裡，讓我去過的人骨教堂數目又增加一處！

Winny 會客室

· 前往庫特納霍拉的火車每兩小時從布拉格的中央車站出發。
· 搭乘地鐵 C 線前往 Háje 站，在那邊的公車站（Praha-Háje）前往庫特納霍拉。

1 人骨教堂入口旁邊的擺設。2 銀礦坑內很狹窄，連我都需要把手擠在胸前才能穿過。

Chapter 02
歐洲

<table>
<thead>
<tr><th colspan="7">July</th></tr>
<tr><th>S</th><th>M</th><th>T</th><th>W</th><th>T</th><th>F</th><th>S</th></tr>
</thead>
<tbody>
<tr><td></td><td></td><td></td><td></td><td></td><td>1</td><td>2</td></tr>
<tr><td>3</td><td>4</td><td>5</td><td>6</td><td>7</td><td>8</td><td>9</td></tr>
<tr><td>10</td><td>11</td><td>12</td><td>13</td><td>14</td><td>15</td><td>16</td></tr>
<tr><td>17</td><td>18</td><td>19</td><td>20</td><td>21</td><td>22</td><td>23</td></tr>
<tr><td>24</td><td>25</td><td>26</td><td>27</td><td>28</td><td>29</td><td>30</td></tr>
<tr><td>31</td><td></td><td></td><td></td><td></td><td></td><td></td></tr>
</tbody>
</table>

<table>
<thead>
<tr><th colspan="7">August</th></tr>
<tr><th>S</th><th>M</th><th>T</th><th>W</th><th>T</th><th>F</th><th>S</th></tr>
</thead>
<tbody>
<tr><td></td><td>1</td><td>2</td><td>3</td><td>4</td><td>5</td><td>6</td></tr>
<tr><td>7</td><td>8</td><td>9</td><td>10</td><td>11</td><td>12</td><td>13</td></tr>
<tr><td>14</td><td>15</td><td>16</td><td>17</td><td>18</td><td>19</td><td>20</td></tr>
<tr><td>21</td><td>22</td><td>23</td><td>24</td><td>25</td><td>26</td><td>27</td></tr>
<tr><td>28</td><td>29</td><td>30</td><td>31</td><td></td><td></td><td></td></tr>
</tbody>
</table>

📍 德國・羅斯托克橫跨波羅的海

橫跨中北歐四國的郵輪體驗

Winny 畫重點

- ‧每人六百美金搭乘無限供應酒食的八天七夜波羅的海郵輪！
- ‧同時拜訪瑞典、芬蘭、俄羅斯、愛沙尼亞沿海的四座城市。
- ‧在聖彼得堡享有七十二小時的免簽！

這群旅客的後方就是我們的郵輪 MS Monarch。

「你想在歐洲搭乘郵輪嗎？」我邊查資料邊問 York。「那不是老人的旅遊方式嗎？而且很貴吧？」他回答。「這個網站的西班牙三星郵輪，八天七夜橫跨波羅的海，每人特價才六百美金！」我唸著網站上的介紹。「什麼？不只吃到飽，還可無限飲酒？」York 湊了過來，不敢置信地看著螢幕，於是我們馬上預定這個行程。

總公司位於西班牙的普爾曼郵輪（Pullmantur Cruises）專門接待西班牙旅客。郵輪上的主要語言是西文，但會有英文廣播，就算不懂西文也沒有問題。我們的郵輪 MS Monarch 是一艘三星級的九〇年代船隻，雖然沒有像皇家加勒比海郵輪那樣豪華，但有兩個戶外游泳池、籃球場、十一個酒吧，以及餐廳、賭場、劇院。對第一次搭乘郵輪的我們來說設施非常豐富。

鐵達尼號的真實性

「現在請所有旅客把櫃子裡的救生衣拿出來，並到七樓的甲板，我們要進行逃生演習。」廣播聲從角落傳出，吵醒正在午睡的我們。這艘船共有十三層，越高級的房間樓層越高，我們的房間是在倒數第二層。房裡的衛浴設備、雙人床以及裝潢可能為了保持九〇年代的特色，都有點復古。

在船上任何時刻都有自助餐可以吃，需要非常強的自制力。

我們到甲板時已經人聲鼎沸，穿著亮黃色背心的船員不停的指揮大家。「第八層甲板的旅客往外面右邊去！二到三層甲板的人往裡面走！」一群住底層的旅客被擠進七樓的舞廳內，我偷偷跟 York 說：「如果發生事情，我們不就最後才搭得上救生艇嗎？難怪《鐵達尼號》裡的有錢人可以先離開船！」話還沒說完，船員又用擴音器說：「女人小孩站左邊，男人往右邊去！」「天啊！連先救老弱婦孺這段也是真的！」我誇張地表示。

就這樣我們硬生生被拆開，不到幾秒鐘就馬上看不到對方的蹤影。雖然這只是演習，但結束後我們開玩笑討論是不是以後應該多花點錢住好一點的船艙。因為接下幾天到港口時，我們底層甲板的人也都最後才出去。不過整趟費用加上小費，平均一天也才一百美元，實在沒什麼好抱怨的，畢竟一分錢一分貨。

在海上漂流的一天

我們的郵輪是從德國北部城市羅斯托克（Rostock）附近的港口啟程。從這可通往芬蘭、瑞典、丹麥、拉脫維亞、愛沙尼亞和俄羅斯等國家，也是德國第二大前往波羅的海的港口。從這裡到瑞典首都斯德哥爾摩（Stockholm）要花一整天的時間在海上，這也是為什麼我們以每人多加五十美金訂一間有窗戶的房間，至少待在房內時還能看望海洋。

不過郵輪公司沒什麼機會讓你閒著，當晚就把隔天的時間表送到房門。從早上六點的太極拳課開始，每小時都有不同活動，也有專門給小孩子或是青少年的課程，使父母可以真正地放輕鬆。餐廳與酒吧在不同時段也會推出不同食物與現場演奏，讓人完全無法決定接下來要做什麼事。「難怪現代郵輪是講求船上的體驗，而不是去參觀景點本身。」

在旅遊前我讀了一本很有趣的書叫做《旅行的異義》，裡頭探討著「觀光」這個產業對全球帶來的影響，當中有一篇是關於現代郵輪。文內提到前嘉年華郵輪的執行長，堅持使用「歡樂之船」來形容旗下的郵輪，並說：「船隻本身成為遊樂的目的地，停靠的港口反而是額外的優點。」難怪現代郵輪就像是個海上渡假村，設施不比陸地的飯店差。

除了早午餐是自助餐以外，晚餐分成七點半跟九點兩個用餐時間。不知道是為了配合西班牙人晚吃飯的習慣，還是餐廳無法一次納入那麼多人？這點就不得而知了。儘管十一樓的自助餐廳每晚菜色不同，但我們比較偏愛到樓下的正式餐廳用餐。入座位置雖是事先安排好的，不過跟我們同桌的旅客都講英文，倒也聊得愉快，尤其當侍者端上佳餚，又提供無限量紅酒時，氣氛更是熱絡。

每晚都是嘉年華會

挺著吃到快撐破的肚皮，我們走進五樓的歌劇院，馬上被裡頭的規模嚇到。寬敞的舞台以及三層樓多的座位，一點也不輸澳洲市中心的小劇院。我們從沒在郵輪上看過秀，完全不知道會是什麼樣的演出。時間一到，許多人已從酒吧帶著調酒坐在位置上等待，不久燈光一暗，夜晚的歌舞劇即將展開。

音樂響起時，舞者們穿著華麗的衣服隨著樂團的節奏搖擺，有時鐵圈從天而降，姿態姣好的女演員會跳上去，像馬戲團一樣做出高難度的動作。也有位非裔女子專門唱歌，她的歌聲優美，令人入迷。連三星郵輪的舞台劇都這麼有水準，很難想像五星級的郵輪會是如何氣派。每晚表演內容都會有所變化，讓人無法錯過。

1 郵輪內就像個巨大百貨公司。2 有窗戶的雙人套房。

「感覺在郵輪上工作挺好的！」某天 York 坐在吧檯跟我說。「而且又可以環遊世界。」「這些員工底薪都超低的，聽說有些一個月才五十美金……」我把所知道的講給 York 聽。「郵輪公司之所以可以這麼高獲利，主要是因為許多船隻都登記在第三世界國家，那些國家都沒勞工法，因此可以給低廉的薪資。」

「你們是哪裡人呢？」酒保這句開啟了接下來的談話，並繞到他在郵輪上工作的話題。「我們在船上無法使用免費網路。」他邊擦著杯子邊跟我們說。「那你怎麼跟家人聯絡？」我驚訝地問。「只能在靠岸時接港口的免費無線網路啊。」他一臉無奈，來自菲律賓的他，為了這個工作機會而學西文。

他說直到這一季結束前都無法休假也無法回家。像最後一天早上我們結束行程後，當天下午新的一批旅客就會馬上進來。「這麼辛苦為什麼還繼續？」「因為至少我能看到不一樣的世界，像現在跟你們談話就很有意思。」他笑著說。看著眼前的酒保，不禁對他產生敬意。經過這次的短期郵輪體驗，讓我們了解自己還是喜歡腳踏實地的感覺，並在重新閱讀《旅行的異義》時，對裡面的見解也有更深的感觸。

晚餐後的歌劇表演，
每晚都有不同驚喜。

Winny 會客室

· 根據二〇一一年統計，全球有一百九十萬人搭乘郵輪旅行！最盛行的地點是加勒比海與地中海。
· 在國外，養老院費用頗高，因此許多老人都把錢拿來搭乘郵輪。不只可以結交新朋友，每天也有不同活動，船上還有二十四小時的醫療服務。是個另類退休新方案！
· 大部分的人喜歡郵輪的原因主要是能在短時間內去很多地點，船上有老少咸宜的活動，以及無限供應的飲食。

2016
August
S M T W T F S
1 2 3 4 5 6
7 8 9 10 11 12 13
14 15 16 17 18 19 20
21 22 23 24 25 26 27
28 29 30 31

📍 瑞典・斯德哥爾摩
北歐威尼斯的
博物館尋寶

瑞典首都：
斯德哥爾摩短片
Highlights of Stockholm
@ Sweden

🧁 Winny 畫重點

· 瑞典的首都斯德哥爾摩（Stockholm）分布在
十四座島嶼和一座半島上，總共有七十多座橋串
連這些島嶼，因此有「北歐威尼斯」之稱。
· 自十三世紀起，由於這裡沒被戰爭破壞過，因此
保存良好，更有一百多座博物館和名勝古蹟。
· 單在網上搜尋「斯德哥爾摩免費博物館」就出現
十七處，主題從美術館、城堡、古代兵器都有！

經過三十多小時的航程，大家都迫不及待地踏上平穩的陸地。迎接我們的是斯德哥爾摩陽光普照的天氣，很驚訝這個城市能夠把現代建築與大自然巧妙地結合，難怪在二〇一〇年獲得歐洲最環保的首都之稱。

我們搭乘的郵輪今晚停靠斯德哥爾摩的港口，可以有整整兩天的時間來探索這個城市。瑞典王國政府、王室的官方宮殿、國會以及上百座的博物館與景點，讓人不知道該從哪裡開始逛起。

「如果你只能選一個博物館絕對不能錯過瓦薩！」在來這裡前朋友一直跟我推薦。離開了郵輪，我們就是窮背包客。當其他旅客都被遊覽車接走時，我們開始了三公里步行前往博物館。

1 阿姨自製的蔥油餅。**2** 瓦薩號上遺留的炮台，是沉船的罪魁禍首。

沉入大海三百多年的
十七世紀軍艦

　　這座瓦薩沉船博物館（Vasa Museum）是一所展示十七世紀的沉船 —— 瓦薩號的海事博物館。整座博物館就是圍繞著這艘軍艦所建造的，從底層到六樓，能讓人從不同角度欣賞船隻，也有許多有趣的航海歷史。在世界上有哪個角落能夠讓你近距離觀看十七世紀完整的軍艦呢？而且館內還有免費導覽。

　　瓦薩號是瑞典王國於一六二六年至一六二八年下令建造的一艘軍艦，全長六十九公尺，寬十二公尺，高五十二公尺，約十五層樓高。一進去博物館馬上被它的體積震撼到，可惜這艘船當初航行不到一千三百公尺就沉船了！

1 沉入大海三百多年的瓦薩號。2 斯德哥爾摩碼頭對岸的景色。3 在斯德哥爾摩港口邊的年輕人，悠哉地談天。

皇家工學院的整潔寬敞的校區。

　　當時的國王在軍艦幾乎完工時，強硬要求增加砲台，使得軍艦的重量增加，浮在海面更為困難。首航時，海面離最下方的砲台窗口不到一公尺半，微風一吹船身就微微傾斜，水開始進入砲台窗口，浸水後船的重量增加，並快速下沉。從啟航到整艘船完全沉沒不到二十分鐘，成為史上最慘的船難。還好事發地點離陸地不到一百二十公尺，多數人都成功游上岸，但還是有三十人身亡。

　　「為什麼不把大砲窗口關起來？水就不會進去了啊！」有人對導覽員提問。「在當時任何船隻的首航一定要向民眾發射禮炮致敬，因此出航時未關窗而使水滲入。不過後人也因為從船上打撈到這些文物，讓我們能夠了解當時十七世紀的瑞典人的生活方式。」

　　博物館內的展物與動線設計得非常人性化，就算是小孩子也能逛得很開心。我跟York專心閱讀每項說明展板，其中最有趣的就是在一九六一年的打撈行動中，海洋考古學家們在瓦薩號上找到大量的兵器、硬幣、餐具等物品，並發現許多衣服及鞋子經過了三百多年都沒腐爛的原因是深海中缺乏氧氣，所以東西沒被侵蝕。

　　另一個令人百思不解的問題是「這艘用木頭建造的軍艦長期沉在海底，為什麼卻還保持良好呢？」是因為二十世紀前的瑞典水質嚴重汙染，連腐蝕木頭的微生物都無法生存。不過長期在海底的關係，瓦薩號的木頭都含有大量水分，如果直接曬乾的話，木頭會萎縮，整艘船就會垮掉。於是專家連續十七年，對瓦薩號噴聚乙二醇來代替水分子，到目前船還在「陰乾」中，所以博物館內部才會那麼暗。

　　我們在博物館逛到忘我，等到肚子餓時才發現已經過了用餐時間三個多小時了。今早看到許多同船上的媽媽都把自助早餐供應的麵包以及水果用衛生紙包起來，很後悔沒有跟著做。北歐的消費水準果然很高，我們只好到附近的便利商店買點麵包填一下肚子，晚上還要去朋友家吃飯呢！

皇家工學院

一進入斯德哥爾摩東邊的皇家工學院（KTH），我馬上就被寬敞又整潔的校園吸引。我一直以來就很嚮往能夠在這種學院風的校園內讀書，很可惜我在紐西蘭就讀的眼科視光系，是位於充滿現代感的奧克蘭大學醫學院內，因此每次來到擁有豐富歷史建築的大學，都會很羨慕。

皇家工學院成立於一八二七年，是歐洲最頂尖的理工大學，許多科系都是世界聞名，在學界享有重要的地位。今天來到這裡是為了找我從小在紐西蘭認識的朋友聚餐。他今年雖然才三十幾歲，但在年初就被聘請到這裡當助理教授，以年紀來說真的是成就非凡。

他跟老婆帶著兩個年幼的孩子住在校園內的宿舍，原以為會很簡陋，沒想到比一般的兩房一廳的公寓還要寬敞！「哇！學校給你們住的很不錯呢！」我邊參觀邊說。「瑞典人超注重生活品質，大學還給我們全家人免費健身房會員資格呢！」

瑞典雖然跟其他北歐國家一樣稅收很高，但政府福利非常好，特別為家庭著想，除了醫療，小學到大學的教育全都免費，以及提供新生兒的父母四百八十天的育嬰假，代表夫妻各有兩百四十天，就算其中一方不想請那麼久，法律上也規定一定要請九十天陪新生兒，剩下的天數則可讓另一半使用，其他福利還有帶嬰兒車搭公車即可免費，專門設計給孩子的公共設施等。

當我們正聽這些瑞典福利聽得出神時，阿姨從廚房出來說開飯了。「你們出國那麼久，一定很想念台灣食物！阿姨特地煮了牛肉麵跟蔥油餅給你們吃。」鼻子聞著正港的台灣牛肉麵的香味，眼睛看著盤子上熱騰騰的蔥油餅，瞬間有無限感動。

記得在紐西蘭小時候去阿姨家吃飯總是會吃到很飽，今晚也不例外。回家的路上我還差點胃食道逆流呢！York 怪我每次都要硬撐，可是下一次吃到台灣食物至少要六個月以後啊！為了今晚的飯局，我們錯過了郵輪上的晚餐以及歌舞秀，也沒有利用晚上的空檔去品嘗瑞典料理，畢竟難得能夠在陌生的土地見到故人，這比觀光來得更有價值！這趟旅行在長時間沒有親友的陪伴下，讓我更珍惜和他們相處的時光。

 Winny 會客室

· 斯德哥爾摩冬天的陽光不到六個小時，但夏天可直達攝氏二十一度！
· 來逛全世界最大的 Ikea 吧！這牌子可是瑞典的驕傲！
· 自一九〇一年起，斯德哥爾摩是諾貝爾獎的頒獎典禮城市。

Chapter 02
歐洲

📍 俄羅斯・聖彼得堡

四十八小時
免簽閃遊俄國首都

2016

August

S	M	T	W	T	F	S
		1	2	3	4	5	6
7	8	9	10	11	12	13
14	15	16	17	18	19	20
21	22	23	24	25	26	27
28	29	30	31			

俄羅斯的「北方威尼斯」聖彼得堡短片
Highlights of St Petersburg @ Russia

 Winny 畫重點

· 只要從特定城市搭乘郵輪前往聖彼
  得堡（St. Petersburg），就可享
  有七十二小時的免簽！
· 這裡是俄羅斯最西化的第二大城，
  有「北方威尼斯」之稱。
· 由於是前俄羅斯帝國的首都，可見
  到許多富麗輝煌的建築與宮殿。

不管任何時候都很多人的艾米塔吉博物館。

「昨天櫃台小姐說可以給我們五小時自由行，怎麼變成只有兩小時？」我們在聖彼得堡港口的遊覽車外跟負責人起了爭執。俄羅斯的簽證不易申請，但如果從芬蘭的赫爾辛基（Helsinki）或是愛沙尼亞的塔林（Tallinn）搭乘渡輪前往聖彼得堡，那就可以享有七十二小時的免簽，不過唯一的條件是必須參加渡輪公司的官方旅行團，雖說是旅行團其實只是將遊客從碼頭載到市區，之後就是自由行。

原本在渡輪上已經確認這個行程跟官方團是一樣的概念，卻沒想到會變成全程用西文的巴士導覽！而且因為會點人數也無法脫隊。最讓我們失望的是兩個小時根本無法參觀世界聞名的艾米塔吉博物館（Hermitage Museum）。

艾米塔吉博物館

艾米塔吉博物館跟大英國物館、美國大都會博物館、羅浮宮以及故宮博物院被稱為「世界五大博物館」。裡頭共有將近三百萬件從石器時代到當代的世界文化藝術珍品，但實際展出的收藏品卻不到百分之五。而且在一千多個展廳中，對公眾開放的只有三百五十個。此博物館的規模可想而知，難怪有「來到聖彼得堡沒進到艾米塔吉博物館，就像是到巴黎沒去過羅浮宮一樣」一說。

每個月的第一個星期四免門票入場，而我們正巧遇到，整個冬宮中庭大排長龍，並沒因為免費入場而加快進場速度，於是決定隔天再去。但隔天到了現場也被告知就算買了門票還需排兩個小時才能入場，無奈只好放棄。

不過單從艾米塔吉博物館的外表可以想像出裡頭會是如何富麗堂皇，尤其冬宮的色調是著名的蒂芬尼藍，配上金邊點綴門窗。讓我想起美國動畫《真假公主── 安娜塔西亞》（Anastasia）裡描述著當時俄羅斯沙皇奢華的生活。很可惜在一九一八年，尼古拉二世全家遭滅門，結束俄羅斯史上最強盛的羅曼諾夫王朝。

俄羅斯風格的喋血大教堂

既然無緣參觀艾米塔吉博物館，我們只好直奔下一個景點「喋血大教堂」。跟聖彼得堡主要的巴洛克和新古典主義建築風格不同，這座教堂特意設計成中世紀俄羅斯樣式，與莫斯科的聖瓦西里主教座堂頗有相似之處。

喋血大教堂建最特殊的地方在於建築緊貼河岸，原因是在一八八一年時，亞歷山大二世的馬車在此被一名無政府主義者丟入手榴彈，亞歷山大二世因而出血過多，急送至冬宮後還是回天乏術，他的兒子亞歷山大三世為了紀念父親而在這建造這座教堂，並把當初發生事件的街道一併封進圍牆內。

1 在市中心街上的貧富差距，讓人心酸。**2** 聖彼得堡因為河流眾多故有「北方威尼斯」之稱。

1 覺得屋頂像五彩繽紛的棒棒糖的喋血大教堂外觀。
2 在彷彿無止盡的聖彼得堡地鐵上的手扶梯。

　　教堂內有一座大量寶石裝飾的祭壇，設在亞歷山大遇刺的地點，祭壇每個細節都經過精密的設計，真佩服工匠們的手藝。教堂內部金碧輝煌，難怪在俄國革命時遭到洗劫使內部受到破壞。第二次世界大戰時，因發生嚴重飢荒被作為蔬菜倉庫使用，戰爭結束後又被附近的歌劇院當作儲藏室，直到一九九七年才對外開放。

　　雖然稱作教堂，但實際上從沒當過公眾禮拜場所，只是專門紀念被暗殺的皇帝。現在其實是個馬賽克博物館，擁有超過七千五百平方公尺的馬賽克，比世界上任何教堂還多。不過不得不承認，這座教堂最吸引我的還是像彩色棒棒糖般的屋頂！

世界上最深的地鐵

聖彼得堡因為擁有豐富的古蹟建築以及世界歷史遺產，還有有兩百多間博物館、兩千多家圖書館、八十幾座歌劇院，但短暫的自由時間讓我們根本無從選擇參觀地。「還剩一個小時，不然我們去搭地鐵吧？」於是我們跟著手機離線地圖，前往最近的車站。

聖彼得堡的地鐵本身就是個觀光景點。郵輪上還販賣聖彼得堡地鐵半日遊，居然要價四十五歐元！原以為地鐵系統會很複雜，沒想到運作方式都跟台北捷運非常相似，機器售票雖然只接受現金，但在櫃檯買票可用信用卡，而且只要不出站，不管搭乘多久，每人都只要不到一歐元的車資。

我們一進入地鐵站，就被手扶梯的速度嚇到！真心覺得這裡更應該廣播「緊握扶手，站穩踏階。」我們發現站在前後的乘客紛紛坐了下來，過了好久手扶梯卻還遲遲未到底端，這才發現聖彼得堡地鐵系統原來那麼深！計時的結果居然需要搭乘兩分鐘才會到底。

網路資料顯示最深的站有八十六公尺深，難怪這裡是全世界平均地鐵站最深的城市。有「北方威尼斯」之稱的聖彼得堡因為河流眾多，為了減少連接地鐵站的軌道坡度差，以節省行駛的電力，因此每站都挖得很深。

這裡的地鐵在一九五五年開通，地鐵每天有兩百多萬人搭乘，繁忙程度佔全世界第十九名。由於我們事先沒特別做功課，於是這一小時就隨意搭乘，出入不同地鐵站，看到許多風格的設計。有些地鐵牆面整個都是紅色的，有些則帶著濃厚的蘇聯共產黨味道。很可惜因為先前研究不足，而錯過了全世界最美麗的地鐵站「阿夫托沃站」，聽說裡頭燦爛輝煌，並有大理石柱做支撐。不過能一次看到這麼多有特色的車站建築，已算是非常值回票價。

在聖彼得堡看到的貧富差距

在從市中心集合點回到碼頭的三十分鐘車程，窗外的景色從富有歷史特色的建築，逐漸轉變成單調的共產黨式公寓。越接近海港，附近的房子也越殘舊不堪，但在掉漆的外牆裡面還是有人居住。

太多觀光客到一個城市，只待在觀光區內。尤其歐洲大部分的景點都集中在老城區，許多人會誤以為這個城市很繁華或適合居住，但其實只要離開那個區域，就會發現現實的貧富差距可能會比想像中還要大，聖彼得堡正是那樣的城市。

我們這兩天跟了兩個不同的導遊，一位是從來沒離開過俄羅斯的年輕人，熱愛普丁，並把大部分的過錯指向全球；另一位是有老婆在泰國的中年人，他趁著旅遊旺

季回到俄羅斯當導遊賺生活費，希望下半年在泰國的時間可不用大量工作。對這個國家不是那麼滿意的他，告訴我們這裡的現實生活。

俄羅斯是世界上貧富差距最大的國家之一，根據最新統計，十分之一的俄羅斯人掌控了國家百分之八十五的財產，而一百多位的億萬富翁則擁有該國百分之十九的財富。對這個全球人口數第九名的國家來說，這可是驚人的數據！有錢人真的非常有錢，連手機社交應用軟體 Instagram 都有個「@richrussiankids」的帳號記錄著這些天之驕子的奢華生活。

「這個城市的平均薪水是每月四百歐元，好一點可能一個月八百歐元。不過只要從事跟政治有關的工作，月薪馬上高達四千歐元。可是對普通人來說要從事政治工作和談容易？沒有關係根本進不去，是個惡性循環。」「聖彼得堡的小套房月租平均要四百歐，年輕人不早婚的話，就會與父母同住，根本無法獨自這個城市居住，而早婚更導致單親家庭、年輕媽媽等現象產生。」導遊萬分感慨地說。

聖彼得堡本身確實是一座很美的城市，不管是俄羅斯沙皇遺留下的建築及藝術品都讓人大開眼見。不過在街道的角落，看著那些可能永遠無法翻身的人們，還是會讓人心酸。這次的短暫停留雖然有許多遺憾，但也讓我們稍微了解這個戰鬥民族的文化和歷史。

喋血大教堂金碧輝煌的內部。

Winny 會客室

· 申請俄羅斯的簽證需要事先預訂旅館，並等旅館寄出邀請函，才能把護照寄到俄羅斯大使館。
· 不過如果從赫爾辛基或塔林搭乘 St Peter Line（官網：stpeterline.com/en）前往聖彼得堡並享有免費七十二小時簽證。
· 唯一條件就是須預付該公司所提供的碼頭到市區的專屬覽車費用（網址：stpeterline.com/city-bus-tour），之後就是自由行了。別忘了在聖彼得堡預定兩晚住宿。

2016

August

S M T W T F S

1 2 3 4 5 6
7 8 9 10 11 12 13
14 15 16 17 18 19 20
21 22 23 24 25 26 27
28 29 30 31

◉ 愛沙尼亞・塔林

歐洲最完整的
中世紀古城

Winny 畫重點

· 愛沙尼亞的首都塔林（Tallinn）擁有全歐洲保存最好的中古
　世紀古城。
· 距離芬蘭的赫爾辛基約八十公里，超市販售許多芬蘭零食！
· 當地的航海博物館可讓你進入真實的百年破冰船！

充滿活力的古城廣場以及塔林市政廳。

航海博物館的另一個展館是防衛塔「肥胖瑪格麗」。

離開郵輪的終點站赫爾辛基，我們搭乘兩個小時的渡輪回到先前停靠過的塔林。原以為波羅的海三國消費偏低，卻沒想到塔林因離芬蘭不遠，許多企業大量進駐，加上 IT 產業發達，種種原因使這邊物價比想像得還高。

由於我們的住宿是一間沒廚房的廉價套房，不得已只好每晚九點到超市報到，這樣才有促銷打五折的烤雞可以吃。但是雞肉很油膩，必須配優酪乳才能消化。我們無奈地在超市門外啃著雞腿說：「這跟前幾天在郵輪上的生活差好多！」。

塔林歷史城區

「起來！我們必須趕在郵輪遊客下船前探索舊城！」York 搖醒還在熟睡的我。自從在蒙特內哥羅科托爾看到郵輪乘客把古城街道擠得水洩不通，我們就學會避開遊客下船的時段。果然選擇是正確的，早上八點的舊城店面還沒開幕，清潔工人在人煙稀少的路上掃地，空氣中瀰漫著清爽的味道。

塔林的舊城區是圍繞著主教座堂山（Toompea）所建造的，最早可追溯到一〇五〇年，不過直到十四世紀，舊城區才真正興榮起來，並分為上城區與下城區。此山丘跟南非的桌山類似，頂端是個長圓形平地，原本上面蓋著一座城堡，可惜經過多次戰火，原貌已幾乎全毀，只剩下少許城牆遺跡，現在看到的是重建後的樣貌。

我們沿著鵝卵石街道，緩慢爬上坡，並從上面俯瞰下城區的橙橘色屋頂。「以前居住在上層區的貴族跟下層區的平民勢不兩立，唯一連接兩區的防禦塔還有宵禁，太陽下山後就不能進出。」步行導覽的導遊介紹著。「直到一八七八年，這兩個區域才結合起來變成一個塔林。不過直到現在，上層區還是愛沙尼亞政府和國會與眾多大使館和官邸的所在地。」難怪玻利維亞首都拉巴斯會自嘲他們的城市是少數貧窮區蓋得比富人區高的地方。

　　回到了下城區，人潮已漸漸湧現，到處都是兜售紀念品的小販，好不熱鬧。難怪這裡會被稱為「市民的城市」，因為當時的商人與工匠都聚集在這裡。「這裡的廣場跟其他歐洲小鎮很相似，如果不跟我說的話，單看照片會不知道在那裡！」我拿著相機邊拍邊說。

　　不過廣場旁邊的石頭建築卻大有來頭，這座塔林市政廳不只是北歐地區唯一的哥德式市政廳，也是整個波羅的海國家和斯堪地那維亞最古老的市政廳。當時第二次世界大戰還把高六十四公尺的塔給炸壞了，直到一九五〇年才重建。從那開始塔林就積極維修古城建築，在二〇〇五年還得到建築遺產保護第二名！

　　難怪在塔林這段期間，我們一直看到工人在維修古蹟，還看到像是正在修復一面被挖個大洞的城牆，也許幾年後我們看到的塔林歷史城區不會是最初始的古城，但至少能夠讓我們完整欣賞當時興榮的面貌。

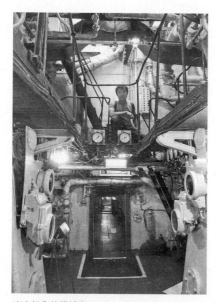

破冰船內的機械室。

踏上百年破冰船

　　「這……也太酷了吧！」York 眼睛發亮地站在岸邊，沒想到愛沙尼亞航海博物館居然在後面的碼頭展示二戰實際上使用過的軍艦。我們扶著柵欄，興奮地踏上一九一四年建造的 Suur Tõll，這艘普通的破冰船，在戰爭爆發後，多次奇蹟似地存留下來，也救了無數士兵的性命。經過幾個國家轉手後，終於在一九八八年回到了愛沙尼亞。

　　一開始我像小孩子一樣，東張西望，並沒有花心思閱讀關於這艘船的故事。直到York 把我拉過來直呼：「這艘船的經歷也太神奇了吧！你應該看一下！」我才開始

專心讀每個房間的說明看板。

連接塔林的波羅的海域，一年平均有七十天結冰，由於當時的愛沙尼亞還屬於俄羅斯帝國，他們決定建造一艘最先進的破冰船，來防守當時的首都聖彼得堡，並透過這艘船讓俄羅斯全年都能夠跟附近的國家貿易，但就在它完工不到一年，德國就對俄羅斯宣戰，開始了第一次世界大戰。

於是 Suur Tõll 就被武裝起來，並派了九十六個士兵上去防守，不過它的任務只是載原料以及軍隊往返芬蘭赫爾辛基。直到第一次世界大戰結束的前幾個月，它才被芬蘭軍隊搶走，並插上芬蘭國旗。兩年過後芬蘭跟俄羅斯簽了和平條約，並答應要歸還破冰船，可是卻把船還給當時已經獨立的愛沙尼亞。但好景不長，一九三九年發生二戰，整個國家在一九四〇年被蘇聯佔領，等於船又回歸俄羅斯。

然而 Suur Tõll 最驚險的一次經歷是發生於一九四一年的八月二十八日。當時德軍即將攻佔愛沙尼亞，蘇聯趕緊下令用六十七艘民用船把三萬多人送回俄羅斯的港口城市克隆斯塔，而 Suur Tõll 也是其中一艘。結果回程時，誤觸海底地雷，遭到芬蘭和德國軍隊用魚雷以及炸彈攻打，當晚共有五十幾艘船遇難，約半數的人死亡。不過被幸運女神眷顧的 Suur Tõll 成功地把船上的九百八十名乘客載回港口，從那些倖存者的回顧來看，那個死裡逃生的夜晚，令他們永生難忘。

我們今天能夠看到如此傳奇的破冰船也要感謝航海博物館當時的館長，當初他聽說俄羅斯要把 Suur Tõll 報廢時，趕緊跟蘇聯海軍司令談條件，希望能夠收購作為展品。於是愛沙尼亞以三百噸的廢鐵交換，終於在一九八八年回到原本的港口。

讀完了 Suur Tõll 的故事，我們前往內部的引擎室，裡頭零件與設備讓我想起宮崎駿的《天空之城》，只差沒有發出蒸氣聲的聲響。這艘船當時是最先進的，所以已經能夠供電，只不過每天還是需要燃燒四十公噸的煤礦發動。

愛沙尼亞航海博物館總共有兩館，其中一棟是在老城區的防衛塔「肥胖瑪格麗」（Fat Margaret）內，但那邊都是文物。較遠的海上飛機博物館（Seaplane Harbour）則是擁有許多真實展品，內部還有一艘二戰時的潛水艇供人參觀！對我們來說塔林最值得參觀的反而是這個博物館，而不是保存良好的古城區。

Winny 會客室

· 塔林擁有全歐洲最多新創公司的地方，常被稱為「波羅的海矽谷」，像是家喻戶曉的通話軟體 Skype 就是愛沙尼亞人創造的。
· 每年有一百五十萬旅客拜訪塔林，其中的一半來自郵輪旅客！
· 古城地底下有十七世紀建造的密道，二戰時被作為當防空洞，直到二〇一〇年才開放參觀。

Chapter 02
歐洲

2016
August
S M T W T F S
　 1 2 3 4 5 6
7 8 9 10 11 12 13
14 15 16 17 18 19 20
21 22 23 24 25 26 27
28 29 30 31

📍拉脫維亞・利加特內

蘇聯情報局
遺留下來的機密

 Winny 畫重點

・在拉脫維亞郊外的水療中心底下藏著巨大玄機！
・直到二〇〇三年才被公開的蘇聯祕密基地，深入探訪連當地國人都沒聽過的機密地點。
・一次揭露連遊客中心都不清楚的祕密，前往蘇聯祕密基地的交通資訊大公開！

212

水療中心外的水池，後來才知道以前是個直升機停機坪。

1 蘇聯版的軍事密碼機。2 牆上貼著蘇聯的口號，這些儀器打開時還會發出嘶嘶的聲響。

　　從來沒想過在波羅的海三小國中間的拉脫維亞隱藏有這麼大的祕密！一進入首都里加（Riga）的遊客中心就詢問關於蘇聯祕密基地（Soviet Secret Bunker），卻換來櫃台小姐疑惑的眼神。我們只好根據論壇資料前往錫古爾達（Sigulda）──離蘇聯祕密基地最接近的城鎮。

　　號稱「拉脫維亞的瑞士」的錫古爾達位於國家公園內，是個人口不到兩萬的純樸小鎮，從這裡到祕密基地不到二十公里，但交通還是不便利，我們有半天時間都耗在等車上。公車停在一棟水療中心外面，看起來就像是棟普通建築，牆壁上貼著不同的按摩療程與住宿，很難想像底下別有洞天。

祕密基地的由來

　　在被蘇聯統治的冷戰期間，許多在鐵幕（iron curtain）的國家都為人民在地底下建造地堡，以免美國及其他西方國家用原子彈攻擊。而這座深九公尺，擁有厚達五公尺的鋼筋水泥的祕密基地則是專門給高官使用。面積約兩萬平方公尺，比希特勒建給自己的地堡還大！

　　會在此建設主要是因為如果首都不幸被原子彈射中，並不會波及這裡，再加上處於樹林內，位置不易被發現。這個計畫從一九六八年開始執行，直到一九八二年才正式運作。建設期間工人都是晚上被帶來這裡，因此沒有人知道正確地點。

　　在拉脫維亞脫離蘇聯統治後加入北大西洋公約組織（NATO），原本打算提供這個地方給組織使用，但北大西洋公約組織以設施不夠先進而拒絕。後來俄羅斯從前蘇聯遺留下來的資料得知這棟建築的正確地點，在二〇〇三年才對外公布。

地下九公尺深的控管室

穿著前蘇聯制服的女導遊帶領我們前往到水療中心內部，通過一扇普通的門進入地下室，在樓梯底端有個老舊的鐵門，旁邊有個古老對講機。「就算找到這裡，沒有當天暗號是無法進入的。」導遊解釋，說完便使力的拉開門，這些門為了防止輻射入侵都非常厚重，讓人不佩服當時蘇聯政府設計的巧思。

我們站在布幕前，導遊說這是祕密基地平面圖，不能拍照。這裡雖然已開放，但蘇聯還是遺留下許多機密檔案，因此仍然有些房間不提供攝影。除此之外內部都保留原本的樣子。在共產黨時期，每戶分發的物品都一樣，商店賣的商品也沒什麼種類可以選擇，許多當地人參觀時還常發現這裡的壁紙跟檯燈居然跟自家一樣！

我們參觀了不同房間，裡頭物品依照階級會有所不同，高官的辦公室內會有當時可直撥俄羅斯莫斯科的電話。其中一項最令人興奮的是一台蘇聯設計的密碼機「Fialka」，它正是在電影《模仿遊戲》（*The Imitation Game*）中出現的德國納粹軍事密碼機「恩尼格碼機」（Enigma）的加強版！

通訊室的牆上則貼著蘇聯軍官的口號，大意是「沒控制媒體就會失去秩序，失去秩序則就沒有勝利。」房內的錄音機等設備像極了地下廣播電台。原來前蘇聯的領導人從來不在現場演說，也不會在電台或收音機接受採訪。原因是所有向人民傳播的資訊都要做到完美，以錄音方式呈現可以將演說反覆錄製到最好。

蘇聯基地發生警報的應對措施

這座地堡最初的設計，就是使兩百五十位高官能舒適地避難長達三個月，裡頭有所有生活必需品，含兩大台用 T-54 坦克車的引擎汽油來發電的機器，有雙層厚重鐵門保護著。內部的通風管連接到表面，並在周圍種滿花草隱藏起來。如果外面空氣不符合標準，也有過濾器把有害物質濾除。

如果空氣更糟糕就會將地堡完全封鎖，並提供每人幾天份的氧氣筒。「在蘇聯的統治下，小孩子也要學會如何用防毒面罩。」導遊說著並從箱子內拿出不同大小的面罩讓我們嘗試。「通常一罐氧氣只能撐三十分鐘到兩個小時。」

這個蘇聯基地其實還有另一個出入口，為避免在核彈爆發的第一時間，有高官在主要出口已關閉後才趕過來，要進出此門除了熟悉通關密碼外，還須先到浴室洗掉輻射，換上新的衣服才能進入。以現代知識來說有點荒謬，但當時的人不知道輻射會侵入體內無法被洗除。

祕密基地的食堂

「你們應該餓了吧！」導遊帶領我們前往食堂：「把櫃台小姐給的食物卷拿給廚房阿姨。」沒想到十二歐元的門票還包含在前蘇聯高官使用的食堂內用餐，所有的桌椅皆維持當初的樣貌，連牆壁上的宣傳單都復舊如初，還有以俄文書寫的標語，意思是「謹言慎行」。

要先去我身後的窗口給廚房阿姨食物券才能吃到熱騰騰的水餃。

在蘇聯統治的年代，蘇聯情報機構 KGB 在國際上有「紅色恐怖」稱號。只要有任何反對蘇聯社會主義的人，很有可能被鄰居通報而消失在世界上。在水療中心上層工作的員工，一直以為這是間軍人渡假村，為防範進入基地工作的人洩露機密，規定必須是夫妻檔，這包吃包住又有特權的福利，使許多人爭先恐後想進來打雜。

我們聽著蘇聯時代的音樂，並吃著剛才用食物卷交換的「水餃」。這次能夠參訪這個幾乎不為人知的景點讓我們的東歐之旅更加精采，在拜訪眾多的古城後，能夠體驗一下前蘇聯的祕密基地不只讓人耳目一新，也滿足歷史狂 York 內心的渴望。

215

 Winny 會客室

- 全名是「Padomju Slepenais Bunkurs」的蘇聯祕密基地位於水療中心的底層，在谷歌地圖上須打「Ligatne Rehabilitation Center」才能看到正確地點。如果是租車的話，距離錫古爾達不到二十公里，但如果要搭公車的話，最好到該市的遊客中心詢問最新搭乘方式。谷歌地圖並沒有這些公車的時間表，必須到拉脫維亞公車網站（www.1188.lv/en/transport）搜尋。
1. 搜尋 Sigulda（pie Raibā suņa）到 Līgatne（Augšlīgatne），到達此站後需要等一個多小時才能接下一班車。
2. 第二段是 Līgatne（Augšlīgatne）到 Skalupes，水療中心就在車站後面。
   只要下對車站，上面的時間表都蠻詳細的。唯一缺點就是班次少，整天都浪費在等車中。如果想要從里加當天來回也是可以，只不過會很趕。錫古爾達其實也有其他景點適合待一晚。

蘇聯祕密基地資料
- 裡面沒有英文説明板，強烈建議一定要參加英文導覽團！
  須從官網事先預約：www.bunkurs.lv/en
- 導覽常因為人數不足而取消，安排行程時需一併考量，週末取消機率較低。
- 我們原本是要參加星期五唯一的英文團，卻因人數不夠而在前一天被取消。隔天兩點到那邊時，也被告知人數不夠，必須等到下午四點才能參加。
- 參加拉脫維亞語的導覽，價錢比較便宜。

Chapter 02
歐洲

📍 蘇格蘭・愛丁堡

好姊妹的
蘇格蘭古堡婚禮

🧁 Winny 畫重點

· 自十五世紀來就是蘇格蘭首府的愛丁堡,是哈利波特的誕生地。
· 愛丁堡老城和十八世紀建立起來的愛丁堡新城一起被授予「世界遺產」的稱號。
· 每年八月的愛丁堡國際藝穗節(Edinburgh Festival Fringe),是世界規模最大的藝術節之一,舉行期間不管任何時候都有表演可以看!
· 我的好姊妹在愛丁堡郊區的古堡結婚,有幸當伴娘參加蘇格蘭習俗的婚禮。

2016
August
S M T W T F S
　　　1　2　3　4　5　6
7　8　9　10　11　12　13
14　15　16　17　18　19　20
21　22　23　24　25　26　27
28　29　30　31

　　「慧娟說只要多加一百二十英鎊,就可以有貓頭鷹飛入教堂把婚戒交給新人呢!」我激動地把照片拿給 York 看。我的好姊妹慧娟在澳洲認識了一位英國男子,兩人準備在蘇格蘭古堡舉辦浪漫婚禮,雙方再飛去韓國見女方家人。其他幾位大學死黨也會順便來歐洲渡假,所以在出國前我們已把正式禮服與鞋子交給他們,不然八公斤行李可裝不下這些東西!

　　每年八月的愛丁堡好不熱鬧,全世界規模最大的藝術節在此舉行,只要能找到場地,任何人都可進行演出,許多大膽的創新作品都以這裡作為首度表演的舞台,將歷史悠久的古城變成不夜城。慧娟對於婚禮舉行在八月底感到抱歉,她沒想到旅館因藝術節而住宿費高漲,連城堡雙人房每晚都要兩百英鎊,但我們依然很期待住進這棟十三世紀的古堡。

1 愛丁堡的復古街道。2 跟花童一起與怯場的貓頭鷹合影。3 中間那棕色的食物就是哈吉斯。4 剛簽完結婚書，笑得很開心的新婚夫妻。

哈利波特的誕生地

愛丁堡除了保存許多歷史建築，也是僅次倫敦的金融中心。走在古色古香的街道上，彷彿走入了上個世紀，難怪《哈利波特》作者 J・K・羅琳能在這裡醞釀出風靡全球的魔法世界，她的第一本《哈利波特 —— 神祕的魔法石》的手稿是在大象咖啡屋（Elephant House）完成，並曾在這邊舉行新書發表會。

這間紅色外觀的咖啡廳除了落地窗外面寫著「哈利波特誕生地」，裡面都是大象的擺設，一點都沒有魔法世界的感覺。從窗外可看見建設於六世紀的愛丁堡城堡聳立在城堡山上，位於附近英國最古老大學的愛丁堡大學也是 J・K・羅琳的靈感來源，讓她描繪出霍格華茲魔法與巫術學院的藍圖。

我們在這裡點了一道蘇格蘭必吃的傳統料理哈吉斯（Haggis），這道菜打破老外不太敢吃內臟的迷思，料理方法是把羊胃挑空，將羊雜碎跟香料與高湯混在一起水煮三個多小時直到羊胃鼓脹，之後只取出入味的內部食用。吃起來有點像台灣的豬血糕，令我非常懷念。路上也可以發現哈吉斯相關的食物，如哈吉斯漢堡、炸哈吉斯配薯條，連超市都有賣它的罐頭！不愧是蘇格蘭的國民食物！

古堡婚禮

早上六點半，我疲倦地從手機鈴聲中醒來，丟下熟睡的 York，走到城堡主廳與其他伴娘會合。昨晚兩位準新人在城堡內舉辦一場中古世紀變裝派對，新郎更是換上騎士裝，與穿著歐洲貴族洋裝的新娘展現出古堡主人的風範。原以為古堡會因歷史悠久而氣氛陰森，沒想到意外地非常溫馨。

五個小時的化妝與打扮很快就過了，我們六位伴娘都穿上訂做的墨綠色禮服，好襯托新娘的白紗。在國外，除非你有請婚禮顧問，不然什麼都要自己來。很佩服慧娟遠在澳洲，卻有辦法透過網路把一切都打理好。先用網購把所有需要的東西寄到男方家，之後再由我們一群人在前一天下午布置好，配上城堡原有的裝潢，簡直像雜誌中的畫面！

1 穿著中古世紀服裝在 Dalhousie 古堡外與新人合影。2 穿著高地風笛的司儀爺爺進場。

由於男方家族來自蘇格蘭，父親與伴郎都換上從十六世紀就象徵蘇格蘭文化的格子花紋羊毛短裙（kilt）。這種短裙說穿了只是用個大別針把布料連接起來而已，聽說裡面還不能穿內褲！但為了防止有人惡作劇，新郎還是穿著以防萬一。對這種短裙我並不陌生，因為我紐西蘭高中的創始人也是蘇格蘭人！女生校裙就是這樣，不過還是第一次看在婚禮上看到。

而婚禮司儀以及演奏者都是由一位揹著高地風笛（bagpipes），穿著相同傳統服裝的老爺爺擔任。這種使用簧片的樂器也是蘇格蘭特有的文化，通常是在軍事葬禮等重大儀式上吹奏，自從它成為英軍樂團的樂器，這股風潮也被帶到其他殖民地，香港官方儀仗隊更將其作為主要樂器。

搶鋒頭的貓頭鷹

在城堡內的教堂，可看見新郎不安地站在前面。當高地風笛聲響起，賓客瞬間肅靜，看著伴娘們拿著捧花隨著旋律一步一步往前走。我努力地不要在眾人的目光下跌倒，畢竟已經好久沒穿高跟鞋了！當新娘出現的那刻，大家全體起立，帶著微笑看著今天最美麗的主角經過。另一頭的新郎看到這畫面時已熱淚盈眶，讓人感受到濃厚的愛意。

「啪啪！」新郎用雙指拍拍打手臂上的皮套，希望教堂另一邊的倉鴞（barn owl）會從訓練師手上飛過來，可惜牠不給面子地怯場了！沒有戒指就無法舉行交換儀式，訓練師只好把戒指從貓頭鷹腳上取下來，遞給新人，沒想到此時台前的貓頭鷹開始拍動翅膀，等不及想要起飛，逗得全場哈哈大笑。就這樣在眾人的矚目下，婚禮完美地結束。

比較有趣的是不管幾點入席，英國人結婚後的第一餐都叫做「Breakfast」。跟台灣的婚宴不同的是，這裡走精緻三道菜路線。另外新人也不需要中途親自到每桌敬酒，可以跟大家同時享用美食，餐後再統一舉杯致詞就好。記得當時打電話跟阿嬤分享英國的婚禮儀式，她驚訝道：「只有三道菜怎麼能吃得飽？」看來台式喜宴吃不完還可以打包的方式比較符合老一輩的喜好，我跟 York 也開始煩惱之後回台灣辦婚宴，可能需要請個婚禮顧問了呢！

Winny 會客室

· 蘇格蘭高地（Scottish Highlands）常被稱作歐洲最美的風景。
· 傳說中的尼斯湖水怪，吸引世界各地的遊客前往一睹牠的真面目。
· 到蘇格蘭搭乘哈利波特蒸汽火車，體驗前往霍格華茲魔法學校的感覺。
· 如果不自駕的話，可參加 Haggis Adventures 跟其他世界各地的旅客探索蘇格蘭！
　官網：www.haggisadventures.com

Chapter 02
歐洲

📍 冰島・雷克雅維克
在火與冰的
國度追極光

2016

September

S	M	T	W	T	F	S
				1	2	3
4	5	6	7	8	9	10
11	12	13	14	15	16	17
18	19	20	21	22	23	24
25	26	27	28	29	30	

冰島一號環島公路自駕短片
Highlights of Iceland Ring Road

 Winny 畫重點

- 冰島一號環島公路（Ring Road）全長一千三百公里，是深度冰島旅遊的起點。
- 優美奇特的景觀，吸引無數電影、影集前來取景。其中最著名的有《白日夢冒險王》（*The Secret Life of Walter Mitty*）與《冰與火之歌：權力遊戲》（*Game of Thrones*）。
- 整個冰島都在極光帶，因此只要天色夠暗、萬里無雲就可看到極光。

　　自從準備要去冰島看極光後，整天都在盤算該如何將預算壓到最低，看到昂貴的租車費時整個心都涼了，於是開始在朋友圈內尋找旅伴。「你想想什麼時候還會有機會跟著私人司機、廚師一起遊冰島呢？」經過幾天的洗腦，我高中朋友安迪終於被說服了。於是他從香港與我們在雷克雅維克機場會合，開始了三人的冰島自駕。

使用小相機拍攝的冰島極光。

冰島的鯨魚肉

　　雷克雅維克（Reykjavík）是世界上最北的首都。這裡能源全靠地熱能，幾乎零汙染，冰島全國百分之六十的人口居住於此。走在路上會發現建築和歐洲街道所見非常不同，尤其哈爾格林姆教堂簡潔的線條，更跳脫歐洲教堂華麗的印象，七十三公尺的高度，在幾乎都是矮房的冰島非常突出。

　　首都也是最適合品嘗冰島傳統美食的地方，如醃製鯊魚，但好不好吃就見仁見智，就像外國人很少會愛上台灣的臭豆腐。這些鯊魚肉經過發酵，必須懸掛風乾四到五個月才算大功告成。安迪覺得像腐爛的肉，我則覺得像特別濃郁的藍起司。另一個在冰島較具有爭議性的食材是「鯨魚肉」，不同廚師煮出來的口感各異。自從

在祕魯發現同樣是駱馬肉，普通餐廳與高級餐廳所烹煮出的料理差異極大，因此為了確保能品嘗到最完美的鯨魚肉，我們還特地找了一家高級餐廳。冰島食用的鯨魚種類是小鬚鯨（Minke），這種鯨魚數量很多，跟瀕臨絕種的藍鯨與座頭鯨不同。

跟大多數的紅肉一樣，鯨魚肉最好吃三分熟。外表像牛肉，內部顏色接近生鮪魚，口感與鮪魚相似但更好吃！常聽有人說鯨魚肉咬起來太硬，像是老牛肉，很有可能是肉切太薄，一煎就熟透，沒有保留內部的口感。

尋找極光之旅

傳說見到極光的人會幸福一輩子，因此我們選擇在九月中旬來冰島。這月份還沒開始下雪，景色跟夏天相似，但晚上十點過後天就會全黑，讓人在無雲的夜晚能夠有幸目睹極光。不過這個幸福的傳說好像只限於亞洲，每次跟外國朋友講他們都一頭霧水。

「千萬不要以為極光看起來像照片那樣，大多時候它看起來就像一條長條狀的雲橫跨天空。這時候只要把相機對準天空並曝光，拍起來就會是鮮綠色的！」亞瑟得知我們要去冰島後特別先幫我們打預防針。原來相機的感光度比人類的眼睛還強，長時間的曝光就能捕捉所有顏色。

有好幾個晚上相機拍的極光比眼睛看的還美，讓我不禁覺得肉眼所能見到的東西還是很有限。不過到了第五晚我們在冰島北部的阿克雷里（Akureyri）看到極光大爆發，綠色光帶不停翻轉，每秒都變化多端，彷彿在夜空中翩翩起舞的舞者，我這才了解為什麼有人每年都會來北極圈追尋此奇景。

走在地獄的熔岩平原

在冰島北部的米湖附近有座克拉夫拉火山，旁邊的熔岩平原 Leihrnjukur 是它十八世紀時爆發後遺留下來的。熔岩上寸草不生，鐵灰色的外表與綠棕色的苔蘚形成強烈對比，從熔岩的縫隙中不斷噴出水蒸氣，空中瀰漫著硫磺的味道，空無一人好像世界末日。

我爬上一塊看似地層往上翻的岩塊，想一眼望進這奇特的景色，沒想到踩到青苔而整個人滑倒。「咚！」周圍的遊客都不約而同的轉過來看我摔得四腳朝天。「還好你沒掉進熱泉，不然有可能像美國黃石國家公園那位男子，跌進去之後就被高溫與濃酸給融化了！」York 沒拉我起來就算了，居然還笑著這麼說。

為了滿足喜歡《冰與火之歌：權力遊戲》的 York，我們接著前往米湖旁邊的格爾約塔焦（Grjótagjá Cave）岩洞。洞裡面有個天然溫泉池，碧藍色的泉水清澈到連底部的石頭都清晰可見，景色實在奇幻到太不真實，難怪劇組會跑來這邊取景。這裡

到七〇年代為止一直是當地人最愛的溫泉勝地，不過在一九七五年到一九八四年期間，克拉夫拉火山總共爆發了九次，使得水溫大幅提高，雖然近年來有逐漸降溫的趨勢，但當地人早已轉換陣地，到附近的 Stóragjá 岩洞內了。

四十年的飛機殘骸

「一九七三年十一月二十四日，美軍的 DC3 貨運機因為受冰島寒冷的氣候所影響，不得不在東岸邊的 Sólheimasandur 黑沙灘上緊急降落，雖然無人傷亡，但至今已過了四十年，飛機還是廢棄在原降落處……」我興奮地讀著簡介給大家聽。這座飛機殘骸其實不是真正的觀光景點，廢棄位置是在私人土地上。但農場的主人為了滿足大家的好奇心，不只鋪了簡單的道路，讓車子能夠直接開四公里抵達，並在路上設指標。

可惜在二〇一五年，因為美國歌手小賈斯汀在這裡拍攝 MV，其中一幕滑板滑過飛機頂端，而掀起了一陣年輕人到冰島旅遊的熱潮！此地因無法負荷突然暴增的人潮，在二〇一六年三月，農場主人將汽車道路封閉，之後想看飛機殘骸的人必須徒步來回八公里才能一睹其風采！

整趟路程非常平坦，沒人開口說話，只有海風呼呼地吹著，望眼看過去一片荒蕪，有一種離海邊很近的錯覺。還好主人每五十公尺就設一個標誌，確保旅人沒偏離方向，我默數標誌，好讓時間過得快一點。無奈冰島天氣變化多端，走到一半還會被大冰雹打到！幸好我們防風衣物裝備齊全，不然很有可能半途而廢。

1 彷彿走在地獄的熔岩平原。2 遺留四十年的飛機殘骸。

這兩位攝影師完全不怕掉進黛提瀑布！

我們三個就這樣放空地一步一步前進，不知不覺終於看到遠方飛機殘骸的身影！「哇……」這種飛機殘骸配上冰島荒僻的地形，讓人有身處另一個星球的感覺。走進內部發現飛機的設備早已不見蹤跡，空間比我想像得還要大。從駕駛艙的上面可爬上飛機頂端，有一位外國女生居然在上面做倒立式瑜珈，令人佩服！

這個景點是許多攝影師拍攝的夢幻景點，每個人都能拍出獨一無二的風格。主人把汽車道路封閉也是一個很聰明的方式，不只可以減少不必要的人潮，也可以讓真正的有心人專心拍攝人煙稀少的景色。

歐洲最大的瀑布

「地圖上看到接下來有個瀑布，有人要看嗎？」我在副駕駛座上安排行程，但大家似乎都興趣缺缺，因為到目前為止已經看過無數個瀑布。冰島因為時常下雨，冰川又會在夏季融化流入河川，易形成氣勢磅礴的瀑布，而其中以像美國大峽谷的黛提瀑布（Dettifoss）最為出名，是歐洲最高又最洶湧的瀑布！

我們一打開車門，耳邊馬上被轟轟作響如雷的水聲震懾到，還沒看到就知道這片瀑布一定很壯觀，果然見到本尊後不得對它產生敬意，洪水快速流向四十四公尺深的峽谷，濺起巨大的水霧。「對面怎麼會那麼多人呢？」這才驚覺我們被導航帶到瀑布的對面。這裡沒有步道、安全柵欄，也沒有廁所、商店、遊客中心等觀光設施，甚至可以直接站到瀑布旁邊，一不小心就可能被沖下去！

正當我們全神貫注在衡量安全距離時，有兩位外國男生居然拿著錄影機，將身體探到瀑布前拍攝水流！我們看得心跳都要停止了，心想怎麼會有人這麼玩命？還好後來沒發生意外。

黛提瀑布是冰島第二長的河 —— 菲約德勒姆冰河中途的瀑布。它的上游有環狀的塞爾瀑布（Selfoss），雖然深度只有十一公尺但全景非常漂亮。下游有水量豐沛的 Hafragilsfoss 瀑布，也是同樣壯觀，這條河接著會流入格陵蘭海內。冰島有許多瀑布且各有特色，讓人不得不讚嘆大自然的巧奪天工，難怪這裡被稱為「冰與火」的國度，有豐富多變的自然景觀，也難怪大家都說冰島一生是一定要去的國家！

1 雷克雅維克的哈爾格林姆教堂。2 冰島自駕沿途景色。3 左邊是馬肉，右邊是鯨魚肉，暗紅色的內部吃起來像鮪魚。

Winny 極光教學

很多人覺得要拍攝極光一定需要單眼相機，但其實掌握幾下幾個要點，小 DC 也能拍攝出美美的極光照！

1. 極光是在接近北極跟南極高緯度的天空中，帶電的高能粒子和高層大氣中的原子碰撞形成的發光現象，任何時間都有可能會發生。唯一條件是天色需要夠暗，才能清楚看到極光的樣子。由於高緯度的國家夏天沒有黑夜，所以才必須九月中旬到三月底的時候才看得到。

2. 善用冰島天氣網站來預測極光機率。可上這個網站（en.vedur.is/weather/forecasts/aurora）查詢極光的機率，如果機率大於 1，又剛好你所在的位置上空沒雲，就出去等等看吧！

3. 大部分的極光像是一條白雲行跨天空，試著用相機曝光拍看看，如果可以拍出綠色的光，就是成功捕捉到極光了。

4. 雖然不一定要單眼才拍得到極光，但使用小 DC 的感光零件至少要一寸，光圈大於 F2.8，並能手動調整，使用妥當就能拍到極光。

5. 極光通常都需要曝光十秒以上，所以腳架是必備的！我們的小腳架腳底有吸盤，可以放在車蓋上調整角度方便讓相機面向天空。

冰島超強極光
Iceland
Northern
Light

Chapter 02
歐洲

📍瑞士・蘇黎世
與未來公婆的 火車之旅

2016

September   October
S M T W T F S   S M T W T F S
            1 2 3   1
 4 5 6 7 8 9 10   2 3 4 5 6 7 8
11 12 13 14 15 16 17   9 10 11 12 13 14 15
18 19 20 21 22 23 24   16 17 18 19 20 21 22
25 26 27 28 29 30   23 24 25 26 27 28 29
                        30 31

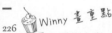Winny 畫重點

・歐洲之巔 —— 少女峰是歐洲最高的火車站。
・夏天也能吃到瑞士的傳統起司火鍋
・搭乘世界遺產的雷蒂亞鐵路前往義大利。

瑞士的火車之旅
Switzerland by Train

「不然跟你爸媽在瑞士會合吧？」得知 York 的父母即將前往蘇黎世（Zurich）搭乘歐洲河輪，我向他提議。就算從冰島飛瑞士再回西班牙不順路，但能夠見到許久不見的家人，再怎麼曲折也是值得的。碰巧我高中朋友艾文在讀完法律與商業系後也來蘇黎世就業，所以我們就提前去他家住兩晚敘舊。

蘇黎世是世界金融中心，許多銀行總部都設在這裡，這個現代化的城市非常乾淨，像是艾文住在中央車站旁邊的公寓，距離近到每幾分鐘就可聽到火車進站的剎車聲，但他家地板還是一塵不染。唯一的缺點就是室內沒有冷氣，必須保持窗戶通暢才有微風進來。

「蘇黎世人環保意識非常強烈。在二〇〇八年，市民已經公投成功要每人減少二氧化碳排放量。這也就是為什麼瑞士鮮少有冷氣，他們相信一棵樹擁有相當五台空調的降溫效果。」艾文跟我們解釋。可惜最近剛升主管的他非常忙碌，沒空陪我們觀光。看到朋友的事業蒸蒸日上，使我思考起旅遊結束後的人生方向。

六十年的起司鍋老店

「你怎麼瘦成這樣？」York媽看到兒子忍不住心疼地摸了他的臉頰。我心虛了一下，都是我食物預算控管太嚴格，害York瘦了不少。「走吧！看你們想吃什麼就去吃吧！」於是當晚我們選了從一九五三年就開始販賣起司火鍋（Cheese Fondue）的老店 Swiss Chuchi Restaurant。

起司火鍋是一種把起司融化然後沾麵包來吃的瑞士傳統料理，好比東方人的火鍋，主要是在冬天食用，只有少數餐廳為了觀光全年販賣。在寒冷的十八世紀冬天，村民們在缺少新鮮糧食的情況下，發現把熟成乾酪、酒、大蒜和香料加熱後，可讓硬掉的麵包變得容易下嚥，於是發展出冬天坐在火爐旁吃起司鍋的傳統。

「哇！他們的特調是用四種老陳年奶酪製作成的，味道真的很濃。」我皺了下眉頭，跟發霉的藍乳酪一樣，並不是每個人都喜歡。還好餐廳沒那麼傳統，有其他種類可以選擇，沾青菜比配麵包好更下肚。吃這道菜的時候速度要快，不然等鍋裡酒精蒸發後，起司會變得過鹹，雖然起司火鍋是個來瑞士必品嘗的料理，但在炎熱的夏天還是吃一次就夠了！

1 瑞士傳統料理起司火鍋。**2** 在翁根的街上看少女峰感覺好近！

阿爾卑斯山的少女

火車一到翁根（Wengen），我就知道選擇在這裡住宿兩晚是對的。這座位在前往少女峰中途的小鎮，常年居民不過一千三百多人，這裡沒有像格林德瓦（Grindelwald）一樣充滿大型遊覽車與公寓式的飯店，一切很符合我夢想中的阿爾卑斯山脈小鎮。走出旅館沒幾步路，即可看到彷彿近在咫尺的歐洲之巔「少女峰」（Jungfrau）。

「感謝我爸媽這次的贊助，才能夠讓我們體驗瑞士的火車旅遊。不然這裡消費對背包客而言真的是遙不可及。」York 感嘆地說。的確，根據二〇一六年的消費報告指出，瑞士是全世界旅遊最貴的國家。從翁根到少女峰來回火車票每人就要將近台幣七千多！但這座擁有百年歷史的少女峰鐵道還是每年吸引超過一百萬人到訪。

在一八九三年，瑞士的工業家阿道夫‧蓋爾－瑞勒決定在艾格峰和僧侶峰山體內建出一條往少女峰山坳（三千四百五十四公尺）的火車站。經過了十六年的努力才完成全長七公里，最大坡度百分之二十五的偉大工程，成為歐洲最高的車站！在這裡除了近距離觀看少女峰，也能欣賞歐洲最長的阿雷奇冰川。瑞士阿爾卑斯山脈的美讓人永生難忘。

阿爾卑斯山的紅色火車。

1 站在觀景台觀看歐洲之巔少女峰。**2** 坐在瑞士火車的全景玻璃車廂中吃午餐。

世界遺產的雷蒂亞鐵路

「原來鐵路也可以是世界遺產啊……」我看了待會要搭乘的貝爾尼納快車（Berlina Express）簡介說。其實這不是一輛快速火車，而是一段長達七個小時的鐵軌旅程。這是我第一次搭乘全景玻璃車廂，對於四周都可以直接看到外面感到很興奮。

從庫爾（Chur）由北到南穿越瑞士阿爾卑斯山到達義大利的蒂拉諾（Tirano），之後再搭乘接駁車回到瑞士的盧加諾（Lugano），中途會經過在二〇〇八年被譽為是世界遺產的雷蒂亞鐵路，這段長一百二十二公里的鐵軌總共會經過五十五個隧道，將近兩百多個高架橋。在山巒連綿的瑞士是個很艱難的突破。

整整七個小時我們好像在看紀綠片一樣，從低海拔青翠的峽谷景色一路往最高點的歐斯比里歐車站（Ospizio Bernina）。海拔兩千兩百五十三公尺的窗外霧茫茫的，完全看不到遠方的風景。我們在最高點的歐比斯里車站下車時，腳下的地已有少許雪與霜，很難想像景色差距會如此大，讓人目不暇給。

「經過布魯西奧螺旋鐵路橋時你們一定要專心看！」York 告訴大家。這段橋是貝爾尼納鐵路最有特色的地方，當時設計師為了防止列車下坡時失控，設計出這座三百六十度的螺旋形橋。從遠方看起來，像極了玩具軌道！「哇！我從來沒有想到火車旅遊可以那麼精采，難怪許多人會想搭遍全世界的火車。」結束後我忍不住讚嘆。

這趟瑞士之旅雖然才短短一個禮拜，但清新的環境與山巒讓人難以忘懷。這次因為跟長輩來，所以行程以觀光為主。我跟 York 約好，下一次來瑞士一定要安排時間登山滑雪，好好體驗歐洲的戶外天堂。

 Winny 會客室

· Lindt 為瑞士有名的巧克力品牌，它的母公司 Spruengli 出品的巧克力更是瑞士限定的必買商品。
· 瑞士有許多高山，有些世外桃源的小鎮只能搭乘火車到達，這裡的火車路線頻繁又密集，很適合自助旅遊。
· 旅客專用的「瑞士旅行通行證」（Swiss Travel Pass）可以選擇啟用後的連續 3、4、8、15 天無限次搭乘火車，或是啟用後的一個月內選擇 3、4、8、15 天無限搭乘，依不同天數，票價各異。周邊優惠也只有旅遊日的那幾天才有，可視行程決定適合的方案。
· 瑞士半價卡（Swiss Half-fare Card）可以讓你在一個月內購買特定路線的渡輪、纜車、火車、郵政巴士半價。適合自駕或是不常搭火車的旅者。
· 這些通行證都是無法免費上去少女峰的，需要額外買票，並在通行證使用期間另外購買上去少女峰的車票才會有折扣。

2016

October

S M T W T F S

1
2 3 4 5 6 7 8
9 10 11 12 13 14 15
16 17 18 19 20 21 22
23 24 25 26 27 28 29
30 31

📍 西班牙·巴塞隆納

除了高第建築，
還有加泰隆尼亞美食！

🧁 Winny 畫重點

- 大部分巴塞隆納人的母語不是西班牙文喔！
- 在巴塞隆納至少有十幾棟的高第建築可以參觀。
- 除了可以吃到新鮮海產，在巴塞隆納還能僅用三十五歐元吃到七道米其林一星的午餐！

米其林一星的飯後甜點。

　　樓下電鈴一響，York 馬上衝下六層樓的公寓，迎接我爸媽。我們正位於巴塞隆納蘭布拉大道（La Rambla）附近的小巷內，這棟屬於藍領階級的公寓外表老舊不堪且沒有電梯，很難想像屋內被 AirBnb 主人裝修成像現代公寓。

　　當年爸媽跟學校請假並帶著小學四年級的我到西歐旅遊，可惜四個禮拜的時間並不足以玩到南歐，這趟長達一個月的西班牙加葡萄牙的自駕之旅，剛好可以彌補那次全家人出遊的遺憾。

　　住宿上的一切都還算 ok，唯一的問題是我昨晚在單人床上找到一隻床蟲，在飯店的話自然是全額退款。可惜 AirBnb 的主人只傳了一封簡訊說他之前已經消毒過了，別無他法。短時間內也很難另外找到價錢合理的住宿，只能祈求我爸媽的雙人床沒有受到波及，不然下次他們可能就不願意讓我們安排行程了！

經過一百年還未完工的聖家堂。

走進聖家堂的內部，
彷彿身處大自然。

建造百年至今仍未完工的聖家堂

「你知道巴塞隆納人大部分的母語不是西文，而是加泰隆尼亞語嗎？在歐洲是第十四普遍的語言！」York 在路上跟我們說。這是因為早期的加泰隆尼亞自治區（Catalonia）是被西班牙逼迫統一的，當地人一直想獨立治國。加上身為西國最繁榮又發達的地區，大部分的稅金卻被拿去增加馬德里的公共設施，導致每幾年就會出現獨立公投的消息。難怪街道上掛的都是黃紅條紋的獨立旗，而不是西班牙國旗。

其中最有名的加泰隆尼亞人就是安東尼‧高第；這位建築鬼才不只改變了巴塞隆納的天際線，也重新定義了現代建築。他曾說過：「直線屬於人類，曲線屬於上帝。」在他的作品當中幾乎找不到純粹的直線，盡可能使用接近自然、充滿生命力的曲線與有機型態的物件來構成一棟建築。

自從一八八二年高第接下這個工程，他就奉獻了四十三年青春在這座教堂的設計上，官方估計此建築會在二〇二六年完工。不過有人認為聖家堂的美就在於它尚未完成，人們可自由發揮想像，每隔幾年參觀都會有不同的變化。要是如期完工，說不定門票收益就會大幅下滑。

這是我第一次看到聖家堂，它的外觀像是個巨大的白蟻巢，對於喜歡簡潔風格或是俐落直線的人而言，可能會難以欣賞它的美。仰望中殿內部的拱頂時，彷彿身處一片茂密的森林，兩旁的彩色玻璃窗宛如陽光穿過樹葉縫隙灑落，複雜的幾何圖形與結構，令人不得讚嘆高第在那個時代的前衛。不過樂遊巴塞隆納的重點不是只有高第，美食也是這個城市的旅遊亮點！

西班牙小吃 —— 塔帕斯

「到底要不要帶爸媽去上次排隊兩個小時的塔帕斯餐廳？」我猶豫不決。出乎意料的是下午三點半到店門口，竟然有座位！塔帕斯（Tapas）原本是正餐前的小吃或下酒菜，最早只是一小片麵包加上醃製肉或奶酪，隨著菜色越來越複豐富，現在成了可以取代正餐的佳餚。

「既然不知道哪道菜好吃，那就隨便點吧！」我媽指著琳瑯滿目的菜單說。這家不愧是巴塞隆納最出名的塔帕斯餐廳，不管是用橄欖油浸的鰻魚或是番茄醬燉魷魚圈都非常可口，許多菜色更使用蒜、辣椒、紅椒、藏紅花等來調味，難怪適合當下酒菜。

其中的一道看似簡單的「Huevos Cabreados」是用橄欖油將馬鈴薯炸成薯條，並拌入半熟蛋的蛋黃，味道出奇地美味！由於西班牙出產全世界百分之四十五的橄欖油，料理方式都會以它為主，也因為這樣人民特別長壽。

「沒有你們介紹的話，在進來的時間點根本看不出來這家餐廳這麼夯！」我媽在結帳時說，很驚訝四個人吃到那麼飽才花六十五歐元。我往門口一瞄，人潮已經排到轉角，看來吃有名的塔帕斯餐廳還是不能在用餐時間前來！我們在巴塞隆納雖然沒有逛很多景點，但卻吃得很滿足！

1 爸媽說一輩子沒吃過那麼新鮮好吃的螃蟹！**2** 一大盤的塔帕斯才十五歐元，推薦給愛嘗鮮的人。

 Winny 會客室

· 在巴塞隆納我們連續三天都去 La Boqueria 市場買每隻十歐元的大螃蟹！蟹膏多到咬下去像是一層厚實的餅！十月初來這裡記得住個有廚房的住宿，才能烹調一隻這麼大的螃蟹。

· 週一到週五，巴塞隆納的 Nectari 餐廳擁有最划算的米其林一星體驗！七道商業午餐每人只要三十五歐元！不用花大錢也能享受貴婦生活。地址：Carrer de València, 28, 08015 Barcelona。訂位網站：nectari.es

· 巴塞隆納第一名的塔帕斯餐廳是 Cervecería Catalana，在用餐時間前往通常會需要排隊等上一陣子。地址：Carrer de Mallorca, 236, 08008 Barcelona

Chapter 02
歐洲

2016
October
S M T W T F S
                    1
2 3 4 5 6 7 8
9 10 11 12 13 14 15
16 17 18 19 20 21 22
23 24 25 26 27 28 29
30 31

📍 西班牙・格拉納達

伊比利半島的伊斯蘭國度

 Winny 畫重點

- 西班牙南部的安達魯西亞被穆斯林統治了七百多年，遺留許多阿拉伯風格的世界遺產。
- 走入阿蘭布拉宮彷彿進入民間故事《一千零一夜》的世界。
- 科爾多瓦主教堂曾被分成兩半，形成伊斯蘭教與基督教共用的畫面。

走進《一千零一夜》
的阿爾罕布拉宮
Alhambra of Granada
@ Spain

在阿爾拜辛區眺望遠處的阿爾罕布拉宮。

236

1 隨香桃木院完美的鏡面倒影。2 富有羅馬風格的查理五世宮。

　　離開巴塞隆納後，我們開往西班牙南部的安達魯西亞（Andalucía）。這裡從八世紀到十五世紀末都是由摩爾人（統稱西亞和北非地區的穆斯林）統治著，直到一九四二年才被西班牙北部的天主教王國佔領。遺留下來的伊斯蘭建築，讓人誤以為在中東，時阿拉伯帝國最強盛時還擴展到中國邊境，唐朝以後的史書有記載並稱其為「大食國」。

　　這裡是格拉納達（Granada），是一座匯集伊斯蘭教、猶太教和基督教風格的城市。我們穿越阿爾拜辛區狹窄而蜿蜒的中世紀街道，為了目睹對面的阿爾罕布拉宮（Alhambra）那神祕的風采。這座十三世紀伊斯蘭皇宮，像極了阿拉伯民間故事《一千零一夜》描述的城堡。角落的街頭藝人彈著動人的《阿爾罕布拉宮》旋律，彷彿訴說著這塊土地的穆斯林與天主教徒的百年衝突。

遇見《一千零一夜》

　　「這皇宮不是摩爾人建造的嗎？怎麼會有一棟像羅馬競技場的建築？」我站在圓形天井內，百思不解地看著一排的廊柱走廊。原來是當時的君主佔領此地後，決定在阿爾罕布拉宮內建造一個能襯托地位的永久住所，並採用義大利文藝復興樣式，難怪查理五世宮與周圍建築格格不入。

阿爾罕布拉宮是座伊斯蘭教建築與造園技藝完美結合的建築群，雖然後來天主教加建，卻絲毫不影響這阿拉伯式宮殿庭院代表作的地位。我們依照票上的時間跟著人群通過一道不起眼的門來到了宮內最古老的梅斯亞爾廳，牆壁上精細雕琢的阿拉伯圖騰與可蘭經文令人目不轉睛。

伊斯蘭教規定建築圖樣不能有人或動物的形象，因此宮裡最豪華的使節廳（Salón de los Embajadores）利用複雜的花紋與大自然元素裝飾。這個廳房的最高點達二十三公尺，是蘇丹接待外賓的地方，而宮廷中最美的香桃木院（Court of the Myrtles）中的龐大水池不只有降溫效果，更像一面鏡子將宮殿完美地倒影在水中。

「牆壁上的雕刻是最近才貼上去的樹脂。」熱愛古董的爸爸摸了一下牆壁。「同樣是伊斯蘭建築，伊斯坦堡的托普卡匹皇宮（Topkapi Palace）細緻多了。」媽媽接著說。「你們別忘了土耳其的鄂圖曼帝國在一九二一年滅亡後，政府直接把蘇丹的宮邸改成博物館。怎麼能跟荒廢幾百年的這裡比！」York 趕緊為阿爾罕布拉宮辯解。

在美國作家華盛頓・歐文在一八三二年出版《阿爾罕布拉》前，遊民還居住在廢棄的宮內，直到受到世人關注，才真正展開修復工程。走在綠林環繞的阿爾罕布拉宮內，不難想像以前興盛的風光，難怪摩爾人在詩歌中讚頌它為「綠寶石上的翡翠」！

在哥多華見到宗教的分裂與融合

「數不清的柱子，就像是敘利亞綠洲裡層疊的森林。」十九世紀的印度詩人曾經這樣形容哥多華清真寺主教堂（Mosque-Cathedral of Córdoba）。我們來到曾經是西班牙南部的伊斯蘭帝國首都哥多華。

早期的西班牙屬於羅馬帝國，民眾也信奉天主教。八世紀時穆斯林軍隊佔領哥多華後，並沒有像後來的天主教把信仰不同的人趕盡殺絕，反而將原本的教堂分為兩邊供天主教徒與伊斯蘭教徒使用，也因為對異教徒的寬容，吸引了各宗教的知識份子來到這個王國。

直到在公元七八四年，阿卜杜拉赫曼一世將天主教部分的教堂買下，才在原址上建立了現在的清真寺。當歐洲正經歷著黑暗時代時，摩爾人早已在各個方面遙遙領先成為文明的中心，這裡成為十世紀的西歐最大城市。

可惜好景不長，哥多華在一二三六年被天主教奪回，清真寺也被改建成羅馬式大教堂。安達魯西亞區的回教徒大多逃亡到北非，不同宗教的和平相處模式化為烏有。

1 牆上複雜的伊斯蘭雕刻與瓷磚貼片。**2** 哥多華清真寺主教堂內的聖堂。

　　走進哥多華清真寺主教堂，馬上迷失於層層拱門與八百多根大理石柱中。當年回教徒做禮拜的地方已改成金碧輝煌的文藝復興風格聖殿，華麗程度不輸任何歐洲的大教堂。牆壁上有許多《聖經》故事的描繪與人物雕像，跟反對偶像崇拜而用重複的花紋與幾何圖形來裝飾的伊斯蘭教信仰有極大反差。

　　早在幾年前，西班牙的穆斯林曾正式要求梵蒂岡讓他們重新共用這座主教堂空間，卻被回絕。「難怪我記得二〇一〇年有群穆斯林同時間在這裡跪拜，卻被警衛轟出去的新聞。」York 突然想到之前看到的新聞。在了解西班牙南部的歷史後，不難發現恐怖組織「伊斯蘭國」（ISIS）的主張跟最初的伊斯蘭教有多麼背道而馳，然而當今的天主教會卻也不願意接受穆斯林共用的提議，只能說宗教讓許多議題變得複雜。

 Winny 會客室

· 阿爾罕布拉宮有限制人數，當天早上去排候補也不見得能進去，建議在參觀日的數星期前就先網上預訂門票。
· 在格拉納達，凡是在酒吧點一杯酒，即會贈送一盤塔帕斯小吃。
· 哥多華清真寺主教堂週一到週六的早上八點半到九點半免費入場。

波多絕美的景色。

Chapter 02

歐洲

October

S M T W T F S

　　　　　　 1
2 3 4 5 6 7 8
9 10 11 12 13 14 15
16 17 18 19 20 21 22
23 24 25 26 27 28 29
30 31

📍 葡萄牙 · 里斯本 & 波多

大航海歷史下的
廢墟與都市

Winny 畫重點

· 葡萄牙是最早的殖民帝國，現今有兩億四千
　萬人的母語是葡萄牙語！
· 在首都里斯本尋找發明葡式蛋塔的百年老店。
· 歐洲最划算的旅遊城市 —— 波多。

從路易一世大橋看波爾的廢墟
Porto from Dom Luís I Bridge

守護里斯本的貝倫塔。

「咦？這樣就到葡萄牙？」我們駕車疾駛過公路，自從歐盟創辦以來，這裡就無國界，而且連「歡迎來到葡萄牙」的招牌也沒有，我失望地收起相機。雖然緊鄰西班牙，但兩國不管是文化，美食，街景都差異非常大，如果說西班牙擁有華麗的氣質，那麼葡萄牙就是頹廢的美。

十六世紀的葡萄牙是偉大航海時代中的強大殖民帝國，從一四一五年攻佔北非休達到一九九九年澳門政權移交，總共拿下世界五十三個國家的部分領土，也讓葡萄牙語成為世界第六大語言，可惜隨著巴西在十九世紀獨立，葡萄牙王室被推翻，便走向衰退。

大航海家的起點

站在聖喬治城堡觀景台的邊緣，俯瞰葡萄牙首都里斯本（Lisbon）的紅瓦城景和寬闊的特茹河，不難想像這個帝國以前的風光。「不覺得這座四月二十五日大橋跟美國舊金山的金門大橋很像嗎？」爸爸指著前面的紅色懸索橋說。「它們的設計師與承建商是一樣的呢！」我看著查到的資料說。

緊鄰大西洋的里斯本，是許多航海家前往世界各地的起點，蜿蜒曲折的地形，使這裡的房子大多建在山丘上。三〇年代的電車在坡道上行走，成為該城市的特色，我們把車子停在公寓外，準備接下來三天都以徒步與搭乘大眾運輸探索這座城市。

「一二三，跑！」我拉著媽媽的手奔入貝倫塔（Belem Tower），我們參觀時正好碰到漲潮，打上來浪花每幾秒就淹沒部分連接入口的吊橋。貝倫塔是位於貝倫區的世界遺產，是一五二〇年為了紀念達伽馬成功航海世界一圈而建造的五層防禦塔。好比美國紐約入港處的自由女神像，貝倫塔是葡萄牙的象徵。

「好不容易買到票，結果上去還要排隊啊！」因為天氣熱，York 忍不住抱怨。貝倫塔被分為兩部分；內部有四個拱頂房間的塔身以及外面眾多炮台的壁壘。在它失去防禦用途後，曾經被當作電報站、燈塔以及監獄。貝倫塔的外表比內部更精緻，石壁上有許多雕刻與皇家符號，在太陽西下的背光處，看起來更像是帝國的守護者。

葡式蛋塔的百年老店

位於貝倫塔的不遠處，我們來到葡式蛋塔的創始店 Pasties de Belem！沒什麼比逛完景點，馬上就能吃甜點更幸福的事。蛋塔最早是在十九世紀由哲羅姆派修道院（Jeronimo's Monastery）的修女發明，當時用蛋白製作修女袍的漿紗，剩下的大量蛋黃，修道院就將其用來製作不少以蛋黃為原料的甜點。

後來葡萄牙發生宗教革命，修女們被迫販賣甜點來補貼修道院的開銷，但修道院終究逃不過關閉的命運，在一八三四年將食譜轉賣給隔壁的糖廠主人並創辦了這間店。直到現在還是由糖廠經營人傳承，縱使生意天天爆滿，卻沒開任何分店。店裡的空間非常大，可透過玻璃直接看到員工製作蛋塔。

剛出爐熱騰騰的蛋塔，外皮咬下還會有像吃炸春捲的咔滋聲。「沒吃過這麼脆的蛋塔！」我們四個人讚不絕口，旁邊還有肉桂粉可讓人灑在上面。自從到葡萄牙我們每天都吃蛋塔，這家百年老店確實最好吃，現在想起還會流口水！

波多的廢棄建築

波多（Porto）是葡萄牙第二大的城市，這三年來頻頻被不同旅遊雜誌票選為「最佳歐洲旅遊城市」而開始受到注目。老城區在一九九六年被歸為世界遺產，碼頭旁的五顏六色屋子隨手一拍都像是明信片，帶有葡萄牙特產的磁磚幾乎貼滿了建築，再加上這裡是西歐消費最低的國家，難怪旅客都想盡辦法把波多排入歐洲假期中。

「爸！下面那些植物與建築融合的畫面真的好美唷！」走在波多著名的路易一世大橋上，我被牆上一大片的植物吸引了。「那些可不是為了綠化環境而特地種植的爬藤植物，它們其實是攀附在廢墟的牆與屋頂上的野生牽牛花！」經由爸爸指出，我才發現真是如此。

旅遊至今還是第一次看到市中心有這麼多被大自然覆蓋的廢棄建築，有種奇妙又

荒涼的美。在一個觀光城市，擁有港口美景的黃金地段應該是非常昂貴才對，怎麼會出現空屋呢？

廢墟背後的真相

前幾年當媒體都在關注希臘面臨破產的新聞時，葡萄牙的經濟其實更糟糕，並在二○一一年接受歐盟的救助，防止破產。當時的金融海嘯使許多人民放棄家園，離開這座城市。那年里斯本的廢棄屋佔該市房屋的百分之十五，波多則每五棟房子就有一棟無人居住，這個數字實在驚人。

「那為什麼不把房子賣掉，至少不會血本無歸？」媽媽問。我回她「整個國家都破產了，誰有錢買房子啊？」針對這件事葡萄牙政府還在二○一二年推出了「黃金簽證」，只要在該國買房即可獲得永久居留證，從中得益的有八成是中國投資客。

近年來觀光客人數雖然增加，開始有投資者願意以低價買下黃金地段的廢棄屋改建成旅館，不過葡萄牙法律對於改變房子的外觀非常嚴格，在不動到外殼的狀況下整修內部其實花費很高，當地人情願到郊區買新房子，也不願把老屋翻新，導致人口嚴重外移。

當我在網上搜尋時，發現不少觀光客也對此議題感到好奇，為了讓人們了解葡萄牙當時的金融危機所帶來的影響，於是有旅行社專門帶旅客探訪「真實的波多」，對此觀光局深表不滿，畢竟政府努力將國家形象帶向更美好的方向，然而太多時候只分享美好的一面，而不探討更深層的議題，很難全面地去發現問題所在，透過這次主題的研究，也更深入了解葡萄牙這個國家。

最原始的葡萄牙蛋塔。

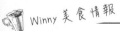

Winny 美食情報

· 位在里斯本的 Pastiés de Belém 全世界僅有一家。
· 另一家到處都可看到的連鎖蛋塔店是 NATA Lisboa，這家賣的是冰過的蛋塔，雖然少了綿密感，不過外型較 Pasties de Belem 大，但我還是偏好剛出爐熱呼呼的蛋塔。
· 如果有去里斯本南邊小鎮埃武拉（Evora）看骷顱頭教堂的話，那邊的 Fábrica dos Pastéis 葡式蛋塔也不輸創始店！
· 波多的 Majestic Café 號稱是世界上最美的咖啡廳之一，《哈利波特》作者 J · K · 羅琳也曾在此創作。

Chapter 02
歐洲

2016
October
S M T W T F S
1
2 3 4 5 6 7 8
9 10 11 12 13 14 15
16 17 18 19 20 21 22
23 24 25 26 27 28 29
30 31

November
S M T W T F S
1 2 3 4 5
6 7 8 9 10 11 12
13 14 15 16 17 18 19
20 21 22 23 24 25 26
27 28 29 30

📍 波蘭‧奧斯威辛集中營

二戰後重生的不死鳥之城

 Winny 畫重點

· 波蘭有許多世界文化遺產,消費低廉,值得一遊!
· 在首都華沙體驗蘇聯遺留的平民餐廳「牛奶吧」!
· 拜訪共有一百多萬人喪生、被稱為「死亡工廠」的
  奧斯威辛集中營。

一踏出機場,馬上就被冰雹與華沙(Warsaw)的低溫嚇到,沒想到這裡與西班牙的高溫相差甚遠,趕緊跑回室內把外套從背包底層拿出來。今早我們與爸媽在馬德里捷運站分開。自從搬到澳洲後,離別對我們來說應該是稀鬆平常的事,但卻沒有因為時間的關係而能更從容面對,雖然笑著道別,但在轉身後還是禁不住流淚。

和爸媽四個禮拜的旅遊生活裡,有笑有淚,看到我們因旅遊而成長,處事能力提高,爸媽都表示我們出走的決定是對的。「又回到只剩我們兩個人的生活……」York 輕聲在我耳邊說。「嗯……」當年紀越大越能體驗「天下無不散的筵席」這句話。

剝奪猶太人權的華沙

很難想像在第二次世界大戰損毀慘重的華沙,在短短的六十幾年間變得如此現代化;設計新潮的地鐵站,規模盛大的百貨公司,完全看不出來當初因戰爭幾乎九成的市區被轟炸為平地。

「波蘭人是個百折不撓的民族。在十八世紀時,波蘭像個蛋糕,被德國、俄國與奧地利帝國分割成三等份;從地圖上消失了一百多年,直到一九一八年才變回一個國家。」York 解釋道。當下我不禁對這個民族感到佩服,百年後還能完整地保存語言與文化,並在戰後迅速地徹底重建家園。

1 華沙重建的世界遺產老城區。2 奧斯威辛集中營的火車回程永遠沒有乘客。3 奧斯威辛一號營區入口處，門上懸掛著「勞動帶來自由」的口號。

　　為了瞭解這個原本是全歐洲最多猶太人居住的城市，我們參加了免費徒步導覽。「在華沙被納粹德國侵略後，它們建立了猶太區，在三點四平方公里的面積內住了超過四十多萬人。」導遊跟我們說。「一開始大家以為只是單純的隔離，直到一九四二年夏天，共有二十五萬居民被送往特雷布林卡滅絕營。」

　　看著導遊手上的黑白照片，讓我想到電影《戰地琴人》(The Pianist)；改編自猶太鋼琴家瓦迪斯瓦夫・斯皮爾曼的回憶錄。從一開始手臂上只要戴著「大衛星」的辨識徽章，到後來猶太人的基本人權幾乎被剝奪，最後在華沙猶太人群起反抗，卻換得希特勒下令摧毀整個城市並將大部分的人送往集中營。電影的場景跟眼前的照片完全彷彿重疊，令人百感交集，暗自決定當晚一定要重溫這部老片。

不死鳥的城市

「不過華沙不是都化為瓦礫了，怎麼還會有這麼完整的舊城區呢？」York 舉手發問。「你目前所見的建築，全都是戰後重建的！」導遊微笑地說。戰前的華沙曾經是東歐最美麗的城市，二戰後卻成為廢墟，人民同心協力重建這個家園。

為了恢復老城的原貌，居民拿著當初的相片、油畫以及記憶，把華沙修復原成戰前的樣貌。眼前不論是磚瓦顏色、屋頂與門框雕刻、街道地磚，甚至連牆壁上的掉漆，都刻意回歸十七世紀的樣子，難怪這裡雖然並非百年建築，但在一九八〇年還是被聯合國列為世界遺產，成為世界一級古蹟。

導遊接著帶領我們前往鋼琴家蕭邦還有居禮夫人的故居，很驚訝兩位不同領域的佼佼者都出生於華沙，不得不感嘆要不是戰爭的關係，現今的波蘭應該會非常不同。

「波蘭因為緊鄰西方國家，所以才有辦法短時間進步那麼快。這裡感覺跟其他西歐城市很像，不知道有沒有在地特有的文化？」一位遊客提問。導遊想了想：「應該是牛奶吧！」波蘭雖然物價低廉，但共產黨遺留的六〇年代食堂牛奶吧（Bar Mleczny）是該國飲食中的特色。

任何時代，食物都是必需品。餐廳的裝潢跟我們之前在拉脫維亞看到的蘇聯前密基食堂非常相似，就算導遊沒有說明，我們也能猜出兩者出自同個時期。這些遺留的大眾餐廳，到目前為止都有政府補助，便宜的食物持續吸引學生與老人前往。

「菜單上的食材還真的都有奶製品！」我看著琳瑯滿目的菜色說，雖然只提供不同湯類與餃子，但食堂內維持共產黨時代的規矩：到櫃檯付錢點菜，並把單子拿給廚房阿姨。等食物好後，自行到出餐口拿取，吃完再把盤子端回去窗口。縱然不是山珍海味，卻也是個有趣的體驗。

離開華沙後，我們遊訪其他波蘭城市，老城區也都因二戰被摧毀而重建，除了前首都克拉科夫（Kraków）以外。這裡被納粹德國佔領後，成為德國的管轄城市，也因此所有歷史建築都維持原狀！不過城內的猶太人還是逃不過悲慘的命運，全被送往不到六十公里處的奧斯威辛集中營（Auschwitz）。

奧斯威辛集中營中的人間地獄

站在一間昏暗的房間，大家都沉默不語。玻璃內展示著來自十四萬位受害者的頭髮，總重量達一千九百公斤，打結與粗造的外表，看起來像是變色羊毛球，旁邊擺放著人髮編織的毯子，令人毛骨悚然。

這裡是納粹德國屠殺最多猶太人的奧斯威辛集中營。納粹德國在歐洲屠殺了三分之二的猶太人口，共高達六百多萬人，其中一百多萬人在這裡喪生，因此被稱為「死亡

工廠」。他們主張要掏空猶太人身上所有值錢的東西，連牙齒上鑲的金塊都不放過。

　　我們在門口買了一本小冊子，從奧斯威辛一號營區入口處跟著地圖上的指標開始參觀。門上懸掛德語「勞動帶來自由」，令人覺得格外諷刺。一開始納粹德國只是用卡車把人運送到此處，到後來乾脆從歐洲各地直接延伸鐵路把猶太人直送達集中營。站在軌道旁邊，可以想像當時家庭被迫分離的景象。右邊是暫時生存，但要服勞役與折磨的地方，左邊則是通往死亡的毒氣室。

　　希特勒為了要滅絕猶太人，在一九四二年一月決定實行「最終解決方案」。最初被送這裡的人們還以為要被「安置到東方工作」。當時住在鐵路附近的農民發現這些載滿人的車廂，回程卻永遠是空的，不禁開始起疑。直到蘇聯軍隊在一九四五年一月二十七日攻佔此地，這個駭人的祕密才撥雲見日！

　　「當時德國戰敗，納粹急忙滅屠殺證據。不僅摧毀毒氣室，還用子彈把猶太人槍殺掉。沒想到人數多到子彈不夠用，所以蘇聯軍隊才能解放七千多位生還者。」我們站在冰冷的白牆前，仔細閱讀。上萬人因飢餓、過勞或暴虐而死的事件，奧斯威辛集中營都有詳細記載。

　　下午的天氣陰晴不定，也讓這裡增加淒涼感。其中一個藏在樹林中的池子，裡頭灑滿幾十萬人的骨灰，配上秋天的枯樹，我的心情更加沉重。波蘭在一九四七年將奧斯威辛集中營改成博物館，以做為第二次世界大戰中納粹德國統治期間所犯下惡名昭彰罪行的歷史見證，警惕世人不要再犯同樣的錯誤。就這樣我們以這震撼人心的景點作為五個月歐洲旅遊的終點，準備前往亞洲。

地下三百公尺的維利奇卡鹽礦石教堂。

Winny 會客室

· 到華沙記得去達賴喇嘛到過的牛奶吧 Pod Barbakanem 品嘗特色飲食！
· 波蘭的弗羅茨瓦夫（Wrocław）是由許多小島連結而成的城市，橋的總數量可是歐洲第五名！
· 到世界遺產古城克拉科夫近郊參觀十三世紀的地下維利奇卡鹽礦（Wieliczka Salt Mine），感受地下三百公尺的鹽教堂之震撼！

Chapter 03

2016

印度・德里
抱歉！我沒愛上印度！

November
S M T W T F S
1 2 3 4 5
6 7 8 9 10 11 12
13 14 15 16 17 18 19
20 21 22 23 24 25 26
27 28 29 30

Winny 畫重點

· 印度是世界面積第七大、人口第二的國家。通常旅者的印象很兩極，
有些人發誓永不回來，有些則是瘋狂愛上這塊土地。
· 在印度碰到廢除盧比紙鈔的危機！

早上銀行還沒開門，民眾就將門口排得水洩不通。

二〇〇八年，我們一家三口正跟著台灣旅行團去印度旅遊，不巧碰到印度金融中心孟買發生連環恐怖襲擊事件。雖然德里距離孟買有一千四百多公里，但在飯店房間裡看搶救人質的直播，令人心驚膽顫。

電視上播放著泰姬陵酒店連天大火，黑色的煙不斷從建築頂冒出。恐怖分子挾持了超過五十名西方人當人質，只要是英國人或美國人，馬上被槍斃。而另一批人則是進入火車站朝大批民眾掃射以及丟手榴彈，真的是個可怕的夜晚。

從車中隨手拍攝的德里街景──一群下課的孩子。

當時我並不討厭印度，只記得媽媽受不了一下遊覽車就被人群淹沒的感覺。「我再也不會來印度了！」她回到車上憤怒地說。對於我們這次環球機票必須經過印度這件事她有點擔心，生怕第一次踏入第三世界國家的 York 會受不了。於是在我找到兩人五天四夜的三星級酒店加一位私人司機只需台幣一萬後，決定暫停自助旅遊。

印度廢除盧比紙鈔的危機

機場大廳的自動門一開啟，就看到一大群拿著看板等候旅客入境的司機。一般我們到機場都只想趕快經過這群人，前往公車站，但這次可以把這件惱人的事拋到九霄雲外，只須專心尋找拿我們的名字看板的司機。

「真抱歉！我們晚了三個小時才出來。」我不好意思地說，並伸出右手向他問好。拉吉是旅行社派來接機的人，接下來幾天要跟我們朝夕相處的司機歐姆則在停車場等候。「沒有想到單在機場的貨幣兌換，就須等兩個小時。」「自從三個禮拜前伍佰與一千盧比紙鈔失效後，現在要拿到小額現金非常困難，你們在機場兌換是對的。」拉吉點頭表示理解。

在我們抵達印度的兩個禮拜前，印度總理莫迪晚上在一場特別電視演講中公布從午夜起所有伍佰與一千盧比紙鈔全部失效，並只能使用新發行的伍佰與兩千盧比。這段時間內我們從新聞上看到民眾為了把舊鈔存入銀行連夜排隊，提款機因供不應求，現金被領光。

雖然政府聲稱這是為了打擊黑錢，但許多人民一夜之間手上的現金變成廢紙，生活上的食衣住行成了問題。有些農民則因為資訊接收不正確，以為一生積蓄化為烏有而自殺。一般我們都在提款機領當地貨幣，但這次狀況讓我們必須用現金兌換，就算匯率再差，總比手上沒現金好。

興建於十八世紀末，位於齋浦爾的風之宮。

接下來幾天，我們在印度街頭看到每間銀行都人滿為患，像擠沙丁魚一樣，一點縫隙都沒有。歐姆跟我們說民眾會在銀行開門前幾個小時開始排隊，不然很有可能排到銀行關門都無法把舊鈔換成新鈔。他自己因為工作而沒時間去銀行換鈔，後來還用我們的新鈔才能幫車子加油。

總理莫迪這項活動確實能夠讓印度大膽打擊貪汙腐敗，但卻犧牲人民的便利。廢除紙幣這件事在印度每十到三十年就會發生一次，我們罕見地碰到了。

印度遇到性騷擾

印度其實並不適合女性單獨旅遊，傳統文化導致嚴重的男尊女卑，平均每天都有將近百名婦女被強姦，其中九成的性侵案都是由認識的人犯案。敢報警的人少之又少，就算舉發強姦犯，反而讓受害女性成為家族之恥，犯罪者依然逍遙法外。

這次在齋浦爾我遇到人生中第一次性騷擾！事發在琥珀堡的售票處前，有兩名高中生前來詢問可不可以自拍。由於在其他國家都有當地人喜歡跟外國人自拍的經驗，我不以為意，一起拍照留念，但其中一位手掌放在我的臀部而不是腰間，另一位則是從他朋友的身後觸碰我的胸部！

雖常被教導遭人非禮要立即出聲，但我當下太震驚而做不出任何反應。「你當時為什麼不說？」事後 York 很生氣地質問我。「我腦筋完全一片空白，從沒想到你在我旁邊還會發生這種事。」對於沒即時做出反應我也很懊惱。難怪高中的印度朋

友，每次回國都不敢單獨出門。

這讓我想起在二〇一二年令人髮指的「德里輪姦案」。某個晚上印度女醫學院實習生喬蒂跟男性友人在看完電影後，誤搭恐怖公車並遭六名男性攻擊、輪姦，被送往醫院治療還是不幸身亡。這件事情引起國際譴責與憤怒，印度政府才開始重視女性安危問題。

不過當英國 BBC 把這個案件拍成紀錄片《印度的女兒》時，印度卻禁播這部片。在片中那些強姦犯雖然被關進了監獄，卻完全沒有一絲悔意，只覺得自己倒楣才被抓到。看了這部影片才了解到印度強姦問題有多麼嚴重，那些畫面真讓人憤怒。

雖然我這次碰到的性騷擾跟這件事比起來微不足道，但足以說明這個國家對女性而言並不是那麼安全。經過這次事件，我只敢跟女生拍照，而且發現正直的印度家庭，只會讓女性家屬跟我合拍，男性則是在旁邊觀看。有些有教養的印度男性如果想要跟外國人合照，也只會挑 York 呢！

愛講話的印度人

從小就覺得身邊的印度同學腦筋都動很快，成績優異且說話幽默。平常閱讀其他旅者的印度遊記，也被他們的經驗與對話弄得哭笑不得。說真的印度騙人招數很多，但共同點就是必須從「溝通」開始，只要沒有言語交流，也很難被騙。

但印度人又很愛跟外國人講話，在路上常被莫名其妙地問「你從那裡來」？就算表情很臭，避開眼神接觸還是會被死纏爛打。記得有一晚在水果攤詢問香蕉價錢，旁邊突然冒出一位路人甲硬要幫忙翻譯，老闆明明就會講英文，我們就在他的碎碎唸下完成交易，即使把他當隱形人也無法澆熄他的熱情。

這種無厘頭的事件在印度層出不窮，也是讓許多人愛上這個國度的原因。不過這裡人多吵雜，街上喇叭聲不斷，讓我單過個馬路就非常頭痛。再加上衛生環境不好，可能更深入這個國家才會體驗深層的美好。

 Winny 會客室

女生單獨在印度旅遊風險確實比男生高，千萬要掌握這幾點：
· 雖然不需要從頭包到腳，但穿著要樸實，以減少被盯上的可能。
· 不要對當地男性太友善，他們很容易會錯意。
· 如果被騷擾，直接兇回去並引起旁人的注意。
· 戴上婚戒或言語上暗示自己有老公。
· 無論如何請保持適當的警覺心，相信第六感。

Chapter 03
亞洲

November
S M T W T F S

		1	2	3	4	5
6	7	8	9	10	11	12
13	14	15	16	17	18	19
20	21	22	23	24	25	26
27	28	29	30			

📍印度・阿格拉
世界最美的陵墓

🧁 Winny 畫重點

· 印度北方的古老城市阿格拉擁有三處世界遺產，
  其中最著名的就是泰姬瑪哈陵和阿格拉古堡。
· 泰姬瑪哈陵（Taj Mahal）屬於世界七大奇蹟，
  每年有七百多萬名觀光客前來朝聖。這座美麗的
  大理石陵墓的背後有個永恆淒美的愛情故事。

亞穆納河對岸原本要
蓋沙迦罕王黑色的陵墓。

「小姐，您的背包裡有違禁品。」聽到女安檢人員這麼說時，我愣了一下，實在不知道除了相機還有什麼違反規定。旁邊的韓國女生的背包也被扣留，但在她的導遊關說下，對方很快就原封不動地歸還，只剩我還留在那邊。

「長官，這位女的攜帶腳架。」女安檢人員馬上攔住一位穿著軍裝的中年大叔。「腳架也才十五公分居然會被當成違禁品，也太離譜了吧？」我心想。「你的導遊在那裡？」他嚴肅地問我，我搖搖頭跟他說我沒導遊。「那你需要回到售票口，把這腳架放到置物櫃後再回來。」

「我不要。」我充滿不安地看著他。在不久前，剛買好的泰姬瑪哈陵門票差點被騙走，之後又因為男女分開安檢而跟 York 分散，我情願不要腳架也不願意獨自出去。「不然給你好了。」我噘嘴了起來，讓他知道我很不甘願。突然「啪」一聲，長官手裡的鑰匙突然吸住有磁性的章魚腳架。「咦？」他開始把兩樣物品拿著把玩，好像小孩子發現新玩具。「不然我幫你保留，結束後再來找我。」長官說。「真的嗎？」我笑了出來。「那我可以拍張相嗎？不然怕忘記你的臉。」「不行。」「那……名牌就好？」我小聲詢問。於是我拍下長官的名字，並祈禱他不要太早下班。

維修中的泰姬瑪哈陵

泰姬瑪哈陵這座因愛情而花了二十二年建造的陵墓，被認為是「印度穆斯林藝術的珍寶和世界遺產的傑作之一」。當時蒙兀兒王朝第五代皇帝沙迦罕的第二任皇后，在臨終前希望皇帝能夠為她建造一座全世界最美的陵墓。

這整座陵墓是用白色大理石建造而成，並動用了兩萬多位工匠與書法家，結合中亞、波斯與印度風格，還用了將近三十種世界各地搜羅的寶石裝飾。陵墓主殿外四座高達四十公尺的喚拜塔，每座向外傾斜十二度，這樣從遠處眺望時，就不會因距離而產生傾斜的錯覺，讓塔看起來是完全垂直。

這麼壯麗的藝術傑作，卻從一六五三年至今都沒維修過，原本象牙白的大理石，因阿格拉嚴重的工業汙染而開始泛黃，雖然政府透過積極種植大量桑樹來吸收工業廢氣，但不論何時，泰姬瑪哈陵總是隔了一層迷霧，意外地增添了神祕感。

終於在二〇一五年，政府決定花三年的時間來修復泰姬瑪哈陵，期間遊客總會看到架設在陵墓周圍的鷹架，連英國王子威廉在二〇一六年來訪時也不例外。維修的最後階段會在泰姬瑪哈陵表面敷上一層「泥膜」十二個月，之後發黃的大理石將會回到原本白皙的模樣。在參觀的前幾天在網路看到有人拍到架設鷹架的在陵墓正面的照片，幸好我們參觀時看到的維修工程並不明顯。

沙迦罕王及皇后的主陵墓

「不可以拍照！」警衛哨聲四處響起。花園水池的盡頭是主陵墓，內有兩座一大一小的空石棺，沙迦罕王及皇后葬於空棺處地下的土窖內。到處都貼滿禁止拍照的牌子，但快門聲與閃光燈絲毫不減。如果是印度人被抓到，相機就會直接被警衛搶去刪除照片。有導遊陪同的外國旅客則是被唸一下就沒事，不過大部分的人被警告後還是會繼續偷拍再走。

明明陵墓旁邊迴廊中央的石碑附近是那麼地端莊，現在卻變成雜音的擴音器，使得陵墓內部非常混亂，令人不想久留。「這裡又不是梵蒂岡的米開朗基羅所繪《創世紀》，在那狹窄的空間根本拍不出好的畫面。」York 不解地說。

我們奮力地擠出人群，來到外面的主平台，從這裡我們可以清楚欣賞大理石上面鑲嵌的寶石以及精美的紋路。一八五七年時印度發生暴動，英國士兵與政府居然任意從牆壁中鑿出寶石和青金石，直到十九世紀末才修復，現今許多地方仍可看出挖鑿的痕跡。

我光著腳走在冰冷但舒適的大理石平台上，附近的印度家庭則是聚在一塊，席地聊天。據說泰姬瑪哈陵早上是燦爛的金黃色，正午的陽光則是耀眼的白色，在夕陽的斜照下則會從黃色轉粉紅，再變成淡青色，當月光出現時又罩上銀白，恍若仙境。我們的目的就是等到太陽下山，希望可以看到那夢幻的場景。

建築美學上完全對稱的泰姬瑪哈陵。

1 陵墓主殿旁的清真寺。**2** 在戶外等待夕陽餘暉灑落在泰姬瑪哈陵上。

夕陽中的泰姬瑪哈陵

「這簡直無可挑剔。」我們坐在一對德國姊妹
旁，從花園的台階上欣賞完全對稱的建築美學，
從這個角度可以看到泰姬瑪哈陵的全貌，主體兩
側的清真寺，花園正中的噴水池道，倒影中的陵
墓隨著風微微波動。和她們閒聊得知兩人來印度
參加同事的婚禮並順便來阿格拉參觀泰姬瑪哈
陵，畢竟來印度沒看到泰姬瑪哈陵就等於沒來過。

這位愛妻子的沙賈汗王原本打算在河岸對面建
造一座一模一樣的黑色大理石陵墓，可惜白色陵
墓完工沒多久，他就被兒子囚禁於阿格拉堡。每
天只能透過八角房的小窗，遠眺河裡浮動的泰姬
瑪哈陵倒影，在拘禁下結束他的晚年。

為了不要讓鞋子踩髒純白的大理石，門
票內會附送鞋套。

當太陽緩緩西下，一切都是那麼美好，突然一
位配戴槍枝的軍官打破這份閒情。「你們不可以坐在台階上那麼久，也要給別人欣
賞的機會。」我們莫名其妙地看著他，但在這不講理的國家也只好拍拍屁股上的灰
塵，改成站著觀賞泰姬瑪哈陵。不知是不是因為汙染太嚴重又或者是季節的關係，
令人失望的是，夕陽時分的泰姬瑪哈陵跳過原本預期的粉紅，直接成了灰色。

「如果顏色這樣就不會再有變化了，那我要去找那位中年大叔拿回腳架。」我站
起來拍拍屁股。「哈哈，機會應該是很渺茫吧？但還是祝你幸運！」德國姊姊笑著
說，我們就此別過。

我趕緊跑到安檢處，卻發現大部分的工作人員都下班了。「你認識這個人嗎？」
我隨手詢問一位正要離開的女安檢人員並把相機上的名字給她看。她眯了一下，接
著就朝後面大喊，隨即出現的是看起來比剛才更疲倦的長官。令我吃驚的是他真的
好好保管我的腳架，也沒有二話地還給我，看來我不應該懷疑這些官僚的誠信。經
過這件事件後，我在進出知名景點前，學會先官網查違禁品項目。

 Winny 會客室

・第一次去印度但時間不夠的話，很建議走包含德里、阿格拉跟捷普三大城市的「黃金三角」
　路線。
・這條路線總距離約七百二十公里，每個城市移動時間約四到六小時。
・除了泰姬瑪哈陵以外，路途會經過多項世界遺產以及不同風貌的市容與景色。
・觀光設施建設完善，有許多不同住宿等級可以選擇。

Chapter 03
亞洲

布達納特是世界最大半圓形佛塔，上繪有慧眼。

📍尼泊爾·加德滿都

與老友相會
在加德滿都

2016
November
S M T W T F S
1 2 3 4 5
6 7 8 9 10 11 12
13 14 15 16 17 18 19
20 21 22 23 24 25 26
27 28 29 30

Winny 畫重點

- 尼泊爾是亞喜馬拉雅山脈地區的一個內陸國家，北方與西藏相接，其餘三面與印度為鄰。
- 世界上最高的十座山峰中，含世界第一的聖母峰在內，共有八座位於尼泊爾境內。
- 首都加德滿都位於海拔一千三百五十公尺的峽谷中，有多一百三十處文化遺址，包含多處印度與佛教聖地。

飛機降落在加德滿都機場，橘紅色的磚塊，沒有奢侈的免稅店，一切跟三年前一樣。那年我跟大學朋友麥克來尼泊爾十五天，在印度邊界的熱帶雨林看到了野生犀牛，到世界第二高安納布爾納山脈（Annapurna）的普恩山健行了四天，壯觀宜人的景色使我深深愛上高山。

尼泊爾是少數讓我流連忘返的國家。加德滿都雖然空氣汙染嚴重，卻沒有印度混亂，人民也比較純樸。市區內有多處文化遺產，其中加德滿都王宮廣場內

有許多壯觀的建築。十二世紀建造的獨木廟更是神奇,三層樓的廟宇沒有使用任何鐵釘或鋼鐵支柱,可惜在二〇一五年四月二十五日發生規模七‧八級的大地震,使得獨木廟嚴重受損,那次地震不只波及了印度北部、西藏、巴基斯坦、不丹等地區,也導致七千六百多人在此身亡。不到三個禮拜,靠近聖母峰與加德滿都中間又發生了七‧三的餘震,使原本損壞的市區更慘重。

跟著陌生人拜訪畫家

　　三年前的下午,我跟麥克走進加德滿都塔美爾區(Thamel)的一間小店,雖然整條街都有在販售唐卡與各式喜馬拉雅山油畫,但蘇曼的店莫名其妙吸引我,一進到店內,我們同時看上了掛在牆上的油畫,誰也不讓步。

　　「你沒有其他的畫可以挑了嗎?」我問他,當時的蘇曼還是個剛接老爸店面的小

夥子。他愁眉苦臉地翻著櫥櫃，就是沒有我喜歡的。「不然畫家的住處就在附近，我載你過去挑？」我連手機也沒帶，就這樣丟下麥可，坐上陌生人的車，現在回想起來還真危險。

加德滿都的街道繁忙又狹窄，我低著頭緊抓著蘇曼的衣服，希望不要被其他車子排放的廢氣給嗆到。半個小時後我們來到了一座山上的別墅，畫家與他的兩位高中女兒在門外迎接我們，並準備了茶水讓我挑畫時能夠順便品嘗當地零食。

「我只是想挑畫而已，這樣陣仗太大了。」突然受到這樣的禮遇，我有點不好意思。「在尼泊爾，客人就是貴賓！」蘇曼要我不要顧慮太多。透過他的翻譯，我得知畫家特別鍾愛安納布爾納山脈的輪廓並時常前往那邊寫生，兩個女兒則是明年要送到美國去讀大學，我很驚訝他能支付那麼昂貴的學費。

「你想想一幅畫賣一百多美金，畫家本人佣金也拿不少，再加上尼泊爾消費低廉，其實很好存錢的。」蘇曼跟我解釋。想把孩子送往國外爭取更多機會，是所有父母的夢想。畫家帶著我參觀他們的透天住宅，以及工作室，房內的窗戶沒有玻璃，可以直接看到外面的景色，在這種環境下創作難怪擁有源源不絕的靈感。

等我們回到蘇曼的店裡，天色已暗。「你們終於回來了！居然讓我顧店顧那麼久！」麥可從椅子上跳起來。「買到兩幅我更喜歡的畫，牆上的你就拿去吧！」「我想一想還是不要了。」「什麼？」蘇曼一路載我到山上，換回來的卻是這樣的結果，我差點大罵，蘇曼馬上阻止我。「因為麥可的關係，你才有幸見到畫家本人啊！」想一想也是，也因此我與蘇曼成了好朋友。

大地震後的加德滿都

「嗨！看誰來看你了！」我牽著 York 的手走進熟悉的店面，蘇曼與妻子阿喜瑪驚訝地從椅子上站了起來。「天啊！我一直在臉書上看你們的旅遊照片，沒想到你們居然來到尼泊爾了！」我們互相給予溫暖的擁抱，很高興終於帶著 York 重遊舊地。

「地震過後你們還好吧？感覺觀光客少很多。」我們在店裡聊起來，蘇曼嘆口氣說：「生意一落千丈，恢復的速度非常緩慢。」「那你們有沒有受傷？房子有沒有怎麼樣？」我緊接著問，他喝了口水，娓娓道來震災後的經過。

「阿喜瑪跟我當時才新婚，搬進全新的公寓不到三個月。強震來襲時我們正在煮宵夜，想都沒有就直接跑到樓下！沒想到跟著鄰居在外面等待時，阿喜瑪才驚覺她瓦斯沒關……」我們倒抽一口氣。「於是我決定跑回去關瓦斯。阿喜瑪哭著叫我不要去。我告訴她如果我不上去檢查，會害整棟大樓爆掉。」

「等我跑回五樓的公寓時，牆壁已經裂出好幾條大到我可以把整隻手臂伸出去的縫隙，跟電影裡世界末日的場景一樣！」我欽佩地看著蘇曼，覺得他好勇敢，婚姻果然可以讓一個男人更有擔當。「我下來後餘震不斷，大樓不停地左右搖晃，每一次我們都以為要倒了！」說著邊用手比劃。

「還好當時印度政府派了多架飛機把印度人接走，我們就先回去三個月直到保險公司把房子修好了再回來。」阿喜瑪心有餘悸地說。我當下滿驚訝，印度政府這麼重視自己的國人。「你們經歷的事好驚險啊！」我用手托著下巴，親耳聽到當事人口述跟看電視報導完全感覺不同。「好了，不用再談我們的事了。說說你們的壯遊吧！雖然你在網上都有放照片，但親口聽到一定完全不同。」於是換我們跟蘇曼與阿喜瑪分享旅遊中發生的趣事。

1 加德滿都寺廟附近隱居的聖人，拍照須給小費。**2** 地震一年半後的加德滿都王宮廣場還沒完全從災後復原。

Winny 會客室

來加德滿都的遊客通常都居住在塔美爾區，這裡觀光設施齊全。不過加德滿都大部分的景點都分散在四處，以下介紹幾個有趣的地方：

· **杜巴廣場（Kathmandu Durbar Square）** 距離塔美爾區不到兩公里的加德滿都谷地的三處王宮廣場之一。被列為世界遺產，有多座壯觀的王宮與神廟。在上次地震中損壞嚴重，不過已漸漸修復完畢。

· **童女神廟（Temple of Kumari）** 可在每天特定時間見到尼泊爾供奉的活女神 ——庫瑪麗。活女神是嚴格挑選要在神廟內生活的小女孩，她腳不能落地，不能流血，直到初經來時才能回歸平民生活。

· **猴廟（Swayambhu）** 這裡有許多不怕人的猴子，相傳釋迦牟尼曾親臨此地，每年佛祖誕辰時都會在此舉行盛大法會。可俯瞰整個加德滿都。

· **布達納特（Boudha Stupa）** 被列為世界遺產的佛寺，是世界最大的覆缽式半圓形佛塔建築，塔上繪有「慧眼」。佛塔內安放釋迦牟尼弟子摩訶迦葉的遺骨。

· **燒屍廟（Pashupatinath）** 建於十九世紀的印度教，雖然非印度教徒無法進入主殿，但全天候都會舉行火葬，遊客可從旁邊觀看。當地人深信遺體不能閒置超過一天，必須越快火葬越好，因此有些外地人在這裡過世，他的親人就無法見到他最後一面。

Chapter 03
亞洲

📍 尼泊爾 · 盧克拉

海拔最高的
聖母峰基地營健行

November December
2016

S M T W T F S   S M T W T F S
            1 2 3 4 5   1 2 3
6 7 8 9 10 11 12   4 5 6 7 8 9 10
13 14 15 16 17 18 19   11 12 13 14 15 16 17
20 21 22 23 24 25 26   18 19 20 21 22 23 24
27 28 29 30   25 26 27 28 29 30

Winny 畫重點

- 位於尼泊爾與西藏邊界的聖母峰是地球第一高峰（海拔八千八百四十八公尺）。
- 由於中國邊界政局不太穩定，因此從尼泊爾挑戰全世界最高的基地營（EBC）是許多登山客最佳選擇。
- 健行總距離為一百三十公里，共需十三天回來。雖然有難度，但並非遙不可及的夢想！

　　後車箱才剛打開，行李隨即被搬運行李的人取出來。清晨五點的加德滿都還是一片黑暗，我們只好像無頭蒼蠅般跟著搬行李的人往機場走去。裡頭人聲鼎沸，全部都是要飛往聖母峰基地營健行的起點小鎮──盧克拉（Lukla）的旅客。

　　「小費！」那些搬運行李的人大聲地斥喝，但這些人並不屬於我們登山公司的背夫，同團的愛爾蘭情侶與紐西蘭兄妹因為第一次到亞洲，手忙腳亂地給了一百尼泊爾盧比鈔票，大約三十台幣，但那個人並不滿足，又多要了一百盧比才走人，而搬運我們行李的人收下十盧比就轉身離去。

　　尼泊爾是個貧窮的國家，一位小學老師平均月收入約兩千台幣，如果觀光能夠提升國民所得是好事，但不應該把觀光客當肥羊。「你明知會發生這種事，就應該先提醒我們並告知恰當的小費金額，而不是在遠方觀看。」我事後跟導遊抱怨。

1 高山上的夏爾巴人宗教信仰為藏傳佛教，時常看見有慧眼的小型佛塔。2 當爬到海拔五千公尺時，正午的太陽也無法融化已結冰的河與小瀑布。

全世界最危險的機場

盧克拉機場號稱為「世界上最危險的機場」，因為跑道盡頭是懸崖，對面則是喜瑪拉雅山。飛機一旦起飛就不能停，否則會掉入峽谷或撞到山壁。登山客常常開玩笑說：「想攻聖母峰，先活著抵達盧克拉再說。」

「盧克拉機場目前霧大，乘客請耐心等候。」機場廣播著。「至少他們有注重安危。」愛爾蘭男子翔恩抬起頭來說。「也是啦！情願晚點起飛也不要出事。」他的女友、一頭典型愛爾蘭人紅髮的海柔附和著。另外兩位跟我以前居住同城市的紐西蘭兄妹泰奧與莎拉則是眼神朦朧在一旁打盹。

這一等就是兩個小時，好不容易坐上小飛機，從窗外可看見太陽早已升起。「這飛機可坐二十人，比我想像得大。」我悄聲對 York 說。平常起飛就會怕的他，早已臉色慘白，手抓緊扶手。年輕的機長就坐在我們前方，正老神在在地喝著礦泉水，跟後座一群緊張的乘客成了明顯對比。

機上唯一的空姐給每個人一些棉花塞耳朵以減低螺旋槳的噪音，以及一顆糖果預防耳鳴。不愧是飛往喜馬拉雅山脈的航線，這輩子我從來沒從空中那麼近距離觀看底下的陸地。飛機優雅地在山谷中穿梭，像蜜蜂在花園般華麗地飛舞。

「左邊就是聖母峰與附近的山脈。」將近三十分鐘的飛行，機長開始介紹。大家鼻子都貼著窗戶，想要好好一探究竟。難怪一上飛機大家都搶著坐左邊，原來是有事先做功課的。我們只能夠探過大家的身影微微看到那山峰的白頂。

經過一片雲層，在斷層上的盧克拉機場出然出現在眼前，飛機彷彿要撞上懸崖。我們全都倒抽一口氣。這時機長用熟練的技術來個大轉彎，將飛機直接降落在跑道上。這個跑道總長僅四百七十五公尺，機長須用全身的力氣把剎車拉到最緊，輪胎與地面產生刺耳的摩擦聲，機速才開始放慢。

跑道的底端是一片高大的水泥牆，坐在最前面的我忍不住尖叫了一聲，機長熟練地將手桿轉了九十度，順利停進停機坪。大家都嚇呆了，像剛坐了一趟驚險的雲霄飛車似，待回神後，大家紛紛給予機長熱烈的掌聲。我相信這個降落不管機長飛行多少次，每一次都會戰戰兢兢。

被地震搖醒的第一晚

在熟睡中我被反覆移動的床給搖醒，我睜開眼睛花了幾秒才反應過來發生什麼事。「York！地震！」York 揉揉眼睛說：「這是喜馬拉雅山脈，本來就會常地震，不然你認為高山怎麼來？」我快速地把外套穿起來並衝出房門，發現隊友也在站在門外兩旁。

「這是我這輩子第一次遇到地震。」莎拉先開口說。翔恩緊抱著昏睡的海柔表示他也很害怕。York探出頭說：「我們現在在山上是最安全的，又不是在加德滿都。只要房子不垮，沒有什麼東西會壓住我們。」鮮少說話的泰奧也同意York的說法：「既然導遊都沒來找我們，大家就都回去睡覺吧。」

我們這才發現寒冷的冬夜，泰奧居然只穿著件四角褲睡覺。「泰奧！你不冷嗎？」海柔睡意忽然全沒。「我哥是個怪人對不對？他在紐西蘭冬天也只穿短袖短褲。」莎拉解釋道。「紐西蘭人真的比較不怕冷，聽說他們從小學到高中都光腳在草地上跑步。」York緊接著說。「什麼？太詭異了！」兩名愛爾蘭人不敢置信。我們三個紐西蘭長大的人點頭表示這是真的。

「好了，大家趕快去睡覺吧！不然會聊個沒完。」海柔像媽媽一樣趕著我們進房間。回到床上後我還是心有餘悸，輾轉反側無法入睡。深怕上面的村莊要是因地震受損，該怎麼處理行程被取消的保險金呢？還好隔天早上導遊說地震沒造成什麼大礙，才放下心頭一塊大石。

可怕的食物中毒

位於海拔三千四百公尺的南崎巴札（Namche Bazaar）是山中最繁榮的城市，這裡有郵局，有銀行，所有幾乎所有的生活用品都可以在這買到，但價錢通常比加德滿都貴三倍，是尼泊爾消費最高的城鎮。

一進南崎巴札就看到兩旁雕刻著中國花紋的大柱，還有順著水流而旋轉的水輪，跟之前經過的樸素村落完全不同。再往裡面走居然看到一間愛爾蘭酒吧，裡頭可以打撞球以及看免費電影，窗外貼著可刷信用卡的貼紙符號，真令人吃驚。

1 盧克拉機場跑道總長才四百七十五公尺，下面就是懸崖，對面是山壁。2 進入南崎巴札小鎮前的涼亭，以及背後公寓似的建築讓人吃驚。

每天早上丁伯崎的河都會結冰，當地婦女需要敲碎才能取水。

導遊說這裡是最後一個可以洗熱水澡的城鎮，再上去水溫開始不穩定，很容易感冒，除了海柔與泰奧以外，我們其他四人都決定試看看十三天不洗澡是什麼感覺。以深山來說這個城鎮算現代化，很適合在此多待一天適應海拔高度。不料這麼舒適的城鎮，隔天莎拉居然食物中毒，整晚上吐下瀉，害她哥哥泰奧急得不知道該怎麼辦，身為藥劑師的 York 發揮他的專業，在醫藥箱中翻找可以減緩莎拉症狀的藥物。「我想吃義大利麵……」莎拉有氣無力地說。「你不能吃那種東西，不然吃燕麥粥好了。」泰奧建議。「燕麥粥通常都會加牛奶，不如吃稀飯吧。」我上前問住處的老闆可不可以煮菜單上沒有的稀飯，只要白米加水就好了。老闆馬上做一碗熱騰騰的稀飯端入莎拉的房間。「這是什麼？」莎拉虛弱地吃一口。「這是稀飯，拉肚子吃這個最有效了。」我有點驚訝外國人沒吃過。

還好在離開南崎巴札的早晨，莎拉的精神已經好很多。「好險這房間有自己的馬桶，不然真的會生不如死。」她不好意思地說。沒想到這時換翔恩過來，「現在變成海柔在腹瀉了。」

在兩天內六個人有兩個人食物中毒，怎麼想都不太對。導遊安排其中一個背夫留下來陪他們，休息一天後再趕上行程。「先前看你們吃披薩、義大利麵那麼開心，不好意思說。但因為山上沒有冷凍設備，大家最好暫時吃素，這裡牛奶也沒殺菌過，觀光客的腸胃很容易受不了。接下來大家只吃尼泊爾人的傳統料理，應該會好很多。」York 的建議果然奏效，在這之後就沒有人發生食物中毒。

人與人之間的互動

離開南崎巴札後,村民的房屋大部分都是鐵皮做的,夜裡內外的溫度都差不多。我們趕在日落之前抵達當晚的村落,用濕紙巾將身體擦乾淨,換上睡衣然後坐在公共大廳等整座客棧唯一的火爐燃燒。

「這段健行簡直太享受了!」路途碰到來自新疆的中國大叔坐在沙發上這樣對我們說。「以前在烏魯木齊帶團時,都要自己背三十公斤的營具,女人也一樣。反觀這裡,有背夫,有床睡,花個錢還可以快速上網,根本不用受難!」我也覺得這個健行路線很觀光化,整趟路都沒看到蹲廁,菜單上有許多西餐可以選擇。

「你們是台灣人嗎?」火爐邊坐著一位正在看書的短髮姊姊抬頭問我們。這位姊姊因熱愛爬山,短短時間內已征服台灣數座高峰,來到尼泊爾繼續挑戰自我。雖然是一個人旅行,但她還是有請嚮導帶路,畢竟在山中發生突發狀況的可能性比較高。好久沒聽到熟悉的台灣口音,大家不知不覺聊到柴火熄滅。

1 盧人口兩百多人,在山谷中的丁伯崎小鎮。2 登上卡拉帕塔山丘的 York,後方是海拔七千一百六十一公尺的普莫里峰(Pumori)。

隔天一早傳來敲門聲，是昨晚的台灣姊姊。「聽說你們都沒戴口罩，這些口罩還有零食都送給你們吧！」我們滿懷感激地收下禮物，雖然到最後一直不知道她的名字，但一路上常受台灣人的幫助，深深體會到台灣的人情味。

情侶間親密指數上升

　　從海拔三千七百公尺再上升五百公尺的變化還真大，我們在空曠的平原上行走，附近出現許多犛牛（Yak）悠哉地吃草。犛牛是生活在高海拔的動物，體內有特別多的紅血球傳送氧氣，跟運輸貨物的水牛截然不同，一看到犛牛就知道我們已走入高原地帶。

　　這裡少了峽谷的掩護，冷風颼颼，只要一停下來，體溫馬上下降。我沒料到溫差這麼大，背包內的羽絨外套讓背夫帶到下個城鎮了，我因肚子絞痛而放慢腳步，漸漸地走在隊伍後方。

　　「你怎麼了？」莎拉好心地停下來問我。我有點難為情的回答 ：「肚子痛。」「你食物中毒嗎？」「應該不是，我只要被風吹到就會這樣。」心想西方沒有「涼到」這個詞，她應該很難理解肚子著涼。我嘆口氣，直接跟大家說我需要大號，不過眼前一片荒涼，毫無遮掩之處。

零下十度的天氣，只要停下來休息馬上就會變冷。

「York！你常常在野外大便，陪我來！」他雖然百般不願意，但也只好跟我走。這是我第一次在戶外解放，完全不知道如何找地點。「你要找一個你看不到別人的位置，就樣人家就看不到你。」York 指著我剛才找到的空地。「像你剛才選的位置還看得到莎拉的外套，根本不合格。」

「咦？怎麼都是結凍的大便，看來找到好位置了呢！」York 往前走到另一個點。從沒見過這麼多人屎，我乾嘔了一下，無奈肚子已忍到極限，只好把拉鍊解開準備蹲下去。「且慢！」York 大聲制止。「屁股要朝下坡，不然大便會流到鞋子上。」「你牽著我的手！我沒辦法在斜坡半蹲又使力啦！」我哭喊著。幸好上完大號，身體就恢復正常了，我想我們這天增加的親密度應該是很少情侶可以相比的吧！

差點被酸糖果嗆死的喇嘛

「猜猜你們走後我們遇到了誰？」兩天後終於與我們會合的翔恩興奮地說。「我們遇到了喇嘛！但不是達賴喇嘛。」海柔從旁插嘴說。「什麼？」我們全都很震驚，要翔恩趕快繼續說下去。

「我們在南崎巴札的那間旅館，喇嘛剛好在那邊祈福。當時我正單獨坐在內大廳看書，沒想到祈禱聲終止後，喇嘛走進來坐在我旁邊！」「當下我真的不知道該對喇嘛說什麼，剛好口袋有一顆酸糖果，我就問他要不要吃。」

「本來看起來像好好先生的喇嘛，沒想到糖一放入他嘴裡，表情突然變調，開始劇烈咳嗽！害我以為我差點用一顆糖果謀殺了喇嘛，只能不斷拍打他的背！」翔恩講到這裡時我們幾乎都笑到喘不過氣來，一般人見到喇嘛應該是請他給予祝福，怎麼會是這種結果呢？

「話說 York 去幫我買生日蛋糕也碰到一位跟喇嘛很有緣的男人呢！」我把巧克力蛋糕送進嘴裡時說。「你的生日不是昨天嗎？怎麼等到今天才慶祝？」海柔問。「當然是為了要等你們啊！」大家一陣嘻笑。

「那個蛋糕師傅已經搬來這裡十六年了，他小時候在中國政府強迫下住校並學習佛經與中文，但事實上並沒有學到任何東西。某天晚上老師

1 在丁伯崎跟這位來自西藏的先生買生日蛋糕。2 跟山友度過了難忘的二十八歲生日。

把學生聚集起來，徒步帶著他們從西藏穿越尼泊爾到達印度。很誇張吧？十三歲的孩童什麼裝備都沒有，就這麼跨越全世界最高的山脈！」

「他的店裡面有許多達賴喇嘛的照片，聽說蛋糕師傅見過他三次，最後一次是去年大地震的時候。」「他有跟達賴喇嘛合照嗎？」「沒有，只有接受他的祈福。」「翔恩你看，這才正常！那個喇嘛搞不好因為你，以後不敢接受陌生人的食物了。」我們繼續嘲笑他。

記得我媽在懷我前也去過西藏，有幸見到喇嘛一面，她把喇嘛送的護身符當作寶貝，直到這趟旅行前才交給我。很可惜差一天就能見到喇嘛，人算不如天算，希望以後還有機會，不過今年也是過了一個很特別的生日。

高山症與直升機

丁伯崎這個海拔四千四百公尺的小鎮是許多登山客的里程碑，這裡空氣的含氧量比平地稀薄了一倍，就算持續吃預防高山症的丹木斯，有些人的體質仍受不了。如果可在這裡安然度過一夜，通常就可以接受聖母峰基地營的氣壓。

剛跟我們重逢的翔恩與海柔卻沒那麼幸運，昨晚起兩個人胸口就痛到喘不過氣，原本就有氣喘的海柔更糟，導遊馬上連絡直升機要把他們載下山去。「你先打給保

最後只有我們四個登上聖母峰基地營。

我們每餐都吃的尼泊爾國民美食「達八」。含豆湯、米飯、咖哩馬鈴薯的套餐，吃完可以再添加，非常經濟實惠。

險公司看他們會不會理賠再說！」痛苦中海柔堅決地說。「我相信如果你有保旅遊險，他們一定會幫妳打理的。」「不行，你先確認。不然我戶頭可沒有五千歐元！」

　　依我和外國同事長期相處下來，發現他們真的不太會存錢。不過能出來旅遊，戶頭裡沒有應急的錢也有點誇張。雖然直升機自付費用很高，但高山症可是會引發性命危險！導遊催促我們先趕路，他晚點再跟我們會合。就這樣會面還不到二十四小時，又和兩個隊友分開了。

水流結冰的高度

　　一直覺得這趟健行並沒有很困難的我，直到第七晚才開始感到不適。睡在海拔四千九百公尺的氣壓下，胸口一直覺得很奇怪，身旁的 York 則是整晚一直咳嗽，害我很擔心他會不會肺水腫。

　　經過丁伯崎後，路邊的河水都已結冰，迎面而來的寒風彷彿千萬根針往臉上扎，再上去的馬桶因為水管結凍無法沖水，需用勺子把水桶上的薄冰敲碎後才能舀水把便糞沖下去。夜晚的溫度都只有攝氏負二十度，睡起來床頭的水壺都會結凍。

　　「York，你知道我習慣每天醒來都先會喝杯熱水。但山上熱水實在是太貴了，如果把水壺放進睡袋，你覺得第二天會不會有溫水可以喝？」對於我的請求 York 二話不說，抱著冰冷的水壺睡覺，讓我早上可以喝到「體溫」水，之後想起來真覺得是個無理的要求。

　　位於聖母峰基地營旁邊的小鎮高樂雪更誇張，住宿內連水槽都沒有。「想漱口的話可以吐在馬桶或直接到外面。」住處的老闆對我們說。於是我們帶著牙刷到戶外，才發現室內跟室外溫度是一樣的，即便一樣冷，在星空下刷牙至少比對著馬桶好聞多了！

抵達聖母峰基地營

我們終於在第八天下午成功抵達聖母峰基地營！能夠來這裡「朝聖」是許多紐西蘭人的夢想，因為第一位攻頂的探險家艾德蒙‧希拉里爵士就是紐西蘭人。他不只被列印在五元鈔票上，也是國民英雄。當他在世時，每年都會到我們學校演講，所以成功挑戰這裡意義對我更是重大。

其實剛開始地理學家並不認為聖母峰是世界第一高峰，若以目測和前面的世界第四高峰的洛子峰相比，反而看起來略矮，在儀器測量後才奪回第一名的寶座。基地營位於海拔五千三百六十四公尺，但卻因為方位關係，無法直接目睹聖母峰本尊，只有順著世界最高的坤布冰河往上爬，才能見識到那巍峨雄偉的山景。

眼前景色一片荒涼，但在夏季各國登山好手匯聚於此紮營挑戰世界第一高峰時，會熱鬧地像個小鎮。想挑戰登聖母峰，一個人至少要付四萬五千美金！就算付了錢也不保證能活著回來。《聖母峰之死》就述說著一位記者在登頂過程中遇到雪崩死裡逃生的故事。

我們在基地營玩得太興奮忘了注意時間，等到準備離開時太陽已西斜。沒有陽光的照射，氣溫急速下降，我牙齒打顫，頭也微微暈眩。「加油，妳一定要走回去。」我不停地替自己打氣，腳底下的冰河透出一陣涼意。從這裡到高樂雪將近兩個小時，不小心踩空就有可能扭傷腳。耳邊不時傳來雪崩的聲音，彷彿提醒著人們冰川的變化多端。

比基地營還高的卡拉帕塔

早上清晨五點，York 與紐西蘭兄妹莎拉與泰奧準備前往有「黑石頭」意涵的卡拉帕塔山丘，我則是昨天下午太累而跳過這段挑戰。這個海拔五千五百公尺的山丘，是眺望聖母峰最佳的地點，零下三十度的低溫與稀薄的空氣很快打敗了莎拉與泰奧，每五分鐘他們就必須停下來休息並大口呼吸。

York 想趕在日出前攻頂，於是丟下他們繼續往上爬，沿途碰到一群日本銀髮奶奶，導遊正幫她們倒熱茶。「記得出發前她們的導遊還幫她們加熱稀飯當早餐呢！」事後 York 跟我說。「妳沒來真的很可惜，我這輩子從沒看過這麼漂亮的星空！流星多到我都顧不得許願了！」

「不過聖母峰並沒有像加德滿都那些明信片上的照片一樣，呈現粉紅色。我猜應該要日落去才會見到這個景色吧？」York 婉惜地說。「然後我的水壺裡的水居然結冰了！剛要喝時還被碎冰刺到喉嚨！」

泰奧與莎拉因上不去而提早回來，好強的他們對於沒有登上卡拉帕塔有點懊惱。

「沒關係，我們已經抵達了聖母峰基地營了呀！」我拍拍他們的肩膀說，兩人同時對我露出靦腆的笑容。就這樣在第九天我們準備打道回府。

一段冒險的結束

達成目標後，大家的腳步變得異常輕盈，接下來每天的行走距離是先前的兩倍，感覺很快就可以回到盧克拉。要不是導遊說提前回到加德滿都的住宿費要另外付，不然我們可等不及回到可以洗澡還有免費充電器產品的世界。

路途的景色不再是寸草不生的空曠平原，隨著高度下降，周圍開始出現五顏六色的花叢以及帶葉的植物。我猜如果不是觀光客，當地人應該不會選擇住在那麼高的地區。重新回到南崎巴札，看到水龍頭能流出水真的是非常興奮，這些平常微不足道的小事，都讓我們有回到現代文明的感覺。

這趟健行真的是多災多難，但也讓我們的情感更加深厚，難怪有人說學生時代的友誼不管經過多少歲月也不會淡化。翔恩與海柔待在加德滿都幾天後，看起來好多了，但第一次來亞洲就發生這種事，我想他們以後會不敢再來了。泰奧與莎拉則是前往印度進行下一段旅行。我們重新背起背包，期待與大家在世界某處再重逢。

1 山中小木屋雖簡單，牆壁薄如紙，但至少乾淨。2 零下十度的天氣，只要停下來休息馬上就會變冷。

Winny 會客室

· 搭乘從加德滿都飛往盧克拉的小飛機，最好選擇左邊座位，才能觀賞到喜馬拉雅山的風景。
· 聖母峰基地營是出名的風沙大，記得要戴口罩。
· 如果沒有足以抵抗攝氏負二十度的睡袋，可以到 Shona's Alpine 租，一天才一塊美金，而且品質優良。其他用品也可以在此購買，如登山杖一雙十美金。地址：Amrit Marg, Kathmandu
· 山上充電與洗澡都要錢，最好多準備幾個備用電池。
· 海拔越高，礦泉水就越貴，可購買優碘，將使用水消毒再飲用。

Chapter 03
亞洲

2016
December
S M T W T F S
            1 2 3
4 5 6 7 8 9 10
11 12 13 14 15 16 17
18 19 20 21 22 23 24
25 26 27 28 29 30

📍 越南・下龍灣

划獨木舟欣賞
海上桂林

Winny 畫重點

· 下龍灣（Ha Long Bay）是越南最知名的世界
  遺產，也是世界新七大自然奇觀之一。
· 海灣中密集分布著將近兩千座石灰岩島嶼，上
  頭都覆蓋著濃密的叢林植物，矗立在海中，非
  常為壯觀。
· 遊客可搭乘渡輪在船上過夜，享受特殊的日出
  與日落景色。

在一個倦意的午後，一位裹住面容、皮膚黝黑的婦女，嫻熟地划著木船，帶領著成群觀光客近距離觀賞高聳的石灰岩。越南傳說中為了抵擋中國入侵，神派遣龍的家族來守衛該地，並嘴吐翡翠與寶石，這些珠寶變成了這些散布在海灣中的小島。

這將近兩千座的島嶼形成天然水道迷宮，在歷史上讓越南軍隊多次成功抵抗敵國的入侵，甚至阻攔過蒙古艦隊！不過在越戰期間，美軍在島嶼間布滿水雷，直到現在有些水域還是有危險。近看這些奇形怪狀的島嶼，上面長滿著茂密的植物，難怪有「海上桂林」之稱。

這裡很平靜，連呼吸聲都能清楚聽到。遠方的水上人家的孩子們正在嬉戲，我們被載到下龍灣中間的一個珍珠養殖場，裡頭有個面容姣好的姑娘用流利的英文跟我們介紹製作方式，以及推銷珍珠飾品。看來不管參加什麼樣的團，總是會被帶去購物。有一對年紀相仿的情侶跟我們一樣逃了出來。

莉芙跟傑夫住在澳洲西部的伯斯，和我們住的澳洲東岸，好比美國東岸到西岸的距離。「好羨慕你們住那裡，從那邊飛亞洲比飛到澳洲本土還便宜！」「所以我們才一直往東南亞玩啊！」傑夫笑嘻嘻地說，他有巴西血統，難怪有南美洲人天生的那股熱情。莉芙則是道地的澳洲人。由於其他同船的旅客都是帶著孩子的家庭，我們幾個自然聊得特別開心。

1 在慵懶的午後，漁民在小船上打頓。2 和莉芙與傑夫相談甚歡。

翻船的獨木舟

「你到底有沒有在划槳？」York 不耐煩地問我。「但划船手好痠唭！我比較想要拍照。」我撒嬌地說。專門為外國人設計的旅遊團就是會有一堆戶外活動，早晚各划一次船再加上海邊曬太陽，完全不符合華人不喜歡曬黑的性格。

其實我對划獨木舟有點恐懼，因為在小學我總是唯一會莫名其妙划錯方向的孩子，都需要老師趕來相救，不然就會漂到外海！即使到現在我還是無法掌控正確的掌舵方式。

「嗨！我們來比賽！誰先到前面那個小島誰就贏了！」遠處的莉芙與傑夫突然快速地划過來。不服輸的 York 逼我一定要快速划槳，旁邊突然傳來呼救聲，兩個亞洲女生穿著救生衣掉進水裡，雙手用力地揮舞。「你們不要緊張！我這就去叫人過來！」其中一位發現的外國人率先離開去找救援。

「為什麼沒人跳下去救她們呢？」我不解地問 York。「只要有人站起來，船身就會晃動，重量分配不均勻，就很有可能翻船。也許她們就是嘗試站起來才這樣。」岸上的救生員很快地開著快艇朝這個方向來。「沒有什麼我們可以幫忙的，好好欣賞下龍灣的日落吧。」經 York 一說，我這才驚覺天邊的顏色已變，一抹殷紅色的夕陽漸漸落在石灰岩島嶼後。周遭的雲霞色彩緩慢地變化，從金黃到紫紅，每分每秒都令人陶醉。我想唐朝詩人李白「天長落日遠，水淨寒波流」最適於形容下龍灣落日時分的景象吧。

在下龍灣划獨木舟，近距離觀賞夕陽真的很愜意。

被破壞的鐘乳石洞

「下龍灣內有許多鐘乳石洞，等到這裡成功通電，大家就會看到五彩繽紛的石洞。」導遊揮著手電筒。這個洞穴內有許多奇特形狀的鐘乳石，但全部都淡無光澤，跟其他在西方國家看到的差很多。正覺得納悶時，導遊邊講解邊把手靠到鐘乳石上。

「以前雨季時，漁民如果不小心受困海上，就會待在洞穴中直到水位退去。」他似乎對自己的動作不以為意。「在沒有水可飲用時，漁民就會像這樣……」他墊起腳尖，把鐘乳石末梢正在滴下的水珠用手指抹去，並放入嘴中。「這樣就可以喝到淡水了，很聰明吧！」他得意地說。

我們跟莉芙他們睜大眼睛對看，不敢相信眼前發生的事。導遊抹掉的水珠含有豐富的礦物質，水滴落之後會留下了很薄的一點方解石圈，使鐘乳石慢慢增長，每年平均才長〇‧一三毫米，而他那動作徹底破壞了那脆弱地末端。

同團美國家庭的爸爸見狀，也伸手過去。「哎呀！」沒想到他居然拔掉了一截鐘乳石。「沒關係，回去當紀念品。」導遊不但沒有指責反而這麼說。同行的孩子見狀也依樣畫葫蘆，旅遊本來也是一種教育方式，但這樣的行為，實在令人心寒。之後我們參觀其他的鐘乳石洞穴也到處都是被破壞的痕跡。

難怪近期聯合國組織呼籲越南必須更保護下龍灣這片自然美景，可是當地人為了增加觀光收益，破壞了生態環境，尤其船隻的廢氣排放都沒好好控管。聽說越南政府未來準備禁止船隻在海上過夜，因為大部分的旅客都直接從河內搭客運到下龍市的港口，對地方經濟成長沒有任何幫助。希望政策實施後，這片海域能回到從前的模樣。

Winny 會客室

· 天氣的好壞會影響下龍灣的風景，最佳旅遊季節是三月到六月。六月到九月的淡季，價錢會比較便宜。
· 在河內的旅行社訂下龍灣的船反而比下龍市找到價錢更好，因為那邊競爭較大。船有不同等級，訂之前最好上網查評價，並詢問包含的活動與飲食。

山洞內巨大的鐘乳石缺少光澤。

2016
December
S M T W T F S
                1 2 3
4 5 6 7 8 9 10
11 12 13 14 15 16 17
18 19 20 21 22 23 24
25 26 27 28 29 30

📍 越南・峰牙－己榜國家公園

露宿世界第三大洞穴

🧁 Winny 畫重點

- ·在越南中部的峰牙－己榜國家公園挑戰攀登全球第三大洞穴「恆恩洞」。
- ·該地區擁有三百多個洞穴，內有許多保存完善、特殊造型的鐘乳石。
- ·當地有許多探索洞穴的活動，適合喜愛冒險的旅客。

從恆恩洞另一端的高點看洞穴口以及營地前面的河流。

「照片裡的植物叫做毒漆藤，只要一碰到皮膚，馬上就會發癢並長水皰。就算天氣悶熱，大家最好還是穿長袖。」領隊每換一張投影片，大家就更加不安。「接下來請你們換上旅行公司提供的帆布鞋。這兩天總共會橫跨三十多條河，鞋子上的洞有助排水，卻不會像穿登山涼鞋一樣被水蛭咬。」

我們目前正在峰牙－己榜國家公園附近的小鎮，準備參加世界第三大的恆恩洞兩天一夜的叢林探險。其實一開始是想參加世界第一大的韓松洞，據說這個洞穴長五公里，高兩百公尺，寬一百五十公尺，比世界第二大的洞穴還寬兩倍！不過五天四夜的團卻要價三千美金，直逼南極船價。原以為這種天價應該沒什麼人付得起，沒想到每年限量五百個名額已排到後年。

前往冷穴前的叢林非常茂密，泥巴踩下去更是馬上陷到小腿高度。

「希望我們可以安然度過這最後的冒險。」我們互相鼓勵著。自從尼泊爾結束後我就經常咳嗽，前晚還在過夜巴士上咳到吐。York 則是在下龍灣的船上不小心被門夾到腳，走路一拐一拐的。種種惡劣的狀況下參加這二十五公里來回旅程，比挑戰尼泊爾聖母峰基地營還艱難。

第一次遇見水蛭

十二月是接近越南中部雨季結束的日子，自從九月停團後，我們是第三組參加此行程的觀光客。整趟路都是爛泥，每踏一步，腳就陷落，那種感覺真的很噁心。還好旅行團有提供鞋子，不然我無法接受事後還要清洗這件事情。炎熱的午後加上空氣的濕度，讓人感到暈眩。

沒多久我們就來到第一條河流，對於要把整隻腳放入水裡總有點心理障礙。我專心踮著腳尖前進，希望可以減低鞋子濕掉的程度。「大家記得把褲管塞到襪子內，不然會有水蛭唷！」領隊貼心地提醒大家。沒想到越深入叢林，河水越深，到後來

已經到了膝蓋，就算我踮著腳尖行走也無濟於事。唯一讓我感到安慰的是每涉水一次，鞋子上的泥巴就被沖掉一些。

「看看這些寶貝。」一位沒聽勸告的澳洲大叔把他的涉水鞋抬起來。「你腳趾縫都是水蛭！」有位女生驚聲尖叫。黑色細長的水蛭，正在他腳上扭動。據說硬扯水蛭，牠們的嘴巴留在皮膚上，因此正確方式應該是讓牠們吸飽後自動脫落或是點火讓他掉下來。

澳洲大叔好像很習慣這些怪物的存在，冷不防地拔掉並往草叢丟。「只是一點血而已。」我看旁邊的香港女生的腳踝也被咬傷，一時止不了血。水蛭吸人時會釋放出抗血小板聚集的成份，所以就算拔掉水蛭許久，傷口還會持續流血。之後每過一次河大家就會互相檢查身體，連 York 的兩件式登山褲也陷，水蛭成功地從拉鍊縫隙爬進他的大腿。

就算大夥的登山經驗豐富，但碰到水蛭還是會頭皮發麻。當晚我回到營地換衣服時，就發現我腰上有隻腫了好幾倍的水蛭，正大肆地吸我的血。「快點拔掉！」我像瘋了一樣大吼。事後我的衣服上留下跟傷口大小不成比例的血跡，看來我還是比較適合參加高山健行。

²⁸² 第一批進入冷穴的觀光客

午餐後我們繼續前進，一路上我一直被茂密的樹枝打到臉頰，而且還必須彎腰才能穿越樹叢。「這片雨林危機四伏，越戰當時，美軍怎麼可能有勝算。」歷史迷的York 邊走邊搖頭。接下來需攀爬的坡像是土石流，領隊先上去並丟下繩索。

「我們會把你們拉上來的！」領隊從上方對大家叫著。我們只好踩著像滑溜的泥土，用盡全身的腿力與臂力攀爬上去。York 因為一隻腳著地難受，不小心滑了一跤，領隊趕緊把他給拉上來。

我們要前往剛被發現不久的「冷穴」，洞穴因水溫寒冷而得此名，而我們是第一批進去探險的遊客，難怪剛才經過的叢林似乎渺無人跡，荊棘叢生。洞穴入口就在峭壁底端，沒人告知根本看不出來，瞬間佩服洞穴探險家能深入這些未知的地帶。

我跟著其他團員進入洞穴，馬上被淹覆到胸膛的水與像冰針扎的觸感打退堂鼓。「我沒有辦法，我必須出去。」我跟後面的領隊說。依照我咳嗽的程度，如果再持續著涼的話有可能變肺炎。還有兩個禮拜才要回台灣，必須照顧好自己，「沒有一樣活動值得犧牲健康與性命。」這是我的原則。

大約一個小時後，大家慢慢從洞口出來，每個人牙齒都在打顫。這時已接近日落時刻，寒風刺骨。York 告訴我洞穴因長時間河流流過，雕刻出來的波浪紋非常特殊。

洞穴的另一個世界

要進去恆恩洞必須要涉水越過高達腰部的溪水，之後要爬過好幾層樓高的巨石，才能抵達營地。還好旅行公司有提供手套，不然在這種石頭上使勁地把身體往上撐，手一定會破皮。昏暗的洞穴只能透過頭燈的光線前進，像是隨時會有怪物出來一樣。

從石頭的最高點往下看，今晚的帳篷小到像是五顏六色的貝殼。營地被連綿的溪水圍繞著，像是洞穴內的海灘。我瞠目結舌，這場景太夢幻了，難怪二〇一五年的小飛俠電影《潘恩：航向夢幻島》（Pan）會到此取景。

「真不可思議，腳下的沙子跟海灘的細沙沒什麼兩樣。」我扭動腳趾，享受脫掉溼襪子的快感。上方的洞口彷彿是個天然的天窗，在特定季節裡，陽光會直射進來，站在底下會像是承蒙天主聖光召喚的樣子。

1 據說雨季的時候水位會高漲到植物的位置。**2** 隊友們利用頭燈的照明通過帳篷前的小橋。**3** 從恆恩洞的高點往後看下面的營地，帳篷非常渺小。

洞穴裡是保存完整的巨大鐘乳石。

　　正當大家並排坐在長凳上準備吃晚餐時，一位美國女生眼睛紅腫，抽噎地加入我們。「艾咪剛才在湖邊滑了一跤，右手腕骨折。」她男朋友掛心地說。「領隊說必須等到明早才能啟程。」在這裡跟尼泊爾的山區不一樣，沒有直升機能降落的地方。很難想像她明天還須自行走十多公里才能回到鎮上。

　　當晚我睡得不是很安穩，即使努力地摀住嘴巴，但半夜還是不停地咳嗽。還好洞穴大到沒產生任何回音。這裡就像是另外一個世界，就算外面傾盆大雨我們也與世隔絕。

燕子與鐘乳石

　　早晨我被微弱的鳥聲叫醒，聽說恆恩洞的另一個名字是「燕子洞」，想必應該很多燕子住在這裡面。經過了一夜，我們的衣服還是沒乾，穿上去令人發顫，同組的人都換上新的乾爽外衣，短期旅行的人準備的衣物果然比我們多。

　　帳篷的後方是用巨石堆砌的石壁，登攀程度比昨天更困難。有些高過我的肩膀，必須以腳尖踩石縫用力蹬才上得去，不過頂端的景色超乎我的想像，帳篷像是個彩色筆蓋，忍不住感嘆大自然的鬼斧神工。旅遊至今讓我感到震撼的地方，這裡絕對是其中一個。

洞穴內部深不見底，頭頂不停傳出成群蝙蝠拍著翅膀的聲音，每幾秒大家就會告知後面的人前面該注意什麼。這裡看到的鐘乳石比我見過的都還要巨大，下龍灣的洞穴的鐘乳石根本無法相比，不知道下龍灣在觀光破壞前是不是也這麼壯觀？領隊用手電筒照明，大家看得嘖嘖稱奇。

不知何時我們走到恆恩洞的穴口，那個景色好似侏羅紀公園。可見從洞內蔓延到外面的植物，在高達五十層樓高的洞口下毫不起眼。「這可是倫敦眼的高度呢！」領隊說。「而往洞外再走兩公里就是世界第一大的韓松洞，下次有三千美金的話，別忘記過來繼續探險唷！」當下恨不得有那筆錢可以持續下去。

差點淹死的路程

經過連夜豪雨，昨天經過的河流水位已漲了二十多公分，對於不到一百六的我來說已水深及肩。以前在電視上看到淹水的災情，雖覺得悲傷，卻無法感同身受，但看到昨日的小溪變成大河，瞬間體會到水災的可怕。

我的背包雖已被領隊拿走，但每次過河時我還是需要踮腳尖，才不會吃到水。昨天的急流，領隊們只需先下去把繩子拉好讓我們單獨過河即可，但今天水流湍急，我們必須手挽手同心協力才能通過。這讓我想到國文老師以前教的〈一根筷子易折斷〉寓言故事。

可是我腳一踮起，與河底的接觸面積就減少，水流一急我馬上就懸掛在兩個人中間。「啊！」我驚呼著。沒有想到從河面上看似平靜的河流，衝擊力這麼大，但領隊們在這急流中絲毫不受影響，不知道是不是從小在此長大，下盤的腿力特別強。

這天我們完全了解人類在面對大自然天災有多麼地渺小，還好國家公園的樹很茂盛，我們才有辦法踩著樹根爬回公路。沿途沒人嬉笑，只想趕快回去暖暖身子。這趟旅程是我覺得越南最值得的地方，也為我的環球旅遊結束前留下深刻的記憶。

Winny 會客室

· Oxalis 是唯一前往恆恩洞與韓松洞的旅遊公司。官網：www.oxalis.com.vn
· 建議在峰牙（Phong Nha）這個小村莊過夜，或是從這參加其他的洞穴團。
· 越南中部的雨季是九月中旬到十一月中旬，這期間無法探索洞穴。

連夜豪雨使整個洞穴裡的水位升高。

November

S M T W T F S

	1	2	3	4	5
6	7	8	9	10	11	12
13	14	15	16	17	18	19
20	21	22	23	24	25	26
27	28	29	30			

越南 · 胡志明市

西貢的戰地古道

Winny 畫重點

· 胡志明市（Ho Chi Minh City）的舊名字叫做西貢（Saigon）
· 親自在古芝地道體驗越戰時的環境。
· 品嘗越南的黑暗料理 —— 鴨仔蛋。

導遊讓我們體驗當時進入古芝地道的方式。

一路從河內向南，經過了峰牙－己榜國家公園、越南古都順化市、世界遺產會安古鎮，終於到了胡志明市。這城市現代化的樣子令我驚訝。到處都有摩天大樓、高級商場以及酒店，跟越南其他地方天壤之別。

「你們來了這麼多天，有什麼推薦景點嗎？」York 邊喝啤酒邊問。「我覺得古芝地道跟湄公河船遊還滿有趣的。」莉芙大口吃著魚邊說。自從跟傑夫與莉芙在下龍灣道別後，他們就直接來到胡志明市，趁明早離別前，我們在夜市小聚。

傑夫問我們要不要嚐他們點的魚，我們微笑地搖頭。其實在澳洲我們都不吃越南產的海鮮，白皙的外貌一看就知道漂白過的，電視上也報導過湄公河汙染有多嚴重。不過也不好對他們多說什麼，畢竟人家正在渡假。「乾杯！乾杯！」我們四個人舉起瓶子，為即將結束的旅行歡賀。

古芝地道的地道戰

隔天我們依照他們的建議，參加古芝地道的一日遊。位於胡志明市西北方四十公里的古芝地道是當年越南為了抵抗法國統治，由農兵徒手挖了二十多年的一個地下戰道。到了越戰時期，越南南方民族解放陣線（越共）增建至兩百多公里。這分成三層，結構交錯，寬不到八十公分的地道是對抗美軍的重要基地。

「像你這種肥大的西方人，就無法穿越這個地道。」導遊指著前方身形肥大的外國旅客並大聲喧嚷。「這不是人身攻擊嗎？」我低聲地對 York 說。古芝地道有許多地方已經拓寬，好方便遊客參觀。但從地面上隱蔽的入口看來，普通人還是難以進入。

一部分的古芝地道已被拓寬讓遊客參觀。

「你！過來進去洞穴內！」導遊又指揮了另一個女生。「先在這木製蓋子上鋪滿乾葉，之後用雙手舉起來，緩慢地保持平衡然後往洞裡蹲下。」女孩努力維持上半身的姿勢，但不幸許多葉子還是因蓋子傾斜而掉落。「你這樣就會被美軍殺掉。不能讓他們發現入口啊！」

大家都看得出來導遊非常痛恨美國人。當初越戰會開始，就是因為美國與其他資本主義陣營國家支持南越對抗受蘇聯等社會主義國家支持的北越。從一九五五年到一九七五年，長達十九年的戰爭，導致數百萬人傷亡。最後由北越軍打敗南越軍並攻佔整個越南。

在那期間大多數的支持南越的居民都逃到別國去，像 York 就有許多越南朋友的父母是當初坐船逃難到澳洲。「這個是我們做的陷阱。」導遊帶我們到另一個洞穴，並把一根棍子插下去。「啪一下！腿就斷了！這就是給美軍們最棒的紀念品！」

導遊繼續講解美軍當時有多麼地邪惡，像我這種不懂越戰歷史的人就會成功地被洗腦。「你把當時的越南想像成現在的南韓與北韓，但唯一改變的是北韓最後贏得了戰爭。你覺得真正的事實是什麼？當時美軍進來就是為了阻止北越的共產黨勢力擴大。」York 簡單地跟我解釋不同的史觀。

難怪之後的參觀市區內的戰爭遺跡博物館（原名是美國戰爭罪惡館），資訊也都是一面倒地形容美軍的殘酷。我對於美軍在越戰中使用「橙劑」的除草劑

胡志明市是越南最大的城市，隨處可見現代化設施。

當化學武器一直無法釋懷。這些劇毒使戰後出生的嬰兒大多都有某種程度的畸形以及健康問題，連回到美國的美軍下一代也是如此。難怪在街上常看到些身形扭曲的乞丐，他們會厭恨美國人也是事出有因。

越南的黑暗料理 —— 鴨仔蛋

「你到胡志明市時想要吃什麼？」只在網路上聊過天，素未謀面的吳大哥問我。「鴨仔蛋！」我不假思索地回答。舅舅上次來越南的時候，就拍了幾張他吃這種尚未完全孵化的鴨蛋，直接水煮的料理。「你離開越南前一定要吃看看！」數天前舅舅還不斷地提醒著我。

跟台灣的臭豆腐一樣，這個在東南亞國度著名的料理也是時常出現在全球恐怖美食排行榜上。外觀雖與一般的鴨蛋無異，但去除蛋殼後，可看到整隻蜷縮的小鴨，從鴨頭、眼睛、翅膀及稀疏的羽毛都清晰可見，我猜對於許多連雞腳都不敢吃的外國人，看到這個會暈倒吧！

吳大哥外派到越南工作，當天早上他請他的越南華僑司機到巷口買兩顆回來給我們品嘗。「喔喔！」我帶著滿心期待，剝開外殼。「越南人會把鴨仔蛋的湯汁啜飲而盡，因為那才是精華。」吳大哥邊示範給我看。

我用湯匙把整隻鴨子挖出來，加了些胡椒粉從側邊咬了下去。除了味道有點微腥，口感像是煮熟的水煮雞蛋。「你也要留點給我啊！」幫忙錄影的 York 看我吃得津津有味，不禁緊張地說。

我們兩個特別愛吃古怪的食物，只要不會食物中毒就好。以前跟爸媽到柬埔寨時還嘗試蚱蜢與炸蜘蛛，跟 York 在摩洛哥時還用雙手吃剁碎的羊臉。「有咬到硬硬的東西呢！」York 從舌尖伸出一小塊白色的異物。「可能是小鴨的鴨喙或是小骨頭吧？」一旁的司機大哥說。

回到澳洲，我們把品嘗鴨仔蛋的事講給 York 的越南朋友們聽。「你知道澳洲的越南餐廳都有賣嗎？而且可以選擇受精大約幾天的鴨蛋，時間越長內部的鴨型就更明顯。」他們異口同聲地說。看來這些越南移民成功地將家鄉料理帶到異國，以後也可以在澳洲品嘗道地的鴨仔蛋了。

一個旅程的結束

坐在飛機上，對於這個旅程即將結束，感到非常不真實。一年的時間真的太短，這世界太大，想著當初是不是應該用最快的速度繞行全球。無論如何，用八公斤的背包度過一整年並不容易，也讓我們深感只要離開舒適圈，就可以打破極限。

如果問說兩個人旅行跟一個人旅行最大的差別，我想那就是會受旅伴影響。一開始我只喜歡用相機記錄一切，對於景點背後的故事毫無興趣，甚至會因為 York 花太多時間研究歷史而感到不耐煩。但經過這趟旅行，他讓我發現原來了解一個地方的過去，能夠讓人更用心體會眼前所看到的人事物。不管是建築、人民生活方式或者是當代經濟狀態，都跟過去緊緊相連。

雖然還是沒有找到未來的方向，卻得到不管以後面臨什麼挑戰都有辦法解決的信心，也更容易提出「為什麼？」。畢竟還是在華人家庭長大，很少會對周圍的事物提出疑問以及反駁。我發現到只要保持對世界的好奇心，就算沒有一直旅遊，人生還是會很精采！在飛機上，我閉上眼睛，期待著幾個小時後與家人團聚。

1 在胡志明市跟傑夫與莉芙喝酒配小菜聊天。**2** 舉手的胡志明的雕像與背景讓我想到迪士尼樂園。

Winny 會客室

· 曾經是越南首都的西貢，在一九七六年為了紀念越南共產主義政權建國領導人胡志明而改為胡志明市。
· 這裡是該國的經濟、貿易、交通與文化中心。雖然只佔全國土地不到百分之一，但卻佔了國內生產值的百分之二十。

環遊世界
小撇步

Winny 畫重點

- 住過超過一百多間不同住宿的綜合心得！
- 教你如何依照旅行模式與喜好來選擇住宿。

📍青年旅舍 vs. AirBnb 優缺點
長途旅遊住宿大分析！

　　旅行方式有好幾百種，雖然預算有限，但我們還是喜歡有獨立衛浴的房間以及可以煮飯的地方，再加上比較注重隱私，因此青年旅館的混合房以及沙發衝浪就不是我的住宿首選。符合我住宿條件的是青年旅舍的私人套房（private room）跟低價位的 AirBnb 共享民宿。

　　這邊必須強調比對的是低價位的 AirBnb，不然 AirBnb 包含基本的單一房間到整豪華棟別墅都有。我們租的都是「獨棟」，代表整個空間（含廚房）都是私人的，不像青年旅舍需要共用廚房。很多時候兩種住宿價位相差不多，這時了解各優缺點就很重要。

如果喜歡跟世界各地不同人交朋友，青年旅舍會是住宿首選。

彈性的入住時間

青年旅舍 ： 勝

青年旅館大部分都有個櫃台，讓旅客可以隨時報到。AirBnb 則需要跟主人提早預約時間，如果不小心搭錯車或中途想吃東西就會比較麻煩。

想要有私人空間

AirBnb ： 大勝

當你在 AirBnb 選擇「獨棟」，而不是跟主人共享同棟房子時，整個地方都是你的！如果你是像我一樣回到家就不想講話的人，你會很感謝觀光結束後可以回到安靜的空間坐在沙發看電視。

青年旅舍的私人房除了浴室是自己的，其他活動空間（如廚房）都需要跟大家共用。碰到人多時還要排隊才能下廚，當然這也是樂趣所在。

當地人提供旅遊資訊

青年旅舍 ： 大勝

除非你選擇跟屋主同住的 AirBnb，不然大部分的主人都無法分享適合背包客的旅遊資訊。如我們在東歐碰到的 AirBnb 主人雖然年紀相似，但他通常都騎機車，自然無法告訴我們交通工具的搭乘方式。

青年旅舍的客戶群主要是背包客，所以能夠推薦哪裡有划算的食物，便宜的理髮廳等資訊。有櫃台人員可詢問並提供地圖，也是其優點。

喜歡交朋友

青年旅舍 ： 勝

在南美洲我們都住青年旅舍，晚上時常會辦活動，所以認識很多新朋友。在歐洲我們都住 AirBnb，再加上當地自助旅行很簡單，在那五個月我們都沒有認識新的人。

享受當地風格的住宿

AirBnb ： 勝

AirBnb 確實比較容易訂到北歐風格小屋或是特殊住宿。一般來說價格便宜的 AirBnb 基本上不會有特別設計，要是和朋友一起分攤，也能以划算的價錢住到有特色的別墅。

住宿比較不踩雷

青年旅舍 ： 勝

　　青年旅舍在 Trip Advisor 跟 AirBnb 自己的平台都有評價系統，但我覺得人們對青年旅舍評價比較嚴格。有個社會實驗曾發現當小店找太多錢時，大部分的客人會把多餘的錢歸還 ；但當大超市發生同樣的錯誤時，大部分的人會拿走額外的錢並覺得無所謂。代表人們對於家庭經營的生意較有同理心，這也是為什麼旅客在跟 AirBnb 主人接觸後比較難給不好的評價。就算房子不夠乾淨，但也只會寫在評語而不是給較低分。以這方面來看，青年旅舍的評價系統其實展現了較為真實的一面。

總整理

　　基本上 AirBnb 比較適合喜歡私人空間的情侶檔或是家庭，獨棟的費用分擔下來蠻划算的。青年旅舍比較適合人數少，喜歡結交朋友的人。當然各自有優缺點，希望這篇可以幫助大家選擇理想住宿。

在冰島荒郊的 AirBnb 擁有戶外按摩浴缸的小木屋，晚上還能看極光！

立陶宛的獨棟 AirBnb 讓我們享受適當的生活空間。

Winny 會客室

· 想要完全省錢的旅者也可以參加「沙發衝浪」。這些沙發主很樂意讓旅人免費來家裡,不
只可以省旅費,也能跟當地人相處,增加旅行經驗。網址:www.couchsurfing.com
· 如果想要住高級一點但希望有廚房的住宿,可以選擇商務性公寓(service apartment),
不但二十四小時有接待員,每天都會有人進來打掃。不過價位偏高。

Tips
小撇步

📍必需品清單以及一年心得大公開！

背包客如何靠煮飯省錢？

🧁 Winny 畫重點

· 「出國自己煮飯最省」這句話是真的嗎？
· 如何分配食物才不會浪費呢？
· 分享背包客煮飯小妙方！

我們以前短期旅遊時，頂多靠吃漢堡來節省開銷；直到這趟長途旅行才驚覺自己煮能夠省下這麼多錢！從在南美洲用到只有曾祖母家才會出現的爐台，到後期連東歐最基本的青年旅社廚房都讓我們覺得像是個天堂，整理出這一年自炊心得，提供大家若沒遇到可能不會考慮到的事！

每個國家都值得開伙嗎？

煮飯雖然可以省錢，但並不是每個國家都值得花時間煮飯。越貧窮的國家，外食的費用跟自己買材料回來煮其實差異不大。如祕魯一餐可能台幣三十元，買個材料約十元，雖然便宜一半，但在設備不齊全又髒亂的廚房煮飯覺得不太方便。有些只有傳統市場的國家，時常遇到沒有固定標價而買到「觀光客價」，一不小心材料費就相當於外食餐費。雖然東歐物價便宜，兩人一頓晚餐十歐元就可解決，但是十歐元的材料其實夠兩人吃三天，長期下來自己煮確實比較划算。

先看廚房再買菜

剛開始旅行時，我們一到新城市就直接去買菜，沒有考慮到青年旅舍可能沒有足夠的設備，如只有平底鍋沒有湯鍋，或者廚房裡的刀是無法切肉的小水果刀。即使是住有廚房的住宿，也有遇到廚房跟想像有落差的情況，遇到這種狀況就隨機應變囉！當然有些人可能會帶著微波爐煮飯杯，這樣不需要電鍋也能吃到好吃的飯。

如何減少食物浪費？

買菜前最好先評估會在這個城市待多久，下次移動的交通工具會是什麼，這樣才可以決定買什麼樣的食材。如超市的蛋都一次賣半打，可是如果你只在這裡待一晚的話，蛋就無法帶走。就算把剩下的蛋全部水煮，還是會吃到覺得噁心，肉類也是如此。

另外要提醒的一點，就是歐洲廉航雖然便宜，每個國家距離又近，但飛機還是算國際航線，由於我們沒有托運行李，帶上飛機的液體不能超過一百毫升，所以橄欖油如果太大罐就不能帶走，這時候可以買比較肥的肉或是雞皮拿來煸油當代替，或是水煮料理。

隨時攜帶「食物袋」

由於我們沒有托運行李，因此無法攜帶瑞士刀登機；這時可以購買不算航空安檢利器的「削皮刀」，不但可以處理許多蔬果青菜，要是住宿提供的刀不夠好用也能應急。

我們隨身帶著可折疊的環保袋，搭乘陸地交通時可以把吃剩的乾糧放在裡面。最常帶的就是米、燕麥跟一小罐鹽。燕麥是個非常方便的食物，高纖低糖，飽足感十足，而且只需熱水沖泡就可食用。從南美到歐洲當地品牌的燕麥非常便宜，如果覺得單純燕麥很難下嚥，也可以加糖。

如果搭乘只能帶一件托運行李的廉航，那麼就應事先分配好該買的食物量，到機場時就可以把空袋子收起來。

關於當地的特殊食材

很多當地特有的食材可以在超市買到，但可能會因為不會料理，反而對這種食物留下不好的印象。如我們在祕魯品嘗的駱馬肉，發現廉價餐廳的駱馬薄又難吃，像是咬橡膠，後來選個高級餐廳，一大塊駱馬肉約三分熟，吃起來像高級牛肉一樣美味！如果想嘗試什麼特殊料理，還是交給專業的餐廳吧！

Winny 會客室

· 很多國家中午都有商業套餐，盡量在午餐吃飽，晚上就容易簡單解決。
· 西方國家的超市常會賣整隻烤雞，而且價格低廉。吃不完還可以把肉撕碎隔天配三明治，或是把雞骨架拿來熬湯。
· 許多超市在關門前一個小時都會有降價特賣，建議可以晚上閉店前去逛。
· 有些國家的廚房需要自行點火，可以找有抽菸的背包客借打火機。
· 到一個新城市時，先問當地人自來水能不能直接飲用，長期下來可以省下很多礦泉水的費用。

1 遇到廚房跟想像中有落差時，就隨機應變囉。2 手提袋裡面一定要有如燕麥、米等乾糧。3 由於大部分工作的人都外食，南美洲的午餐都很划算。4 碰到有許多廚具的廚房，不外食也能吃得很滿足！5 同樣都是駱馬肉，上圖的高級餐廳煮起來就是多汁又鮮嫩，下圖的肉質就很差，味道不好又難咬。6 如果語言不通，商品又沒標價時，可以站在當地顧客後面，觀察他們大約付多少錢。7 有些當地食材真的太難處理了，不如交給餐廳。

環遊世界要花多少錢？

　　計畫長途旅遊最難拿捏的就是該存多少錢？畢竟每人消費方式不同。當初我們是各準備台幣一百萬。不過並沒訂定每日預算，而是採用能省則省的方式。盡量用最低價位住進有獨立衛浴的套房，以及吃營養均勻的伙食。中途我們也盡量去不用花費的景點或是消費低國家，沒想到一年下來存款還有剩！以下提供今年消費給大家參考。

不管搭乘廉航多少次，登機前還是會怕行李超重或過大。

該如何準備現金？

· 這次出國我們各帶一條「藏錢皮帶」繫在腰上，裡頭各約一千美金。這些錢是應急用的，平常不會拿出來。
· 一般都是在提款機領取當地幣值，匯率通常比在銀行兌換來的好。我們會估計接下來幾天會花多少錢，並把餘剩的錢直接換成下個國家的錢幣。這樣的好處是身上的現金不會太多。
· 因為聽說在某些國家兌換旅行支票不是很方便，所以我們沒有使用。
· 每人各一張萬事達卡跟 Visa 卡，並看場合適當刷卡。

如何減少旅遊開銷？

· 每天詳細記帳，不然會不知道錢花在那裡。
· 盡量自己煮，減少外食數量。如果要外食，試著找當地人吃的餐廳。
· 交通佔很大的開銷，只要放慢旅遊速度自然消費也會減低。
· 出國不一定要買手機預付卡，學會下載離線地圖與資料，只用飯店或餐廳提供的無線網路。除非要開車，那麼買有行動數據的預付卡會比租衛星導航划算。
· 少搭乘交通工具，多走路；例如我們限定三公里以內的距離一定徒步。
· 參加免費步行旅遊導覽來探索新的城市。
· 有些城市景點門票很貴，可以選擇擁有免費博物館或是戶外活動的地方。
· 如果是學生一定要辦張國際學生卡（ISIC），許多景點都有打折。
· 可以選擇露營、沙發衝浪或搭乘便車節省旅費。
· 在歐洲盡量搭乘公車移動而不是火車。

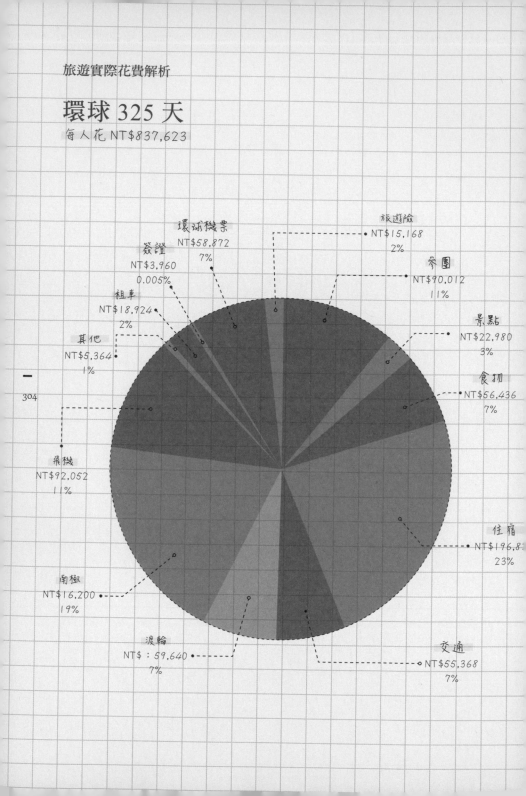

旅遊實際花費解析

環球 325 天
每人花 NT$837,623

環球機票
NT$58,872
7%

簽證
NT$3,960
0.005%

租車
NT$18,924
2%

其他
NT$5,364
1%

旅遊險
NT$15,168
2%

參圖
NT$90,012
11%

景點
NT$22,980
3%

食物
NT$56,436
7%

飛機
NT$92,052
11%

南極
NT$16,200
19%

渡輪
NT$: 59,640
7%

交通
NT$55,368
7%

住宿
NT$196,8
23%

304

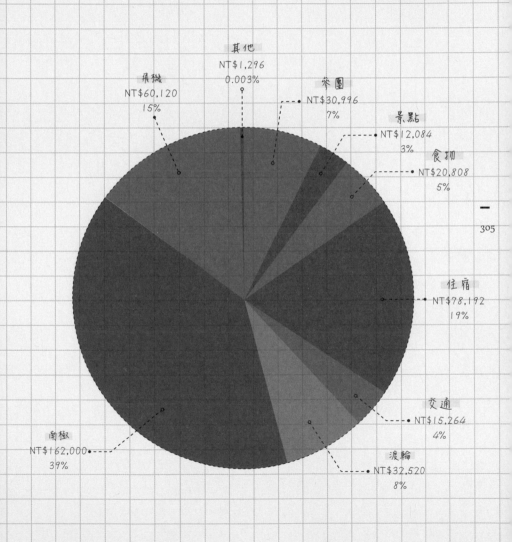

南美洲 & 南極
114 天
只花 NT$413,280

其他
NT$1,296
0.003%

蔘圍
NT$30,996
7%

景點
NT$12,084
3%

食物
NT$20,808
5%

飛機
NT$60,120
15%

住宿
NT$78,192
19%

交通
NT$15,264
4%

渡輪
NT$32,520
8%

南極
NT$162,000
39%

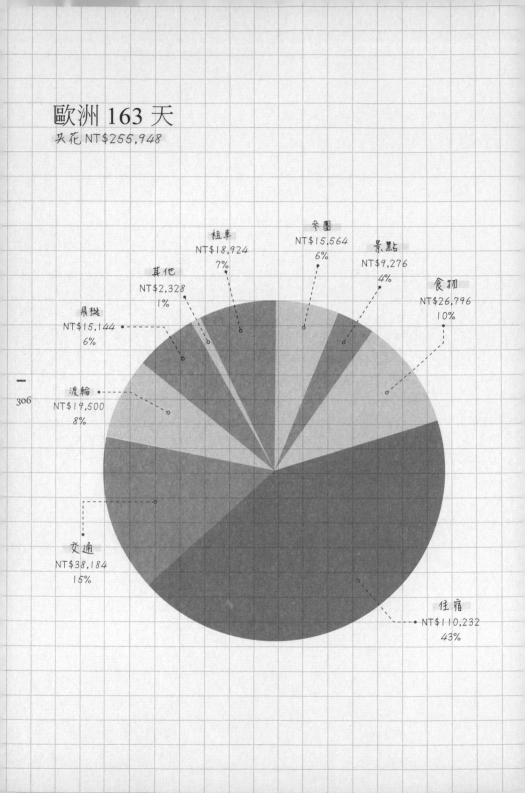

歐洲 163 天
共花 NT$255,948

其他
NT$2,328
1%

租車
NT$18,924
7%

參團
NT$15,564
6%

景點
NT$9,276
4%

食物
NT$26,796
10%

飛毯
NT$15,144
6%

渡輪
NT$19,500
8%

交通
NT$38,184
15%

住宿
NT$110,232
43%

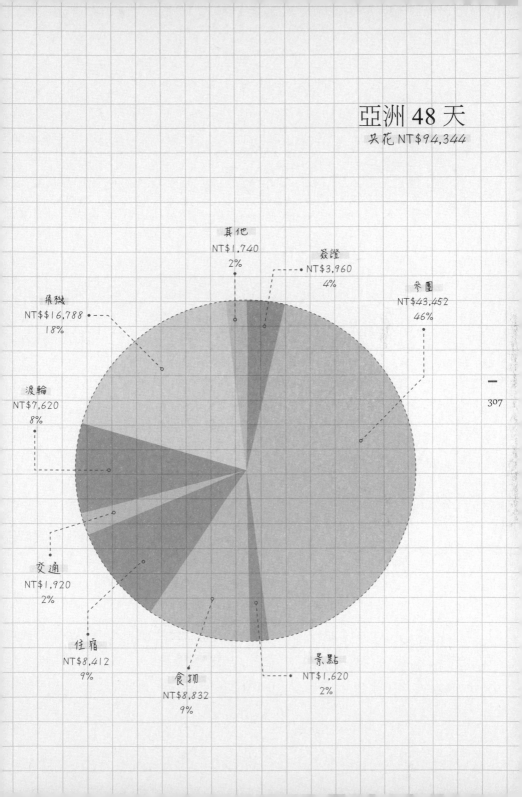

亞洲 48 天
共花 NT$94,344

其他
NT$1,740
2%

簽證
NT$3,960
4%

參團
NT$43,452
46%

飛機
NT$$16,788
18%

渡輪
NT$7,620
8%

交通
NT$1,920
2%

住宿
NT$8,412
9%

食物
NT$8,832
9%

景點
NT$1,620
2%

購買廉價航空機票注意事項

Winny 畫重點

- ·一年內搭乘二十幾家不同廉航所集合起來的心得。
- ·廉航是使用者付費，有時候甚至連登機證也要付費！
- ·搭乘廉航不一定最划算！

通常旅遊機票與住宿佔大多數的預算，為了省錢許多人都會開始搭乘「低成本航空」（low-cost carrier），中文簡稱為廉航。廉航並不代表飛機不安全，它們只是講求「使用者付費」。跟傳統航空相比，廉航托運行李須加錢，沒有提供免費餐點，座椅前沒螢幕等。對背包客來說飛機只是從 A 點到 B 點的工具，只要注意以下幾點，廉航真的可以省很多旅費！

每家航空公司的「手提行李」定義不同！

廉航雖然便宜，但托運行李的費用可能是機票的一倍！加起來費用很可觀，這也是為什麼我們只帶了八公斤行李上路。不過沿途發現每家航空公司對手提行李的定義略有不同，最好在訂票前上官網確認清楚。通常歐洲廉航的行李大小限制不同，但重量大多在十公斤內。亞洲廉航則大部分的手提只能在七公斤內。有些廉航只能帶一件手提行李，有些則是可外加一件隨身物品，如筆電包或女性手提包；這時就可以把沒吃完的食材裝進袋子內帶走。

我們的背包是高 54cm、寬 35cm、深 23cm；整年下來還沒被罰款過。不過例如冰島的廉航 WOW Air 的免費手提行李大小只有高 42cm、寬 32cm、深 25cm；代表只能帶一個普通的背包才能上去。旅客必須付額外費用才能攜帶高 56cm、寬 45cm、深 25cm 的手提行李上飛機。因此事先上官網查詢非常重要！

細項收費須留意

在訂購廉航機票時，要注意網站有沒有自動幫你選座位、旅遊險等，不然這些都要加錢。另外名字一定要正確，不然改名可能會比重新買機票更貴！

要注意歐洲廉航 Ryanair，若沒事先在網上辦領登機，到機場要多付每人四十五歐元，如果沒列印登機證則是每人十五歐元。雖然官網上有寫，但大家其實容易忽略這些小細節。

機場位置可能跟你想像不同！

　　許多大城市都有不同的機場，就像台北有桃園機場跟松山機場一樣；只不過台灣交通還算方便，歐洲廉航使用的機場常都是位置偏遠的二線機場，再加上班機時間不是最早就是最晚，經常飛機抵達後沒有大眾運輸可以使用，害我們時常後悔沒多花十歐元搭乘一線機場的班機讓行程流暢些。如倫敦有六個國際機場，有兩趟廉航我們都買到非常郊區的位置，連住倫敦的朋友都笑我們那裡已經不是倫敦了！經過幾次經驗後，我們不只查詢機場的位置，也會查那個時間點市區到機場的往返交通，算好總金額後再決定要不要買這張機票。大部分歐洲廉航一天都有好幾班，只要運氣好也是可以搶到便宜，時間又好的票。

手提行李超重或大小要確認！

　　旅行難免會添購一些物品，如果你覺得手提行李大小可能不符合規定，那麼請提早到登機門，並在地勤人員進行登機動作前排隊。如果後面還有很多人等著排隊登機，地勤人員通常不太會檢查前幾位旅客的行李。有時候廉航會告知旅客如果飛機上方的行李櫃額滿，手提行李又不符合標準的話，它們才會開始罰錢。代表越早登機，被罰款機率比較小。

廉航不見得最划算！

　　假如你出國不是只帶手提行李怎麼辦？那麼你就必須注意廉航機票加上行李費用是不是真的比含行李的傳統航空便宜。如澳洲的捷星航空雖然比維珍澳洲航空便宜二十澳幣，但加了行李費反而更貴。因此不要看到廉航價格就以為會是最划算的，還是要考慮自身狀況。

在尼泊爾的喜馬拉雅山上小飛機的登機證，連名字都沒有，只寫了「II」代表我們班機是第二架降落的飛機。

Winny 會客室

・通常廉航在售票時會提供改票或退票的加購服務，如果沒購買此項目，之後會加價，欲改行程時，通常重買機票可能比較划算。
・當原定航班無法起飛時，廉航通常不會主動幫安排其他航空的班機。不過到目前為止我們很幸運沒碰到任何更改行程的狀況。
・廉航為了提升載客量會讓航班非常密集，因此準點率可能會降低。
・通常促銷活動期間買廉航最划算，平常可多關注廉航官網。

Q&A 旅遊問題大集合

如何保護自己、防範危險發生？遇到危險時有哪些解決辦法？

每一個國家的安全程度都稍有不同，但無論如何必須隨時保持警覺。我們每到一個城市會先問櫃台那些區域不安全，並儘量在天黑以前回到住宿。有些地方被搶的機率比較大，不要單獨走道巷子內或是沒有觀光客的地方。如果真的不幸被挾持，只好把身上的東西交出來，保命要緊！防小偷只要多注意自己值錢的東西就好了。儘量不要讓自己太像個觀光客（手拿大地圖，相機不離手），並把背包背在前面。所幸我們旅行中沒碰到什麼事，不然需到警局報案才能向保險公司索取理賠。

旅行中跟另一半吵架時，你會怎麼處理呢？

很多人常說「情侶結婚前一定要長途旅行，才知道合不合適」，我其實不認同這句話。情侶結婚之前一定要一起自助旅行，但不一定是長途旅行。婚姻不會要兩個人二十四小時綁在一起；跟家人都無法這麼長時間相處，更何況是生長在不同環境的人呢？長途旅程中你很快發現一般需要好幾年才會觀察到的優缺點，以及事情處理態度。一開始我們會吵到各自查回家的機票，但到後面我們學會忍耐對方，並在吵到不可開交時去不同空間冷靜。

有沒有曾經想要提早結束旅程呢？

不會，也許是因為我對澳洲沒有「家」的感覺，就算提早結束回到那邊還是沒有歸屬感。爸媽在前年也把紐西蘭的房子賣掉，台灣的阿嬤家成了我童年唯一待過的地方。讓我感覺不管在那裡都是在飄泊，不如繼續旅遊吧！York 就蠻期待回去澳洲的，畢竟他三歲就住在那裡了。

旅行途中覺得身心俱疲時，你會怎麼做呢？

　　長途旅遊一定會從一開始每天起來都很興奮，到後來都覺得每一個景點差不多的「旅行怠慢期」。還好我們事先預料會發生這種事，所以行程排得滿鬆的，讓我們一個禮拜有幾天能待在住宿內休息。安排的景點也盡量多樣化，不會每個地方都一直在看類似的東西。

旅行途中有沒有因為行李太重等因素寄東西回家呢？

　　我們沒有寄任何東西回家呢！主要是因為我們從南極到歐洲夏天再到喜馬拉雅山的冬天，中途完全無法捨去任何衣物。雖然會有想買紀念品的念頭，但又怕東西寄丟只好作罷。當你可以用八公斤生活一年後，就會發現很多東西不是非買不可。

旅遊時不會當地語言會是一大問題嗎？你都怎麼都和當地人溝通的呢？

　　除了英國，我們去的所有國家都不用英文。這時學會當地的問候語很重要，不只買菜時方便，比手畫腳時當地人也比較願意幫忙。去南美洲前我們有先學一點西班牙文，雖然無法流暢對話，但至少會講簡單的單字。在東歐許多人一句英文都不會，我們就用手機翻譯軟體輸入想表達的意思並拿給當地人看，他們再打字回我們。

推薦的網站以及 App

　　雖然有本旅遊指南能讓人安心，但現在許多旅遊資訊在網路上都能查到。以下介紹一些常用的網站與 app，跟大家分享。

常用網站

Tripadvisor　不管是餐廳、景點、旅行社或是住宿，我們一定會先上此網站查評價！

Tripadvisor

Wikitravel　這裡的資訊都是跟旅遊有關，跟專攻數據的維基百科不同。上面的交通訊息通常都很詳細，所以我們到一個新城市前都會把相關頁面先存起來。裡頭也會介紹景點、飲食、安全等實用情報。

Wikitravel

Rome2rio　這個網站能夠查任何 A 點到 B 點的交通時間以及估計價位，並指引你到正確的網站訂購車票。從這裡可以知道飛機與陸地交通的價差及時間差，可以幫助判斷旅行方式。

Rome 2rio

Fandom（prepaid-data-sim-card.wikia.com）這個論壇擁有全世界電信公司的資料，上面的預付卡產品以及價錢可信度頗高。可依照資料再去搜尋當地門市位置。

Fandom

Enterprise　我們最常用的租車搜尋引擎，不過並不含當地所有的租車公司。

Enterprise

Busradar.com　歐洲最方便的公車票搜尋網。網上預購通常跟當地購買一樣。如果有火車票比公車便宜，也會幫你轉到火車網站。

Busradar.com

The Man in Seat 61　這個外國部落客詳細記錄所有歐洲的火車資料以及價錢。每次我想要從 A 城市到 B 城市，一定會上這個網站查詢相關資料。

The Man in Seat 61

常用 APP

Google Maps

Google Maps 無論是導航或是離線地圖，谷歌地圖都是智慧手機必備軟體！

Google Translate

Google Translate 自從可以下載離線翻譯後，我們再也不用怕看不懂菜單了！只要手機一照，畫面就直接翻譯成中文。用這個跟當地人溝通也很方便。

Tripit

Tripit 可以把行程打入軟體內並轉寄給爸媽，這樣就不用天天報平安，只要上去察看日期他們就會知道我們人在那裡。

Expense IQ

Expense IQ 或任何理財和預算規畫軟體，可讓開銷一目瞭然。我喜歡 Expense IQ 有多種幣值的功能以及簡單易懂的報告及圖像，還能備份到雲端上。

XE Currency

XE Currency 可以查最新貨幣匯率。

TripAdvisor

TripAdvisor 可下載離線城市資料，並當場查詢餐廳或景點評價。

旅程之後

在台灣只讀到小學一年級的我，從來沒想到有一天能夠出書，想必我在紐西蘭的中文老師會跌破眼鏡！一開始寫部落格只是單純希望用文字記錄這一年的點點滴滴，沒想到許多網友覺得我分享的資訊很有用，讓我驚覺原來可以用這種方式幫助別人。

在旅行的日子裡，每當夜深人靜時，坐在電腦前的我都質疑自己是不是應該去狂歡，而不是窩在異國旅館整理照片；但在回到台灣舉辦「環遊世界一年的婚前蜜月」分享會時，聽到網友親自表示「你們的故事讓我有勇氣在世界地圖上描繪出自己的故事。」、「謝謝你提供的詳細資訊讓我能夠在中文資料不足的地區也能順利完成旅行。」、「介紹的景點都超有趣！我也彷彿跟著你們在環遊世界。」……每個網友的回饋都令我非常感動，原來我們的旅程能夠成為別人實現夢想的能量，而那些熬夜寫作整理照片的深夜是值得的！

回到正常生活軌道後，我們學會在平凡生活中發現不同的樂趣。聽到探戈舞的旋律，就會不經意想起在阿根廷懶洋洋的午後；看到電視上介紹我們去過的城市，會爭相說出當地的特色美食；就連看電影，也會對劇中提到的那些地方的政治與經濟產生極大的興趣。這些都是在環遊世界之前，我所沒想到的改變。

　也因為這趟長途旅行，更讓我們深刻體會到不用每隔幾天就要打包行李、換床位是這樣令人安心的事，漸漸地了解喜歡「平淡安逸」生活的人的心情。即使如此，我們依舊沒有打算停止旅行，前陣子我們更跑到非洲露營了五個禮拜，未來也會繼續旅行下去。

　書裡收錄了當初沒分享在網上的心路歷程，並整理出長途旅遊的實用經驗談，希望能夠將我在旅途中的所見所聞分享給大家，並祝福「懷抱著環遊世界夢想」的讀者能夠成為「達成環遊世界夢想的人」；即使不是夢想環遊世界的人，如果因為讀了這本書，帶給你勇敢完成夢想的小小動力，我也會覺得很高興。

　在此要感謝我的編輯婕妤與主編聖柔的耐心溝通，忍受我時而錯亂的中文用詞；同時對我的前任編輯奕昀表達特別謝意，是她在人海茫茫中找到了我。也要感謝 York 的父母，讓我把他們的寶貝兒子帶到地球的另外一端。最後要謝謝我的爸媽，放心讓我們脫離主流社會，去實現兒時夢想！更重要的是支持我們的廣大粉絲，讓我們有持續分享旅遊生活的動力！

我願意這輩子都和她去旅行

York

Winny 是一個非常與眾不同的女孩。我認識她時，就知道她已經決定好人生規劃了，連之後旅遊都想好要去哪些國家玩。我是她人生中的一個轉折點，有點壞了她所有的計畫，她原本打算待在阿德雷德的時間只有兩年，沒有我的話她應該會環遊世界一兩年後搬到加拿大讀碩士。

在 Winny 快要離開阿德雷德的時候，我們相遇了，後來才知道她為了我留下來，並改變了原本的人生規劃。在交往的這一年裡，知道她這輩子最大的夢想就是「環遊世界」，也體認到沒有任何事情可以阻止她追夢，如果想要繼續跟這個女孩在一起，就必須要跟她一起實現這個夢想。

自從跟 Winny 在一起，我的人生變得更充實美滿、生活也更加有趣。在遇見 Winny 之前，我曾跟幾個好友一起去歐洲當背包客旅遊，那時剛畢業存款沒那麼多，所以都住青年旅館，窮遊很好玩卻也非常辛苦；工作幾年後，雖然存款變多了，但假期卻變少了，出國的時間都很短，那時旅行都以住好、吃好為目的。周圍的朋友跟家人都沒有辭職去旅遊的例子，我也從沒想過長時間在國外旅行，更沒想過再次當個背包客；可是遇見 Winny 後，她常常跟我說旅遊的重要：「有機會的話趁年輕的時候去看看這個世界，旅遊會改變一個人對世界的看法。」這讓我重新定義旅行的可能。特別是第一次和她去摩洛哥之後，更了解 Winny 是多麼喜歡探索這個世界，想去的都不是一般觀光景點，而且她也是個很會安排行程的旅者。因此當 Winny 問我要不要一起去環遊世界前，我心裡早就有答案了，當下毫不猶豫地就答應她，同時也決定這輩子要和她在一起，希望在挑戰世界前給我的承諾，所以不久之後我便在日本向她求婚。我深信一個人認真想做某件事情時，周圍的人都會被感染，如果沒有她，我這輩子絕對不可能像這樣環遊世界。

　可是環遊世界一年不是說走就可以馬上出發，在當時澳洲藥劑師職缺不多的情況下，我剛取得這個工作機會，要決定在一年後放棄這個得來不易的工作，心裡其實覺得很不捨。

　我的父母一開始不太支持我出去旅遊這麼久，而且為了存旅費，每天吃便宜的青菜配飯，只有偶爾能吃到雞腿，每天餐費都花不到剛和 Winny 交往時的十分之一，跟朋友聚餐也都盡量選擇便宜的餐廳，和之前無憂無慮的生活比起來，待在澳洲存旅費的這一年真的過得很節省！我花了一年的時間說服我的父母，讓他們了解出國不只是單純玩樂，而是去見識這個世界，希望自己學習到書本外的知識，並在旅途中有所成長。加上我們有足夠金錢跟時間去完成這件事，如果現在不去，以後一定會感到遺憾。

　出發前，儘管在抱著父母、同事、朋友道別時，心裡還是有點不安，但回來之後，深刻感受到這一年對我來說真的是一段無可取代的人生，不但拓展我的世界觀，也能以更宏觀的視角思考事情，連父母也覺得我變得更沉著穩重。最重要的是這趟旅程為我們的人生增添了更多難忘的回憶，比起剛出發時，常為了小事吵架，現在我們更了解彼此的個性，也更懂得如何與對方相處，我想有了這次長時間的旅行，未來即使遇到困難，我們也有自信跟勇氣，一起去面對。

　真的覺得很幸運當時有遇到 Winny，也很開心接下來的日子都會有她的陪伴！

■ 探索紀行 29

地心引力抓不住的冒險家

8 公斤行李 × 325 天 × 35 個國家，拉著未婚夫飛向世界盡頭

作　　者：Winny
主　　編：俞聖柔
企劃編輯：李奕昀
責任編輯：陳婕妤
校　　對：陳婕妤、俞聖柔
封面設計：江孟達工作室
美術設計：陳語萱
視覺插畫：陳語萱

發 行 人：洪祺祥
副總經理：洪偉傑
總 編 輯：林慧美
法律顧問：建大法律事務所
財務顧問：高威會計師事務所
出　　版：日月文化出版股份有限公司
製　　作：山岳文化
地　　址：台北市信義路三段 151 號 8 樓
電　　話：(02)2708-5509
傳　　真：(02)2708-6157
客服信箱：service@heliopolis.com.tw
網　　址：www.heliopolis.com.tw
郵撥帳號：19716071 日月文化出版股份有限公司

總 經 銷：聯合發行股份有限公司
電　　話：(02)2917-8022
傳　　真：(02)2915-7212
印　　刷：禾耕彩色印刷事業有限公司
初　　版：2018 年 1 月
定　　價：350 元
I S B N：978-986-248-690-0

國家圖書館出版品預行編目資料

地心引力抓不住的冒險家：8 公斤行李 ×325
天 ×35 個國家，拉著未婚夫飛向世界盡頭／
Winny 著 . -- 初版 . -- 臺北市：日月文化，
2018.01
320 面；14.7*21 公分 . -- （探索紀行；29）
ISBN 978-986-248-690-0（平裝）

1. 遊記 2. 世界地理

719106020445

日月文化

EZ TALK

EZ Japan

EZ Korea

感謝您購買《地心引力抓不住的冒險家》。107/01/05~107/03/31止（以郵戳為憑），請以正楷詳細填寫「讀者資料」並寄回「讀者回函卡」（影印無效），即可參加抽獎。您將有機會獲得 Buff 時尚好禮！

讀者資料（請以正楷填寫）

讀者姓名：＿＿＿＿＿＿＿＿＿＿ 生日：＿＿年＿＿月＿＿日　性別：□男　　□女

電話：（日）＿＿＿＿＿＿＿＿（夜）＿＿＿＿＿＿＿＿（手機）＿＿＿＿＿＿＿

Email：（請務必填寫，以利及時通知訊息）＿＿＿＿＿＿＿＿＿＿＿＿＿＿＿＿＿＿＿

收件人地址：＿＿＿＿＿＿＿＿＿＿＿＿＿＿＿＿＿＿＿＿＿＿＿＿＿＿＿＿＿＿

您從何處購買此書：＿＿＿＿＿＿＿＿縣/市＿＿＿＿＿＿＿＿書店

您的職業：□製造　□金融　□軍公教　□服務　□資訊　□傳播　□學生　□自由業　□其他

您從何處得知這本書的消息：□書店　□網路　□報紙　□雜誌　□廣播　□電視　□他人推薦

您通常以何種方式購書？□書店　　□網路　□傳真訂購　　□郵政劃撥　　□其他

您對本書的評價：（1.非常滿意 2.滿意 3.普通 4.不滿意 5.非常不滿意）

書名＿＿＿＿＿　內容＿＿＿＿＿　封面設計＿＿＿＿＿　版面編排＿＿＿＿＿　文/譯筆＿＿＿＿＿

提供我們的建議：＿＿＿＿＿＿＿＿＿＿＿＿＿＿＿＿＿＿＿＿＿＿＿＿＿＿＿＿

贈品介紹

得獎名單將於107/04/10公佈在日月文化Facebook
https://www.facebook.com/heliopolisfans

贈品將於107/04/17前（不含假日）掛號寄出

❶ Buff織錦寶背包(小) 1位
市價3,980元／個

❷ Buff暖紅橫紋毛球POLAR針織帽 2位
市價1,280元／個

❸ Buff藍綠橫紋毛球POLAR針織帽 2位
市價1,280元／個

❹ Buff冰雪之歌頭巾 1位
市價580元／條

❺ Buff純白無暇頭巾 1位
市價580元／條

5.　　4.

3.　　2.　　1.

● 注意事項

1.如因資料填寫不完整及不正確以致無法連絡者，視同放棄中獎資格，本公司有權另抽出替補名額。

2.本活動贈品以實物為準，無法由中獎人挑選，亦不得折現或兌換其他商品。

3.本活動所有抽獎及兌換獎品，僅郵寄至台、澎、金、馬地區，不處理郵寄獎品至海外之事宜。

4.對於您所提供予本公司之個人資料，將依個人資料保護法之規定來使用、保管，並維護您的隱私權。